Tactility and Modernity

D. H. Lawrence, Alfred Stieglitz, Walter Benjamin, and Maurice Merleau-Ponty

触れることのモダニティ

ロレンス
スティーグリッツ
ベンヤミン
メルロ＝ポンティ

高村峰生

以文社

触れることのモダニティ　目次

第三章　ヴァルター・ベンヤミンにおける触覚の批評的射程　145

装幀：難波園子
装画：パウル・クレー〈思い出の絨毯〉

凡　例

・外国語文献の邦訳からの引用では可能な限り既訳を参照したが、訳語や表記は断りなく変更している場合がある。
・人物名は原則として初出時にフルネーム、再出時以降にはラストネームのみを記す。
・作品名や論文名の成立年は、原則として初出時に（　）内に示す。
・必要に応じ、人物名の初出時に生没年を（　）内に示すことがある。
・原語の参照が必要な場合は（　）内で補っている。日本語による置き換えが困難な概念語は本文中に欧米言語を直接記すことがある。
・原文においてイタリックで強調されている箇所は、ゴシックや傍点によって置き換えている。
・著者による強調は傍点によって示す。
・「　」内に「　」を含む際も、『　』とはせず「　」を用いる。
・日本語表記中の『　』および欧米言語表記中のイタリックは書名、雑誌名、映画のタイトルの表記に用い、日本語表記中の「　」および欧米言語表記中の〝　〟は論文名や章などのタイトルの表記に用いる。
・絵画の作品名は《　》によって示す。
・註において、第一章のD・H・ロレンス、第三章のヴァルター・ベンヤミン、第四章のモーリス・メルロ＝ポンティからの引用については、再出時に著者名を省略し、作品名と頁数を記す。

『触れることのモダニティ』収録図版一覧

第一章

図 1-1 「彩色壺の墓」の壁画

図 1-2 ジャック＝ルイ・ダヴィッド《ホラティウス兄弟の誓い》1784, ルーブル美術館所蔵

図 1-3 ポール・セザンヌ《果物皿、水差し、くだもの（静物）》1892-94, バーンズ財団所蔵

図 1-4 ポール・セザンヌ《黄色い椅子のセザンヌ夫人》1888-90, シカゴ美術館所蔵

第二章

図 2-1 ジョージア・オキーフ《ロレンスの木》1928, ワズワース・アテネウム美術館

図 2-2 マーズデン・ハートリー《ヴィクトワール山》1927, デモイン・アートセンター所蔵

図 2-3 マックス・ウェーバー《アフリカの彫刻（コンゴの小像）》1910, 個人蔵（ニューヨーク）

図 2-4 クララ・E・シップレル《マックス・ウェーバーと〈アフリカの彫刻〉》1923 頃 , ボストン美術館所蔵

図 2-5 アルフレッド・スティーグリッツ《冬の五番街》1893, メトロポリタン美術館所蔵

図 2-6 アルフレッド・スティーグリッツ《人間の手》1902, メトロポリタン美術館所蔵

図 2-7 アルヴィン・ラングドン・コバーン《バーナード・ショー》1908、メトロポリタン美術館所蔵

図 2-8 エドワード・スタイケン《写真家のベストモデル――ジョージ・バーナード・ショー》1913、メトロポリタン美術館所蔵

図 2-9 アルフレッド・スティーグリッツ《ジョージア・オキーフ――手》1918, メトロポリタン美術館所蔵

図 2-10 アルフレッド・スティーグリッツ《手と指ぬき》1922, メトロポリタン美術館所蔵

図 2-11 アルフレッド・スティーグリッツ《手とブドウ》1921, ナショナル・ギャラリー・オブ・アート所蔵

図 2-12 アルフレッド・スティーグリッツ《291のオキーフ》1917, 個人蔵

図 2-13 アルフレッド・スティーグリッツ《ジョージア・オキーフ》1918, メトロポリタン美術館所蔵

図 2-14 アルフレッド・スティーグリッツ《アーサー・G・ダヴ》1923, シカゴ美術館所蔵

図 2-15 アルフレッド・スティーグリッツ《ウォルドー・フランク》1920, シカゴ美術館所蔵

図 2-16 アルフレッド・スティーグリッツ《ジョージア・オキーフ》1918, シカゴ美術館所蔵

図 2-17 アルフレッド・スティーグリッツ《クローディア・オキーフ》1922, ナショナル・ギャラリー・オブ・アート所蔵

図 2-18 アルフレッド・スティーグリッツ《クローディア・オキーフ》1922, ナショナル・ギャラリー・オブ・アート所蔵

図 2-19 マン・レイ《黒と白》1926, アムステルダム市立美術館所蔵

図 2-20 アルフレッド・スティーグリッツ《空の歌》1923, ボストン美術館所蔵

図 2-21 アルフレッド・スティーグリッツ《スピリチュアル・アメリカ》1923, シカゴ美術館所蔵

図 2-22 アルフレッド・スティーグリッツ《アメリカン・プレイスの私の窓より，南西方向》1931, シカゴ美術館所蔵

図 2-23 アルフレッド・スティーグリッツ《二つのタワー――ニューヨーク》1911, シカゴ美術館所蔵

図 2-24 アルフレッド・スティーグリッツ《ジョージア・オキーフ――ニューメキシコからの帰還》1929, フィラデルフィア美術館所蔵

図 2-25 アルフレッド・スティーグリッツ《ジョージア・オキーフ――手と車輪》1933, ニューヨーク近代美術館所蔵

図 2-26 アルフレッド・スティーグリッツ《ドロシー・ノーマン》1930, シカゴ美術館所蔵

第三章

図 3-1 パウル・クレー《新しい天使》1920, イスラエル美術館所蔵

触れることのモダニティ

——ロレンス、スティーグリッツ、ベンヤミン、メルロ＝ポンティ

序　論　触覚とモダニズム

一九一〇―二〇年代にエズラ・パウンドやH．D．（ヒルダ・ドゥーリトル）と共に前衛的な芸術運動を展開しモダニズムの一端を担った詩人ウィリアム・カーロス・ウィリアムズは、晩年の『自叙伝』において「絵画と詩が緊密に結び付いた」モダニズムの「移行」期について考察している。ウィリアムズ自身、多彩な芸術の交わるニューヨーク・モダニズムの空気を呼吸していた詩人であり、「巨大な数字」という詩によって生涯の友人であった画家チャールズ・デムスの作品に影響を与えていたことなどを考えれば、自伝にこうした結びつきについての考察が挟み込まれるのも不思議ではない。「セザンヌを範とした画家たち」が、「絵画とは枠に張られた一切れの布地上の絵具の問題である、と言い出したのだ」とウィリアムズは回顧する。物質への反省を促す絵画こそが「セザンヌ以後」の視覚芸術を特徴づけるものであり、そのような物質へのこだわりは、文学的な表現の素材たる言葉への関心に強い影響を与えたのだ。このような考察を背景として、二〇世紀前半における芸術の歴史的変化についての彼の断言が聞かれることになる。「世紀の変わり目以前の時代と現代という時代を画する、いや事実あの当時の現代性を画然と区別したのは、表現された思想から、触覚的なものへ、ことばそのものへと、一歩踏み出したことである」。[*1]

ウィリアムズがここで述べている「ことばそのもの」への「一歩」ならば想像がつく。たとえば彼の尊敬していたガートルード・スタインは、さまざまな言葉遊びを著作の中で展開することで、言葉の破壊と再生を試みたのであった。しかし、「触覚的なものへ」とはどういうことだろう。この引用の前後でウィリアムズは詩と絵画の連関の話をしているので、「ことばそのもの」がモダニズム詩の探求した言語の物質性に対応するとすれば、「触覚的なもの」は二〇世紀初頭の絵画芸術の物質性に対応するはずである。具体的な描画のプロセスに引きつけて考えれば、「触覚的なもの」とは一義的には「布地」や「絵具」のような絵画を描くための素材のことを指しているのだろう。たしかに「額縁」や「絵具」の物質性そのものが主題化されるのはモダニズム芸術の特徴であり、ウィリアムズはそれを触覚的と呼んだのだと考えることはできる。[*2]

しかし、本当にそれだけであれば「物質的」や「物理的」といった、より一般的な語彙を使えばよい。ウィリアムズは"tactile"という"touch"の派生語を使うことによって、身体的な知覚の変化をも示唆していたのではないだろうか。本書の第二章で検討するように、ウィリアムズは他の著作においても「接触＝触覚（touch）」という言葉をこのような明確な意図のもとに用いていた。[*3] 彼は、文学的表現において「ことば」が素材であるのと同様に、身体において「触覚」が疑いえぬ根源であると信じていたのである。根源へと立ち返ることの歴史性。ウィリアムズは触覚という普遍的な身体感覚の一つのモードを、モダニズムという特異な時間性と結び付けて考えていたのである。

本書のねらい

ウィリアムズの言葉によって示唆されているような、触覚とモダニズムの交錯について考察することが本書の目的である。[*4]

もちろん、触覚は普遍的な身体感覚である。私たちは日常生活の中で常に何かに触れながら生活をしている。扉を開ける、ページをめくる、キーボードをたたく、コップを持つ。こうした「手」による動作だけでない。イスに座ったり、外を歩いたりといった行動も触覚抜きにすることはできない。そもそも私たちの皮膚や内臓器官が正常に機能するのも、モノの接触を私たちの身体が受け止めているからにほかならない。胃は食べ物が口から食道を通って入ってくることによる刺激を信号として受け止めて働き出すし、皮膚が強い圧力を感じて「痛み」の感覚を脳に伝えるのは、それによって身体を崩壊から守るためである。触覚は生きることそのものと深く結びついている普遍的な感覚であると言える。

しかし、触覚の生気論的、あるいは原初的な含意は、モダニズムの時代における言説にユニークな影響を与えたのであり、そのことは歴史的に検討されなければならない。[*5] 触覚は生物にとって必要不可欠な感覚として常に存在していたとしても、それがどのように捉えられ表現されるかという問題には必ず歴史的な意義が存在している。二〇世紀前半は西洋の触覚言説において決定的に重要な時期であった。とはいえ、この時期における触覚言説について包括的な説明をすることは不可能であるから、本書では触覚がモダニズム期の芸術家や哲学者たちにどのような影響を与えたのかを具体的な例にそって検討することにしたい。対象となるのは、D・H・ロレンス、ヴァルター・ベンヤミン、モーリス・メルロ＝ポンティ、それから「スティーグリッツ・サークル」と呼ばれる、アルフレッド・スティーグリッツのまわりに形成された芸術家集団である（ウィリアムズもこのグループに関わりがあった）。これらの名がひとまとめにされることはあまりないかもしれない。彼らは異なる分野で異なったスタイルで仕事をしたし、異なる国に住み、異なる言語を話していた。しかし、本書で示すように、歴史的コンテクストや言語、表現方法を越えて、彼らが残した触覚についての言葉やイメージは興味深い形で互いに反響し、西洋モダニズムのプロジェクトの重要な一側面を形成したのである。本書は、具体的な作品の精読を通じて触覚をめぐる言説の歴史的意義を浮かび上がらせることを意図している。

ベンヤミンやメルロ゠ポンティという名が目次に含まれることからも明らかなように、本書は理論的な著作についての議論を含んでいる。しかしはじめに断っておかなければならないのは、この研究が彼らの著作から触覚についての概念を抽出し、具体的な「作品」へと「応用する」ということを意図したものではない、ということである。触覚言説についての「ベンヤミン的」、あるいは「メルロ゠ポンティ的」と称しうるような方法的読解はここでは目指されていない。むしろ、そのような「解釈」の階級的な構造と決別し、一般化や抽象化を避けて、触覚についてのテクストやイメージの細部そのものに自らを語らせることが目指されているのである。言い換えれば、本書は理論もフィクションも同様に、ある時代のうちに書かれたテクストとして扱う。この点において、本書はフレドリック・ジェイムソンの「哲学的かどうかを問わず、モダニティは概念ではなく、語りのカテゴリーである」という主張や、[*6] サラ・ダニウスの「モダニズムを歴史化するいかなる試みも、綿密なテクストの解釈にもとづかなければならない」という主張に同意するものである。[*7] 言説の歴史的位相を分析するにあたって問われねばならないのは、「どのように語られるか」という語りの問題であるのだ。[*8] 文学的な表現であろうと理論的な表現であろうと、語り方は語られる内容をきわめて重要な形で決定づける。異なるジャンルや国の言語・芸術表現を考察の対象とすることは、このような決定性が「作者」や「分野」などといったカテゴリーを越えて「作品」を支配することを明らかにするだろう。したがって本書が目指すのは、芸術家や哲学者たちの作品や著作を慎重に研究することによって、触覚がモダニストたちの作品にテーマを提供しているだけではなく、それらの内的なロジックを構成していることを示すことである。

視覚と触覚

ところで、本書が西洋のモダニズムにおける触覚の重要性を強調するのは一見して奇妙なことに映るかもしれない。西洋文明においては、触覚ではなく視覚がもっとも重要な感覚であるとみなされてきたからだ。プラトンやアリストテレスのようなギリシアの哲学者たちは、他の感覚器官に対する視覚の優位を確立した。ハンナ・アーレントは、「正統的な哲学が始まって以来、思考は見ることとの関わりで考えられてきた」と主張している。[*9] 実際、視覚は西洋の歴史の中で支配的な感覚器官であり、それは単に身体的、物理的なものにとどまらず、知性や合理性と強く結びつけられてきた。たとえば、「暗黒時代」や「啓蒙思想」といった用語は、合理的なものを光のイメージと結びつけて視覚化している。[*10] 心身二元論を唱えるルネ・デカルトは、視覚を目という身体器官を超えて心（＝思惟実体）の作用と結びつけており、すべての感覚の中で「もっとも普遍的でもっとも高貴な」ものであると断言した。[*11] この言葉を引きながら、マーティン・ジェイは理想化された視覚が啓蒙思想運動を牽引し、彼が「視覚中心主義（ocularcentrism）」と呼ぶような西洋文化の基礎を形作ったのだと主張している。[*12] 視覚はまた、近代における植民地主義や帝国主義の言説の基礎をなすものでもあった。ミシェル・フーコーやエドワード・サイードのような理論家たちが描き出したように、視覚モデルは西洋において支配のための政治的道具となったのである。過去三〇年におけるジェンダー、階級、人種についての研究はしばしば「見る」という行為における政治的な含意を追究してきた。また、視覚的な文化の発達とともに、英米の大学では「ヴィジュアル・スタディーズ」という学問分野が確立されている。

近現代における視覚的経験は、メディアや技術の進歩と強く結びついている。ティム・アームストロングが『モダニズム、テクノロジー、身体』において強調しているように、一九世紀の科学的、技術的発展は、モダニストの芸術家や作家が作品において表現したような「身体感覚の革命」を引き起こした。[*13] 写真や映画のような視覚メディアの普及は、人間の事物の見方に影響を与え、社会における映像の氾濫をもたらした。ヴァルター・ベンヤミンは、近代の写真技術が明らかにした「視覚的無意識」について論じているが、この概念に基づいてロザリンド・クラウスは、近現代の視覚的世界を特徴づけるものは「視野における様式」、すなわち「経験的な視覚」から厳密に区別された「視覚の形式的秩序」であると論じている。[*14] 近現代におけるヴィジュアル・メディアは、視覚的に構成されたものが身体的な経験としての見ることとは必ずしも一致しないということを、主としてそれまで目に見えなかったものをある一定の秩序に従って可視化することによって証明している。パーソナルコンピュータに代表される二〇世紀の技術は可視的なものの領域を急激に広げ、さまざまな分析や鑑賞の対象としたが、それらは同時に「視覚の形式的秩序」の普遍化や均一化をもたらしたのである。近現代の視覚的経験に大きな影響を与えたもう一つのものは自動車や鉄道などの新しい移動手段である。エンダ・ダフィーが「スピード文化」についての研究において述べているように、それらは「新しい種類の注意や、心と目の協同作業」を必要とした。[*15] 新しい移動手段は、動く事物に対する感じ方を変容させ、それまで人類が使ったことのなかったような形で視覚を用いることを強いるのである。

本書は、触覚のほうが視覚よりも重要であるとして両者の階層的な関係を「転覆する」ことをめざしているわけではない。また、視覚と触覚の絶対的な差異を論じようとしているわけでもない。むしろ、モダニストの作品における触覚的なものを、あらゆるものが視覚的に媒介された近現代が不可避的に産み出したものとして検討したいのである。それは、ティム・アームストロングが「知覚の革命」と呼んだ事態に対応している。[*16] 近現代における触覚の変容は視覚の変容と軌を一にしているのである。知覚の環境をめぐる技術的な変化は目の重要性を前景化したが、それらはまた反視覚的な反応を引き出しもした。技術の時代は同時に反技術の時代でもあり、触覚的なものはしばしば技術によって急激な変化を強いられた身体の防衛的な反応という形をとった。著名な映画研究家であるＰ・アダムス・シトニーは「モダニズムの文学や映画の作品は、視覚を知覚の特権的な様式として、あるいは啓示の特権的な様式としてさえ強調してきたが、同時に不透明なものを開拓し、視覚的世界の優位性を疑問に付したのだ」と述べている。[*17] シトニーは、このような視覚のもたらす両義性を「視覚の二律背反性《アンチノミー》」と呼んだ。モダニズムにおける触覚言説を考察する本書は、このような視覚に対するネガティブな反応に接近している。

事実、モダニズム期における視覚メディアや視覚技術は、視覚の「高貴な」地位に対してつねに肯定的な影響を与えてきたわけではない。サラ・ダニウスの『モダニズムの知覚』は、ジョイスなどの「ハイ・モダニズム」に分類される一群の作家の検討を通じて、「見ることと知ることとの分裂」について力強く論じた。[*18] デカルト的な見ることと知ることとの照応的な関係は、二〇世紀の前半にいたって破算したのである。同様に、カレン・ジェイコブスのモダニズム文学における視覚についての研究は、「西洋における視覚への信用の危機」へと注意を喚起している。[*19] マーティン・ジェイのパイオニア的大著『伏せられた目』は、二〇世紀のフランス思想における「視覚への蔑視」を注意深くたどり、「現代において視覚とその中心性に対する深い懐疑」があることを主張している。[*20] ジェイが「視覚中心主義の危機」と呼ぶ時代において、あるいはベンヤミンがより一般的に「知覚そのものの危機」と呼ぶ時代において、モダニズムの芸術家や作家たちは「真の経験」――常に問題含みであろうこの概念、あるいはより端的に「真実」概念については、この序章の終わりで本書の態度を表明することになる――を非視覚的知覚に見出そうとしたのである。[*21] セザンヌ、クレーや、ピカソのようなモダニストの画家、あるいはプルースト、ジョイス、ウルフ、フォークナーのようなモダニストの作家は、非視覚的な知覚経験の可能性や多彩さをさまざまなかたちで証明したのだった。触覚はモダニズムの時代を通じて、身体的、物質的、有機的「真実」の追究において特異な地位をしめていたのである。近現代のテクノロジーと科学は人間の感覚をカテゴリーの対象としたり、逆に解体したりしてきたが、ここで検討する芸術家や哲学者は身体的接触の価値を「真の経験」として強調してきた。視覚は主体と客体の距離を必要とするが、接触はその消失を伴う現象であって、結合、絡み合い、親密さといった価値が、身体的、物理的な現実に現れると彼らは考えたのである。触覚についての近現代の言説は、同時期の視覚の変容との関係性において、このように弁証法的に構築されているのである。

触覚と動物性

西洋の伝統において、視覚が「最も高貴な」感覚とみなされてきたとすれば、触覚は階級的に最も低いものとして位置づけられてきた。触覚の非＝知的で非合理的なイメージは、アリストテレスの知覚論ですでに提出されている。西洋における知覚のイメージにとって彼の著作は決定的な影響を持っているので、本論に入る前にまず彼の触覚論を見なければならないだろう。

アリストテレスの理論では、視覚と触覚は全く異なる性格を持っている。視覚については、たとえば『形而上学』の冒頭で、「見ることは、他のいずれの感覚よりも最もよくわれわれに物事を認知させ、その種々の差別を明らかにしてくれる」と述べられているように、「認知」との結びつきの強さが強調されている。[22] しかし、この「認知」は単に生理学的な意味で物の認識を指しているだけではない。視覚は人間の知性や芸術的な能力と直接的な関係を持っているとアリストテレスは信じていたのであり、よりよく知覚することはよりよく創作や生産をすることと直接に結びついていた。このように、アリストテレスにとって視覚は事物をよく認識し、生産的、創造的に世界に関わるために重要な知覚様式だったのである。

一方、生命体についての研究である『魂について』は、触覚をすべての命あるものが等しく「持たなければならない」知覚のモードであると定義している。

あらゆる身体［物体］は触れられるものであり、触れられるのは触覚によって感覚されるものである以上は、もしその動物が生存し続けようとするならば、動物の身体も触れる能力をそなえていなければならない。[*23]

アリストテレスにとって、触覚は感覚の一つであるというよりは身体が存立するための条件である。それは生命が栄養を得て環境のうちに生き延びるために不可欠なものであり、したがって「生命」という概念そのものと深く結びついているのだ。ヒュー・ローソン＝タンクリッドは、アリストテレスが触覚を論じるときには、「一般的な生命機械論の立場」に立って人間を考察していると述べている。[*24]すなわち、心や魂について考慮することなく、単純に生存するための肉体として人間を把握しているということだ。生命の生物学的な条件に関して言えば、アリストテレスの理論において触覚は疑いなく根本的なものということになる。『魂について』の最後の章は、触覚の地位を知覚の根本的な「媒介」として確立している。

触覚がなければ、他のいかなる感覚ももつことは不可能である。実際、すでに述べたように、魂をもつ物体「身体」はすべて、触れる能力をそなえているのである。また土を除いた他の基本要素は感覚器官を構成できるだろうが、その感覚器官はすべて他のものを通じて、すなわち中間の媒体を通じて感覚することによって、感覚を生み出すのである。これに対して触覚は、対象そのものに触れることによって成立するのであり、だからこそまたこの「触覚」という名称を与えられているのである。たしかに他の感覚器官が感覚するのも接触によってであるとは言えるが、しかしその接触は他のものを媒介してである。だが、触覚だけは直接それ自身を通じて感覚すると一般に考えられている。[*25]

耳や目、鼻など特定の身体器官に媒介されている他の感覚と違って、触覚は人間の身体をくまなく覆う皮膚を受容の窓口として、直接に主体と客体を結びつける。それは、直接的＝媒介なき（immediate）感覚なのだ。[*26] 生物は見ること、聞くこと、嗅ぐこと、味わうことなくとも生きることは出来る。しかし、アリストテレスの言うように、「触覚を欠いては動物として生存するのは不可能である」。[*27] これに対して、他の感覚器官は「よく生きること」のために存在するのであり、生命体の存立そのものの条件とはならないのである。[*28]

しかし、生存にとって最重要であることと「高貴」であることは別のことである。アリストテレスが「動物」という言葉を触覚の定義の中で繰り返していることに注目しなければならない。この反復が触覚の地位を曖昧なものにしているからである。触覚はそれなしではいかなる生物も生きていけないような根本的な感覚である一方、どんな生物もアプリオリに持っているものに過ぎないと考えることも出来る。[*29] 視覚は人間の知性的な認識と関わる器官であるのに対し、触覚は人間を動物から区別する指標にはならないのである。[*30]「人間はポリス的動物（Zoon Politikon）である」という『政治学』の有名な断言があるが、アリストテレスにおいて人間を動物と区別するのは、社会や共同体において「よく生きる」意志であり、それを支える知性である。[*31] 視覚はこのような高度に人間を人間たらしめる特質と深い結びつきがあるのだ。[*32] 視覚と触覚という二つの感覚は、人間と動物の区別ともかかわりながら、アリストテレスによって階級化されたのである。

モダニズムの時代において触覚が重要なものとして浮上してきたのは、ひとつには「人間」と「動物」の境界線がゆらぎ、「人間」のなかに内なる「動物」が生の真実として見出されるようになってきたからである。キャリー・ローマンが詳しく分析しているように、ダーウィン主義とフロイト主義の言説は、モダニストの動物や動物性についての言説に強い影響力があった。[*33] 二〇世紀初頭には、見かけの「動物らしさ」よりは人間の内的な動物性が表象の領域に現れ、フロイトの無意識概念と結び付けられたのである。エミール・ゾラやセオドア・ドライサーのような自然主義作家は人間の制御のきかない欲望を動物的他者性と結び付けたし、D・H・ロレンスやフランツ・カフカのようなモダニスト作家は、もっとはっきりと人間は動物であるというダーウィン的な事実を露呈させた。モダニズムにおいては、人間の主体における動物性は、目には見えない非人称的な「真実」を構成したのであり、それはモダニストの芸術家や作家たちによって触覚と結びついた言説によってしばしば表現されたのだった。西洋の長い歴史の中で周縁化されてきた触覚は一九世紀から二〇世紀にかけて動物的な隠された「真実」として本質化されたのであり、その有機的な価値はモダニズムの時代における視覚文化や技術の発達とのあいだに弁証法的な関係を築いている。

触覚と原始的な「真実」

触覚のモダニスト的「真実」はまた原始的なものや始原的なものと深く関わっており、近現代のテクノロジーの理想と相反する価値を体現している。マリアナ・トーゴーヴニックがその著作を通して鋭く示したように、「原始的なもの」は西洋モダニズムの重要な一部であった。[*34] 二〇世紀最初の数十年において植民地から輸入されたアフリカのプリミティブ・アートは、フランスのキュビズムやドイツの「青騎士」の芸術運動に大きな影響を与えたし、パブロ・ピカソの芸術的達成を可能にした。二〇世紀において「プリミティブ」はもはやただ「他性」を意味するものではなく、すべての人間に内在する「真実」を表すものとなっていた。あるいは、「他性」こそが「真実」であるという等式が二〇世紀において確立されたといってもよい。マイケル・ベルは「プリミティヴィズムは……文明化された自己とそれを拒否し改変したいという欲望の相互作用によって生まれたものである」と適切に説明している。[*35] このようにモダニズムとプリミティヴィズムという二つの互いに離れた時間を代表する概念の絡み合った関係は、近代的な主体を個人のレベルでも集団的なレベルでも二重化した。近代的主体における動物性が隠された「真実」を構成するとすれば、有機的、あるいは前歴史的な社会は現代社会が持っていない集合的な「真実」を表象したのだ。
近代社会の古代社会への憧憬、あるいは欲望は、ジークムント・フロイトが一九二九年に発表した『文化への不満』において詳細に検討されている。フロイトは、人間の社会的な苦悩の源泉をたどりながら、「人間がみずから作りだした制度が、なぜすべての人に保護と恩恵を与えないのか」という問いを提出し、それについて人間の行為を規制する制度も実際は人間の心的本性に基づいた「自然の一部」である可能性を示唆し、次のように述べている。

この可能性をさらに追求していくと、驚くべき主張に遭遇することになる。あまりに意外な主張なので、しばらく検討してみたくなるのである。この主張によると、人間が悲惨になる原因の多くは、いわゆる文化にあるというのである。文化を投げ捨てて、原始的な状態に復帰すれば、はるかに幸福になれるだろうというわけだ。[*36]

「文化を投げ捨てて、原始的な状態に復帰する」という欲望。これは「文化」が社会全体を覆うような抑圧として作用する時代にしか起きえないノスタルジックな反応である。「原始」と名指されるものは実際に存在した文明であるよりは、近現代人の集合的なファンタジーであるのだ。プリミティブなものへの「回帰」の欲望を叙述するフロイトは、著作の中でしばしば原始的なものを触覚と結び付けている。[*37] たとえば一九一三年に出版された『トーテムとタブー』は、「触れることのよろこび」と心的、身体的接触をめぐるタブーのあいだの精神的緊張に見られる法と欲望の対立を、未開社会の風習を例に描き出している。彼の記述において、文明の発達段階における初期段階である「原始的社会」は、臨床的な精神分析の重要な起源である「幼年期」と重ね合わせられるのだ。[*38]「トーテム」や「タブー」など原始社会の禁忌の構造を探究することは、人間のなかの抑圧された古層を探り当てることと等価なものとなる。それゆえ、次のような個人の触覚的欲望と抑圧をめぐる葛藤の描写が、『トーテムとタブー』

という原始社会の集合的心的構造を分析した書物に現れるのは不思議ではない。

まず最初に、ごく幼いときに、接触への強い快が現れた。この快の目指すところは、ふつう予想されるよりもはるかに特殊なものであった。やがてこの快に対して、まさにこの接触の遂行を禁じる命令が外部から為された。この禁令は受け入れられた。というのは、それは強力な内的な力を支えとすることができたからである。このようにして、接触という形で現れようとする欲動よりも、禁令のほうが強烈であることが明らかになった。しかし、子どもの原始的な心的構造のために、禁令は欲動を廃棄することができなかった。この禁令が為しえたことは、ただ欲動――接触快――を抑圧し無意識へと放逐することだけであった。禁令も欲動も共に維持されたのである。つまり、欲動は、抑圧されただけであるから廃棄されることなく、禁令も、もしも解除されていたなら欲動が意識化され実行へと突き進んだであろうが、そうはならなかった以上、廃棄されなかったことになる。こうして心的固着が一つの未解決情況として形成され、禁令と欲動との止むことない葛藤から以後のあらゆる問題が生じてくるのである。

このように固着化された心理的布置の主要な性格は、一つの対象、というよりは対象に対する一つの行為に向けられた個人の両価的な振る舞いに見られる。個人はその行為――接触――を繰り返し実行しようとし、また、この接触行為を忌み嫌いもする。この二つの流れの対立は簡単な方法では解消されない。なぜならば――このようにしか言えないのだが――二つの流れは、心の生活において、合流するようには配置されていないからである。禁令ははっきりと意識されているが、継続している接触快は無意識的で、当人はそれについて何も知らないままである。*39

「はじめに「接触」という快楽があった」、とフロイトは言っている。この無条件の「はじめに」に注目しなければならない。接触は言語や視覚に先立つ、身体的な快楽を基盤とした内発的な欲望であるのだ。これに対比されるのは後になって、外部からやってくる「禁令」である。この「禁令」は個人の中で内面化され、原初的な接触への欲望を抑圧するものではあるが、それを消し去りはしない。したがって、この欲望と抑圧の葛藤は解決しがたい問題として個人の中に残るわけである。フロイトにおいて、あるいは多くのモダニストにとって、「はじめにあるもの」は「後からやって来るもの」より常に本質的である（あるいは後からやってきたものであっても真に本質的なものは、「実ははじめからあったもの」とされる）。フロイト、そしてメラニー・クラインにおいて、母（の乳房）への触覚的な愛着は欲望の最も初期の段階において見られるものであり、最もはじめに抑圧される欲望であるのだ。そして、そのような欲望の挫折こそが主体の形成にとって重要な契機となる。先に述べたようにこのような個人における触覚の抑圧の考察は、社会の集合的な触覚をめぐる言説についてもあてはまる。原始的な共同体において聖なるものと汚れたものに触れるのは、しばしばともに絶対的な禁忌であるが、それは触れることへの欲望がいかに根源的であるかを物語っている。フロイト的なモデルによる社会は、接触への欲望とその禁止のあいだの根本的な両面価値によって構造化されているのだ。[*40]

このようなフロイトの分析は、本書でたどられるモダニストの触覚言説の範例的なパターンを示している。すでに述べたようにフロイトの議論の最も重要な特徴の一つは、個人の心理的な成長と文明の発展の間には平行性があるという前提である。身体の感覚についての言語を社会、文化、共同体の描写に用いるという考え自体、個人の身体と集合的な存在物のあいだに想像的なつながりがあるという前提に立脚している。触覚的な共同体はマルクスが「有機的社会」と呼んだようなものとして、しばしば想像されている。そこには身体的、心理的、社会的な「疎外」は存在しない。本書で扱う人物の中で、ロレンスとスティーグリッツ・サークルのメンバーたちの一部は、人と人との接触が失われた、非人間的で技術的で資本主義的な社会と対立するようなものとして、ユートピア的で触覚的な共同体をイメージし、それを共有していた。モダニズムの芸術家たちは、身体的な触覚のなかに原始的な「真実」を見出したのであり、それが身体性の集合的な側面への信念を通じて、彼らを古代へとつなぐものとして機能していたのだ。

フロイトが古代社会における接触への欲望と恐怖の両面感情を描き出していたように、触覚は相反する感情に結びついている。それは、親密さや親切さなどのポジティブな感情も、嫌悪や恐怖などのネガティブな感情も喚起しうるのだ。接触の意味はさまざまな解釈に開かれており、個人の感性に依拠している。しかしながら、感情は単に個人的に決定されるわけではなく、歴史的、文化的な要素に左右される。社会的に差別された人びとはしばしば「不可触民《アンタッチャブル》」と分類され、他人に触れられる恐怖は、人種、ジェンダー、階級などの概念化と重要な関係がある。純粋さ、純潔や貞節、あるいは汚らしさや感染、猥雑さといった概念は、視覚的にだけではなく触覚的に定義された社会文化的な概念である。実際、本書の第一章において見るように、D・H・ロレンスは現代における接触への恐怖を社会、文化的な問題として著作において主題化したのであった。近現代における触覚についての議論は、必然的に感情の歴史的な条件についての考察を含むのである。

最も基本的な生命の感覚というアリストテレスによる触覚の定義は、ダーウィンやフロイトによる人間の内なる動物性や原始性という概念と一体となり、目には見えない内なる「生」という概念を形成した。モダニストによる触覚の強調は革命的性格を持ち、それは既存の表象システムに依存することを拒否したのである。触覚言説は周縁的な場所から物事を眺める方法を示唆していると言うだけでは十分ではない。よりラディカルに、それは近代的な主体の「内なる他者」を示し、西洋の時空間の概念の限界を明らかにしたのである。本書がテクストやイメージの分析を通じて示すように、モダニズムにおける革命的側面は、感覚の変容と大いに関係がある。たとえば、セザンヌはりんごの触覚的な物質性を表象することで視覚的に構築された空間をゆるがしたのだし、プルーストは彼が無意識的記憶と呼ぶものによって過去の断片性との触覚的な出会いを演出したのだった。セザンヌとプルースト――以下の本文でしばしば言及されることになる二人――はこのように、それぞれ触覚的空間と触覚的時間を産み出したのである。モダニストの触覚言説は、文明、個、理性の名の下に抑圧されていたものを明るみに出し、特権化された「美的距離」に直接性と接触の経験を対置したのだ。

触覚についての近年の研究と「真実」の歴史性

触覚の美学的、政治的含意を考える試みはさまざまになされてきたが、この感覚に特化した人文学的研究が目立つようになったのはごく最近のことである。英語圏における研究の中から代表的なものを概観しておこう。美術批評論集である『見える触覚』(一九九七)は、現代アートにおける視覚と触覚の関係について再定義を試みた点で革新的であった。そのなかで、寄稿者たちは「視覚の触覚性」や「接触への恐怖」、「オーラ=アウラ的接触」など、さまざまな問題を論じている。[*41] 二〇〇五年に独立研究者であるコンスタンス・クラッセンによって編集された『触覚の本』は、歴史家、民族誌家、神学者などの論文を集めており、「触覚の文化的な構造」についての各学問分野の関心の高まりを示している。[*42] クラッセンは二〇一二年には触覚についての文化史である単著『最も深い感覚』を上梓し、この新たな学問領域におけるリーダーシップを担っている。[*43] ローラ・U・マークスによる二つの著作、『映画の肌』(一九九九)と『触覚』(二〇〇二)は、映画芸術による触覚へのアプローチを的確に捉えている。[*44] マーク・パターソンの『触れる意味=感覚』(二〇〇七)は触覚をめぐる哲学的な考察を概念史的に通観した書物であり、アリストテレス、メルロ=ポンティ、エマニュエル・レヴィナス、ヴァルター・ベンヤミンらの著作における触覚についての議論までを手際よく整理している。[*45] ダニエル・ヘラー=ローゼンの『内なる触覚――ある感覚の考古学』（二〇〇七）はきわめてユニークな触覚学への貢献であり、この感覚をめぐる概念史をたどっている。[*46] 古典期から中世をへて近現代の哲学者の著作を検討しながら、ヘラー＝ローゼンは触覚の動物的含意の重要性を強調している。[*47] クリスピン・T・リーによって最近出版された著作はアプローチとしては本書と近いところがあり、ジョルジュ・バタイユ、モーリス・ブランショ、ミシェル・セールの三人に対象を限って、彼らの著作の精読を通じて触覚＝接触がどう扱われているかを検証している。[*48]

こうした近年の触覚研究――本書はそれらに多くを負っている――の中で、最も重要かつ影響力の強いものは、二〇〇〇年（邦訳は二〇〇六年）に出版されたジャック・デリダの『触覚、――ジャン・リュック＝ナンシーに触れる』である。この書物は、「触覚的伝統」が西洋哲学の言説において支配的であり、それは「少なくともフッサールにまで及んでいる」と主張して、西洋哲学の中で視覚的なものが中心的であったという通念に抗している。[*49] デリダはイマニュエル・カントがいかに触覚を特権的なものにしたかを描き出し、「触覚は、外感のなかで最も大雑把なもの（der gröbste）であるにもかかわらず、最も重大なもの（der wichtigste）である――それが、唯一の直接的で外的な知覚の感覚であり、それゆえわれわれに最大限の確実さをもたらす感覚である限りで」と述べる。[*50] もちろん、これはデリダ自身の触覚についての考察であるのではなく、西洋における触覚をめぐる言説についてのコメンタリーである。デリダは同書において、「自己自身に触れる」というイメージが哲学的な「真実」として重要なものであり続けてきたことを、メルロ＝ポンティ、レヴィナス、フランク・ディディエ、そしてジャン・リュック＝ナンシーの精読を通じて検証している。デリダの難解で示唆に富む考察の細部を分析することは本書の目的とする範囲を超えてしまっている――そのためには、また一冊の本が必要となるだろう。デリダの『触覚、』は、以下でもたびたび参照することになろうが、この時点では、同書が触覚と「真実」の歴史的な結びつきを考察していることを確認することで満足したい。

しかし、この序論を締めくくる前に、「真実」に対する本書の立場を明確にしておかなければならない。すでに繰り返し述べたように、触覚の価値を強調する二〇世紀初頭の作家、芸術家、哲学者たちは、しばしばこの感覚のモードを「真実」と結びつけてきたからである。ウィーンの美術史家であるアロイス・リーグルは一九〇二年に次のように主張している。「本質的には触覚を通じてわれわれは自然の事物や芸術作品における真の本質、深さや輪郭を経験するのである」。[*51] リーグルは著作において同時代の芸術家たちに言及していないが、セザンヌや初期モダニズムの画家たちは、彼らの作品を通じて身体的な「真実」を表現する方法を見出したのだった。身体的な「真実」とは、ロレンスやメルロ＝ポンティを含む人びとが彼らの著作において触覚的なものと結びつけた身体性の直接的な質感である。近代のテクノロジー、全体主義的な政治、そして大衆文化や視覚文化の勃興が伝統や慣習によって守られてきた「真実」の価値を破綻させた時代において、モダニスト達は最も原始的で最も動物的な感覚のモードである触覚に胚胎する「真実」に戻り、そこから再出発することを追求したのであった。

「真実」をめぐる問いは、しかしながら、今日のアカデミックな言語になじまないかもしれない。特に、デリダの大きな影響の後では、「真実」を真実として扱うことはほとんど不可能であるように感じられる。というのも、「真実」は脱構築によってその構築性が解明されるような対象、あるいは表象可能性の極点において現れるような対象なき対象だからである。たとえば『絵葉書』に収録された「真実の配達人」において、デリダは精神分析的な「真実」を「ヴェールをはぐ＝暴露する」というジェスチャーとして脱構築している。[*52]『触覚、』もまた、接触をめぐる現象学が「手」を特権化していると指摘している点で脱構築的である。デリダの脱構築的手法に影響を受けた学者たちは、さまざまなフィールドにおいて本質化された概念の社会的、政治的な構築性を指摘してきた。このような真実の社会的、文化的構築性をめぐる多くの議論のあとで、触覚的「真実」というモダニズムの言説を文字通りに受け止めることは不可能であるし、するべきでもない。したがって、先に断っておかなければならないが、本書においては感情の「直接的な」表現の受け皿として触覚的身体を称揚するようなことは徹底的に避けられている。

しかし、すべての本質主義的な言説を一刀両断に切り捨てることは、別の本質主義を作り出すだけであり、これはデリダの妥協なき脱構築的読解の実践とはまったく無関係のものである。*53 本書が行おうとしているのは、モダニズム的「真実」の言説の歴史性を解析することであり、そこに含まれた本質主義を脱構築することではない。モダニズムの芸術家や作家たちは典型的には彼らの歴史的位置について意識的であるが、彼らの著作は身体的なものの確かさへの依存にしばしば根ざしている。ことに、触覚はモダニズムの想像力にとって中心的なものであって、「親密さ」、「経験」、「愛」、「生命」といった本質主義的な語彙をその磁場のうちに招き寄せる。このような概念は、その非時間性や非歴史性のためにしばしば簡単に退けられてしまうが、本書の立論は非歴史的な言辞についての言説はきわめて重要な意味で歴史的であるという確信に基づいている。一九一七年における触覚は二〇一七年における触覚とは全く異なるものなのだ。二〇世紀初頭における触覚と「真実」の関係は、その時代の表象の危機や知覚の分裂と密接に関連しているのである。D・H・ロレンス、スティーグリッツ・サークル、ベンヤミン、メルロ＝ポンティの精読は、これらのモダニストたちがもっとも「動物的」で「原始的」な知覚である触覚をどのように捉えたかということについての歴史的意義を教えてくれるだろう。

第一章　後期D・H・ロレンスにおける触覚の意義

一　接触＝触覚と身体の真実

触覚は、D・H・ロレンスの著作のうちで重要な位置を占める感覚のモードである。視覚によって得られる情報や言語による伝達よりも、触れ、触れられるという相互的な身体経験が「生の真実」をより鋭く開示するという考えは、彼の——しばしば批判の対象となりもする——本質主義的な身体観の中核を成す。一作目の『白孔雀』から最後の著作『黙示録論』にいたる小説、さまざまな時期に書かれた詩やエッセイは接触の描写やメタファーに溢れている。たとえば『息子と恋人』では、小説の終わり近くで、主人公ポール・モレルが亡くなった母に触れられることを欲する場面で幕を閉じるし、「ハドリアン」や「盲目の男」といった短編は、人生観を変えてしまうような出来事として身体的接触を劇的に描写している。[*1] あるいは、『三色すみれ』に収められた詩や後期の中篇『逃げた雄鶏』（出版時のタイトルは『死んだ男』）は、キリスト教信仰と接触の関係について、「私に触れるな（noli me tangere）」という復活したキリストの言葉を通じて探究している。これら情動的、啓示的、反キリスト的な接触＝触覚は彼の作品を生気づけ、ナラティブの重要な結節点を構成している。ロレンス作品における触覚はまず何よりも身体の情動に関わる不可視の磁力なのだ。この作家において、表層は深さに直結している。

批評家たちは早くからロレンス作品における接触＝触覚の重要性に気づき、論を展開してきた。しかし、接触＝触覚は、もっぱらロレンス的テーマである「身体」や「性」といった大きなテーマと同一視して扱われたり、生気論的な本質論に還元されてしまうことが多かった。このような中、ロレンス作品を貫く固有の運動として触覚に注目したのは、キャスリン・A・ウォルターシャイドである。ウォルターシャイドは、触覚についての医科学的知見をロレンス読解の枠組みとして用い、ロレンスにおいて触覚は性よりも「より基本的である」と主張して、触れることの可能性と不可能性がロレンス的身体にとって中心的な課題であることを明らかにした。[*2] また、ジェイムズ・コウワンは『D・H・ロレンスと震動するバランス』の一章をこの問題の探究にあて、無意識や儀式などがロレンス作品においていかに接触＝触覚と結び付いているかを描き出した。[*3] さらに、鉄村春生は三つの論考においてロレンスの中期作品が接触＝触覚を主題としていることを論証している。[*4] これらの批評は、ロレンス作品における接触＝触覚が、固有の意味作用を持った表現として考察に値することを示唆している。

しかし、従来の多くの批評はロレンスの作家としてのキャリア全体における触覚を常に同じ意味内容を持った不変のものであることを暗黙のうちに前提としており、ロレンスの触覚言説がその意義を更新していたという事実を取り逃がしている。[*5] ロレンスの触覚言説が単に本質主義的に身体を礼賛するためのものではなく、同時代の社会状況と重要な関わりを持っていたということが強調されなければならない。

そこで、ここではロレンスが一九二五年から一九三〇年の間に著した後期の著作に現れる触覚についての言説を政治的、社会的なコンテクストに関連させて考察することにしたい。ロレンスが主としてイタリアのフィレンツェ近郊や南フランスですごした晩年の数年間において、彼の触覚言説はその象徴性を強め、同時代に彼が過ごしたイタリアで勃興しつつあったファシズムの組織的・政治的暴力や、写真や映画などの先端的視覚技術に対抗するものとして機能した。[*6] ロレンスは、一九二〇年代に顕著となったモダニティの特徴を成すさまざまな現象は世界を平板なものとし、それが決定的に人間の生から身体性を奪うと考えていたのである。一見接触についての素朴な描写も、ファシズムや機械文明に対して触覚的＝動的な「生」を対置するという彼の意図と切り離すことは出来ない。このように考えるならば、彼の後期の著作における触覚について研究することは、必然的に感性の政治をめぐる考察とつながってくるだろう。

ここでの議論の主たる対象となるのは、エトルリア文明の故地をめぐる旅行記である『エトルリアの故地』（一九二七年執筆、一九三二年に死後出版）、その旅の後に完成された『チャタレイ夫人の恋人』、および同時期に書かれた二つのセザンヌについてのエッセイ――「芸術とモラル」（一九二五）と「絵画集序論」（一九二九）――である。この時期のロレンスは、タルクィニアに残る古代エトルリア文明時代の墓地の壁画とセザンヌの絵という時代も場所も異なる絵画芸術に、同じ触覚的な古代の感性を見出していた。ロレンスにとって両者は、視覚中心的な西欧的価値の体系を転覆する契機を備えた「古代的なもの」の発見であったのだ。『チャタレイ夫人の恋人』はこのような根源的な古代性を外部に存在するものとしてではなく、身体のうちに発見している。言い換えるならば、触覚が身体を古代という他なる時間へと接続するのである。もちろんここには西洋近代からの逃避を読み取ることもできるが、そのような古代に自己の主張を投影させることによって近代を批判するという身振りそのものがモダニズム芸術の重要な一側面である。彼の身体に関わる問題意識に何らかの歴史的意義を見出すためには、彼の触覚に関わる言語がどのように生起し、機能し、また反復されたのかというテクスト上の運動を注視しなくてはならない。[*7] 本章は、ロレンスの触覚言説をイタリア・ファシズム、美術館という近代的施設、そして写真的リアリティなど彼が視覚的なものと結びつけていた近代のさまざまな現象への批判として読み解いていく。

二　古代エトルリア文明と触覚的感性

古代エトルリア文明

ロレンスが『エトルリアの故地』で考察の対象とした古代エトルリア文明は、イタリア中部のフィレンツェなどを含むトスカーナ地方に紀元前八世紀頃から紀元前一世紀頃まで続いた文明である。エトルリア人は、ヘロドトスによればそもそもは小アジアからやってきた民族であるが、決定的な証拠はない。トスカーナに住む人を指すトスカン（Tuscan）という言葉は、エトルリアの人びとという意味のエトルスカン（Etruscan）という語に由来する。このことからも分かるように、この一二の都市からなる連合国は、古代ローマ帝国と覇権を競い合いながら、ギリシアとの交易などを通じて中部イタリアにおいて支配的な力を持ち、トスカーナ地域の文化的風土を形成した。しかしながら、残された記述資料が圧倒的に少なく、しかもエトルリア文字は解読されていないがゆえに、この文明は長い間古代ローマの陰で忘却されてきたのである。ドミニク・ブリケルによるならば、「近代の人びとがエトルリア人に関心をもつようになったのはルネサンス以降のこと」である。しかし、その後の熱狂的な発掘によって、ヨーロッパの美術館は「エトルリアの共同墓地から出土した何百点もの考古遺物であふれかえった」という。[*8]

エトルリアについての学術的研究が深まるのは一九世紀中期からである。二巻よりなる浩瀚なジョージ・デニスの『エトルリアの都市と墓地』（一八四八）は、エトルリア学において長らく決定的な研究書とされてきた。ロレンスがエトルリアについて最初に読んだのもこの書物である。[*9] 二〇世紀になると、一九二一年のフリッツ・ヴィーゲによるドイツ語の著作『エトルリアの絵画』、一九二四年のR・A・L・フェルによる英語の著作『エトルリアとローマ』、および一九二五年のペリクレス・ドゥカーチによるイタリア語の二巻からなる著作『古代エトルリア』

など専門性の高い書物がつぎつぎと現れ、一九二〇年代においてこの古代文明が非常に注目を集めていたことがうかがえる。[*10] ロレンスは一九一五年から一九一六年にかけてフレイザーの『金枝篇』(一八九〇―一九三六)やタイラーの『原始文化』(一八七一)を読み、古代の宗教や文化、儀式などについて親しんでいたが、『エトルリアの故地』を執筆するにあたっては、独、英、伊の三カ国語で書かれた上記の書物を参照しており、それらが古代文明に対する理解を深めるのに役に立ったのは間違いない。[*11] ロレンスの古代エトルリアについての著作はこのような同時代におけるエトルリアに対する考古学的な関心の高まりと軌を一にしている。モダニズムとは「新しさ」を表現することを追究すると共に古代を徹底的に探究した時代でもあるのだ。

ロレンスの古代エトルリア文明に対する興味と「糸杉」

ロレンスが古代エトルリア文明への興味をいつ持ち始めたのかは明確ではない。[*12] しかし、ビーサン・ジョーンズの指摘するように、それは少なくとも一九二〇年におけるイタリア滞在と、それに基づいて書かれた「糸杉」という詩に遡ることが出来る。[*13] 詩人は古代エトルリア文明について、それを古代から眺めていたはずのトスカーナ地方の糸杉に問いかけている。糸杉は決して答えることはないのだが、それらの質問にはロレンスのエトルリア文明についての基本的なイメージが示されている。[*14] ロレンスはここで、「滅びた民族、滅びた言語」に思いをはせ、エトルリア文明を大きな「秘密」を宿した「暗闇」として捉えている。エトルリアの人びとは実際、自らの民族について記した言語による記録を全く残すことが出来なかったのであり、だから「その言語は失われてしまった」とロレンスによって書かれる。この詩を書いた時、エトルリア文明の重要な拠点の一つであったフィレンツェ郊外の町フィエーゾレ(Fiesole)に滞在していたロレンスは、そのエトルリア文明において重要な都市の一つであった場所に身を置くことで、古代において死滅した民族への想像力を働かせている。ここには、言葉による伝達が不可能な対象に対しては、直接にその場に身を置くことでそれを感じとるというロレンスの現場主義が現れている。彼の人生における絶え間ない移動、とりわけ一九二〇年代における合衆国南西部、メキシコ、エトルリアなどへの旅は、このような場所の持つ古代的な記憶へ接近しようとする彼の衝動を基礎としているのだ。一九二三年に出版されたロレンスの『アメリカ古典文学研究』の序章は、「地の魂」と題されているが、土地の風土とそこにおいて生まれる芸術表現は一体のものであるとロレンスは信じていたのである。[*15]

ロレンスは「糸杉」の中で、ローマはエトルリアを「邪悪な」という形容詞と結びつけて考えていたと述べている。しかし、その「邪悪な」という言葉もローマ人によるものであり、われわれはエトルリア人の言葉を知らない。エトルリアを「悪」としローマを「善」とする二項対立はローマ人という支配者の言葉によって語られたものにすぎない。ロレンスはこのように言語的不均衡を指摘し（そしてまた自らの言語である英語でエトルリアを語ることにしばしば躊躇しながら）、沈黙するエトルリア文明の魂について糸杉に問いかける形で語ろうとしている。ロレンスにとって、エトルリア文明は、古代ローマに先立ちその陰に隠れてしまった西欧文明の最古層であり、ヨーロッパという歴史的主体がその存在を忘却している「無意識」であった。[*16] 一九二一年から一九二二年にかけて、ロレンスはフロイトの明らかな影響のもとに二冊の精神分析についての書物（『精神分析と無意識』（一九二一）と『無意識の幻想』（一九二二）を出しているが、彼にとってエトルリア文明への関心は、精神分析による人間の無意識や個人の発生する起源についての探究と連続的なものであったのだ。[*17] 実際、ビリー・T・トレイシーの指摘するように、『無意識の幻想』の序文は、解明されるべき無意識を古代と結びつけている。[*18] 彼にとってヨーロッパにおける古代文明と主体における無意識は、集合的なものと個人的なものとの差を超えて、「見えない本質」という共通項において通底していたのである。

エトルリアへの旅

この「糸杉」という詩を一九二〇年に書いた後、ロレンスが再びエトルリアに関心を向けるのは一九二六年のことである。一九二五年九月にアメリカから帰欧して以来、ロレンスと妻フリーダはイギリスやイタリアの各地を転々として暮らすが、一九二六年の五月からフィレンツェ近郊のミレンダ荘と呼ばれる古い家に居を定め、続く二年ほどを概ねこの地で過ごすことになる。ロレンスは最晩年をフランスのプロヴァンス地方で過ごし一九三〇年の三月二日にこの世を去った。すなわち、この最後の四年ほどの期間、ロレンスは主としてヨーロッパの「南」の地域で過ごしたのであり、これが彼の故国であるイギリスを含むヨーロッパの「北」に対する批判的な視座を育んだと言える。[*19] 本章でも後に触れることになるが、この「北」と「南」の差異はロレンスにおいてアレゴリカルな価値を持っており、形而上的なものと形而下的なものにしばしば対応している。エトルリアへの旅は、ロレンスにとって「北」の形而上的な圏域を乗り越え、それを批判的に見る身体的探求の一環として象徴的意義を担っていた。

ミレンダ荘のあるスカンディッチは、ロレンスが古代エトルリア文明についての知識を深めるのに好適な土地であった。ロレンスがエトルリアの故地への旅を決行したのは一九二七年四月五日から一一日のあいだで、アメリカ人の画家であるアール・ブリュスターと共に、チェルヴェテリ、タルクィニア、ヴルチ、ヴォルテラという四カ所を巡り歩いた。ロレンスはそれをもとに同年の六月から七月にかけて六つの章を書き上げている。さらに六章を書き加えて全体で一二章からなる書物をまとめる予定だったが、七番目の章の断片を残した段階でロレンスはこの世を去った。著者の死後の一九三二年、完成された六つの章のみが『エトルリアの故地』として出版されている。[*20]

ロレンスのユートピア的なエトルリア観、およびロレンスのファシズム

ロレンスは『エトルリアの故地』において、ローマとエトルリアというイタリアの二つの古代文明を対照させ、

後者を好意的に記述している。そうすることによって、彼はヨーロッパにおける典型的な「永遠の都」としてのローマのイメージに抵抗しているのだ。ゲーテやスタンダールを含む多くの西洋人にとって、イタリアへの旅はローマ帝国というヨーロッパの起源へと遡る旅であった。しかし、ロレンスはこのような伝統的な見方とは決別している。ローマ文明が壮麗な建築や美術、文芸によって代表されるとすれば、エトルリア文明の美点は「活力にあふれた、強度の身体的生命力の感覚」にあると主張する。[*21] これとは対照的にローマは抑圧的な「法」と結びつけられる。ロレンスは「制圧という至上の法を信じる、普遍なる法たるローマ人たち」と「法（law）」の一語を強調することで、古代ローマを中央集権的な法治国家として描き出しているのだ。[*22] 本論でも明らかになるように、このエトルリア的身体とローマ的法の対比はアレゴリカルな重要性を持つ。この価値の対立は、生涯検閲との戦いのうちに出版を続けていたロレンスにとって執筆に伴うアクチュアルな問題だったと言える。この点から、『エトルリアの故地』におけるエトルリアの有機的共同体としてのイメージはかなりの程度、自己の理想の転写であったと見なすことができる。[*23]

エトルリアが中央集権的ではなく、諸都市の特異性を有したまま緩やかに結び付いていたことは、ロレンスにとってその文明の豊かさを証明するものであった。ロレンスは「ローマ以前の過去」には「無限に錯綜している実にさまざまな違いを内に蔵している世界」があり、それがエトルリアの共同体を固定的な統一体ではなく、絶え間なく自らを作り変える有機的な存在にしていた、と考えていた。[*24] とはいえ、中心となるリーダーがいなかったわけではない。古代エトルリア文明の諸都市は「ルクモ（Lucumo）」と呼ばれる宗教的指導者によって統率されており、彼のリーダーシップのためにエトルリアの人びとは「常に神秘と身体的な接触の状態にあった」と、ロレンスは「接触」という語を強調しながら主張している。[*25] このような政治的リーダーがありながら、共同体が固定された階級秩序によって構築されることがなかったのは、接触＝触覚がその都度構築され解体されるような現在時の運動だからである。このようにロレンスはローマ的な「法」に対し、エトルリア的な触覚的「差異」の創造を対置させる。エトルリア社会の水平性は彼らの宗教観にも表れる。ロレンスによるならば、エトルリアの人びとは「神々が踊る彼らの指の先にも宿っていることを知っている」のであって、触れるという卑近な行為は宗教的な崇高さと重ね合わせられていた。[*26] キリスト教をはじめとする多くの宗教とは違い、古代エトルリアの宗教世界においては触れることは宗教的なタブーとはなっておらず、むしろ神聖なものとされていた。あるいは少なくともロレンスはそのように壁に描かれた絵の数々から推測した。彼の想像力の中で、神々とエトルリアの人びとの身体は、「ルクモ」という共同体の中心的存在を媒介として触覚的な関係によって水平的に結び付けられていたのだ。

もちろんいくらそのような水平的平等性を強調しようとも、ロレンスの英雄礼賛には政治的な問題がつきまとう。さまざまな批評家が指摘してきたように、一九二二年の『アーロンの杖』、一九二三年の『カンガルー』、および一九二六年の『羽鱗の蛇』の三作においてロレンスの「指導者」へのオブセッションは顕著である。ロレンスの英雄崇拝と彼のアンチ・ファシズムのきわどい関係について、コーネリア・ニクソンは次のように簡潔に整理している。

ロレンスは権威主義的な政治思想が影響力を持ちつつあった時代に指導者による政治を思い描いたのであり、そのような思想へ彼が進んでいったということはある意味ではありふれたものかもしれない。ロレンスがファシズムを批判していたことは強調しておかなければならないが、それにもかかわらず、彼の考え方はファシズムを支持していた同時代の西洋の知識人たちと似ているのである。奇妙なことに、ほとんどの場合ロレンスはこのような作家たちを読んだわけでも支持したわけでもなかったが、彼の新しい思想の中の一見して特異な要素は、時に彼らの思想と共鳴していたのである。[*27]

つまり、ロレンス自体は反ファシズムを明言していたにもかかわらず、彼の思想にはさまざまな点で親ファシスト的な要素が見られたということである。一九一五年にロレンスと短い期間の交流があったバートランド・ラッセルは、一九六八年の『自伝』の中でロレンスの「血の意識はアウシュヴィッツにまっすぐつながっていた」と述べて、ロレンスがファシストであったと回想的に語っている。[*28] ラッセルの推測はロレンス本人がファシズムを信奉していたかどうかという点をめぐるものではなく、「有機体(organism)」や「血(blood)」や「接触(contact)」といったロレンスの言葉の象徴的なレベルでのファシズムとの親和性を示している。[*29] 本論ではロレンスの反ファシスト的な言葉をいくつか引用することになるが、それはイタリア・ファシズムという具体的な政治権力に対する彼の抵抗を示しているのであって、直ちに彼のファシスト性を否定することにはならないということは断っておかなければならないだろう。

これに付随する問題として、ロレンスの指導者を中心とした有機的な共同体の礼賛は、彼の民主主義やその当時顕著になってきた社会の大衆性とは全く異なるものであることも指摘しておかなければならない。ロレンスが大衆に対して距離を置いていたのは、彼がそこに人間の均一化を見ていたからである。一九二三年に出版された『無意識の幻想』の序文で、ロレンスは「われわれは誤った民主主義の時代に生きている」と断定しているが、[*30] これの前後に発表された『アーロンの杖』(一九二二)、『カンガルー』(一九二三)、『羽鱗の蛇』(一九二六)は、明らかに同時代の大衆社会や大衆文化を「反生命的な」ものとして軽蔑していたことを示している。[*31] ロレンスにとって大切であったのは、人間のあいだに〈法〉によらない接触的結びつきを築くことであり、ロレンスは現代人はそれを失ってしまったと考えていた。古代エトルリアはロレンスにとって触覚的感性を喚起するユートピア的世界であったのだ。

タルクィニアの地下墓地の壁画

ロレンスがエトルリア文明における触覚的本質を見出すのは、タルクィニアの地下墓地の壁画においてである（図1‐1）。「彩色壺の墓（Tomba dei Vasi Dipinti）」という墓地の壁は、たとえば、ロレンスによって次のように生が芸術と交わる触覚的感性の横溢した場所として描かれる。

突き当たりの壁面には、静かな、ささやかな宴会の光景が見られる。顎髯を生やした男が、同伴の女性の頤の下にやさしく手を触れており、その後ろに奴隷の少年が、いかにも可愛らしく立っている。……男がその女の頤の下に触れているその手の触れようは、むしろおだやかな、やさしい甘美な性質のものであって、そこには軽妙な愛撫がこめられている。それがまたエトルリアの絵の持つ魅力の一つなのである。エトルリアの絵には、まさしくこの触感があるのだ、人びとも動物たちもみな、本当に触れ合っているのだ。触れ合っている感じ、これは実に最も類いまれなる性質の一つである、芸術の世界においても、実生活の場においても。不器用に撫ぜたり、掴んだりすることは、いくらでもある。しかし本当に触れ合ってはいないのだ。特に絵の世界を見ると、人びとはいかにも触れ合っているかに見える、抱き合ったり、互いに相手の体に手を置いたりして……。しかし、やさしくやわらかに流れ合う触れ合いはないのである。その触れ合いは、人間の真ん中から、腰から生まれているわけではない表面と表面との接触に過ぎない。ものとものとが、ただ並置されて在るに過ぎない。このために、秀れた大家巨匠たちの実に多くの作品が、その構成の見事さにもかかわらず、退屈なものになっているのである。ここには、この色あせたエトルリアの絵の中には、静かな接触の流れがあって、あの長椅子の上の男と女とを一つに結びつけている。あの後ろの、はにかんでいる少年を、鼻を上げているあの犬をも、いや壁から垂れ下がっているあの花輪をすら結びつけ、一つにしている。[*32]

図1-1　「彩色壺の墓」の壁画

ロレンスはこの絵画において触れあう二組の男女だけではなく、後ろに控えている少年や、床に腹ばう犬、背後の壁にかけられた花輪もまた接触のうちにあると言う。彼はこのように絵画のうちに表現されている接触＝触覚的なものを強調することによって、古代エトルリアを理想的な社会として描き出したのである。[*33]

この引用箇所において、エトルリアの絵画に見られる接触とふつうの生活や芸術における接触が対照的に描き出されていることに注目しなければならない。前者がその「静かな流れ」によって人や事物を結びつけるのに対し、後者は相互的な関係を生成しない。このような区別は、ロレンスにとって「触れる」という行為さえあればいいというわけではなく、触れることによって生じる対象との関係性が重要であるということを示している。真の接触は、接触によってのみ開かれるような「身体の暗闇」に触れる行為であって、触れられることは触れることと親しく交わらなくてはならない。[*34]ロレンスは、同時代をそのような接触が消滅した時代であると考えており、したがって、一九二九年の『三色すみれ』に収められた詩「タッチ」の冒頭には、「私たちは非常に頭脳的になってしまったので／触ることにも触れられることにも耐えられない」という言葉が綴られることになる。[*36]

ロレンスの古代文明における触覚の理想化は、現代においてそれが失われているという彼の認識と切り離すことが出来ないのだ。[*36]

「接線」の触覚性

それでは、技法的にみて、エトルリア芸術のどのような点が触覚的であるとロレンスは考えたのであろうか。すでに触れたように、ロレンスはエトルリア芸術における触覚性を、壁画に描かれた互いに触れ合う人物たちにだけでなく、描線の処理の仕方にも見ていた。彼はエトルリア絵画に描かれた人物や事物の輪郭は、その背景の一体感を生むのに貢献していると説明している。これは単にスタイルの問題ではなく、人間と周囲の環境の関係についてのロレンスの考察を含んでいる。身体が空間と接する「接線（edge）」は、ロレンスにとって内と外を切り分けるよりは、結びつけるのだ。このことは、彼が「接線」という語を「輪郭（outline）」という語と区別して記述する一節において明確になる。

エトルリアの絵の霊妙さは、中国やヒンズーの絵の場合と同じように、画中の人物たちの不思議なまでに暗示的な描線、バックとの接線（edge）にある。それはただ輪郭（outline）を描いているだけの線ではない。われわれのいわゆる「線描《デッサン》」ではないのである。それはまるで流れるような輪郭線で、そこで肉体は卒然としてまわりの大気に溶け入っているような感じである。エトルリアの絵描きは、生きものの生命が、その生きものの中心部からその生きものの表面に向かって波のように押し寄せる様を見たことがあったに違いない。だから描線のカーブや輪郭線には何か影絵のような感じが漂っていて、この絵には、あの肉付けの技法から生ずる完全な動的効果《ムーブマン》を思わせるものが内部から出て来ているのである。実際は肉付けなど全く施されてはいない。人物たちはただ平板に塗られているだけだ。しかし彼等には、力に満ちた、ほとんど隆々と盛り上がる筋肉の躍動すら感じられるような気がする。[*37]

ここにおいて「接線」と「輪郭」の区別は現象学的かつ存在論的な重要性を持っている。「輪郭」は「図」と「地」を切り離す境界線であるが、「接線」は人間の身体の環境との動的な接触を表すのであり、それは異質なものを結びつけ、生命の内と外をつなぐ解放的なものである。「接線」はいわば物と物の接触を捉えることを目的とした技法なのだ。これに対し、「輪郭」は「図」と「地」を切り離す確固たる境界線であって、それは身体の終わる地点を縁取るものにほかならない。同じ輪郭のように見えても「接線」と「輪郭」は全く逆の機能を担っているのだ。エトルリア絵画の「接線」は身体を環境と相互的に結び付け、ロレンスが「豊饒な生」と呼ぶものを可能にする。[*38] 動く物体を静止した像へと固定する代わりに、「接線」は「流れ」によってさまざまな部分同士の有機的な連関を絵画に付与し、全体として動的効果を達成する。このような絵画は生活と芸術作品のあいだの境界も融解する。ロレンスの主張によれば、エトルリア人にとって絵画を壁に描くという行為は彼らの生活の分離不能な一部であり、描かれた像は彼らの生の延長であるのだ。

内なる「静けさ」と可視的なものの彼方

絵画における生命の動きの表出に加え、ロレンスはまた古代文明のうちに「不動性（stillness）」や「静けさ（quietness）」といった言葉で表現されるような特徴を見ている。これらの言葉もまた、これから見るように、「接線」という概念と共鳴しながら触覚言説のもう一つの層を形成している。それは触覚的経験そのものであるよりは、その前提をなす条件であるのだ。すでに引用したエトルリアの壁画を描写した一節において、ロレンスはエトルリアの絵画における「接触の流れ」を表現するのに「やわらかな（soft）」や「静かな（quiet）」という修飾語を用いているが、このようなロレンスの語の選択は、エトルリアにおける接触には現代社会では手に入らないような内的な「静けさ」があると彼が考えていることを示唆している。しかしエトルリアの故地への旅は、単に空間的な移動であるわけではなく、過去へと至る道を探求する旅でもある。実際、ロレンスは最初の訪問地であったチェルヴェテリの現在の風景を描写するのにも同じ語彙を用いて静けさを強調している。「私の知る限りでは、エトルリアの地にはどこも奇妙な静けさ（stillness）と不思議なやすらぎが感じられる」と語り始めた段落において、ロレンスは次のように風景を描いている。

これらの草に覆われた巨大な高塚、苔むす古代の意志の帯を腰にめぐらしている古墳には、静けさ（stillness）が、柔らかなやさしさ（softness）がある。中央の遊歩道を歩くと、いまもなお、一種の寂静と幸福とが去りやらず漂っている。なるほど、時刻は四月の静かな（still）、日ざしも明るい午後だったし、高塚を包むやわらかな青草の中から雲雀が次々に舞い上がってもいた。しかしその窪地のあたり一面の大気の中には、たしかにある寂静さが、心を和めてくれるものが漂っていた、そこにいることが人の魂のためには幸せなのだという感じが漂っていた。[*39]

「静けさ」という聴覚的要素と「やわらかさ」という触覚的要素が、「静かな暖かい四月」と「やわらかな草むら」といった具体的なイメージを得て展開され、土地の風土は現在における一瞬と過去を媒介するものとなる。このようなナラティブを通じ、ロレンスはエトルリアにおける自然と芸術作品の連続性を強調しているのだ。あるいは、ロレンスは古代エトルリアを真の芸術として見出そうとしたのだといってもよい。「静けさ」という語の反復的な使用は、この一節をリアリスティックな描写以上のものとしているのであり、ここには過去を眼前によみがえらせようとするロレンスの意思が感じられる。つまり、「静けさ」という語はロレンス的言説のなかで脱＝時間的な機能を果たしているのだ。それは古代へと開かれた窓のようなものである。「タルクィニア」の章において、ロレンスは「エトルリア人の本能のなかには、生命から生まれる自ずからなる気分を守りたいという真率な願望があったように思われる」と述べ、それに続けて「そしてこれを守ることは、全世界を征服すること、あるいは自己を犠牲にすること、あるいは不滅なる魂を救うことよりも、たしかに、はるかに価値ある仕事であり、そして、結局は、はるかに困難でさえある仕事なのだ」と主張して、エトルリアの特性をローマ人や「現代人」が持つ破壊的本能と対比している。[*40] ロレンスは、そのようにしてかつて古代都市のあった場所の風景にエトルリア人的特性の痕跡を探り当てようとする。

四月の朝の緑なす小麦畠の衣を身にまとった、何という浄らかな、まるで暁の最初の光のように、何と汚れのない国であろうか――そして、丘また丘の織りなすこの光景の不思議さは。ここには現代の世界に属するものは何もないように見える、――家屋もない、いかなる現代の発明、機械も装置もないあるのはただ一種の浄らかな驚きと静けさ（stillness）のみ、未だ犯されてはいない広々とした見晴らしがあるのみだ。[*41]

タルクィニアの風景を満たしている「静けさ」はロレンスが「土地の魂」と呼ぶものを形成し、ロレンスが歴史以前と呼ぶ圏域を創り出す。[*42] それは、右の引用において「いかなる現代の発明、機械も装置もない」とあるように、現在の時間を消去してしまう。ロレンスはこの牧歌的なトスカーナ地方を描写するのに「静けさ」という言葉を恣意的に選んだわけではない。この語は、ロレンスのプリミティブなものをめぐる言説のなかで、可視的なものの彼方を指すものとして特権的な地位を与えられているのだ。

このことは、ロレンスがこの「静けさ」という語句をかなり前から特別な意味を込めて使っていることから確認される。たとえば一九一四年一月二一日の手紙において、彼はかねてから好んでいたギリシア彫刻《ラオコオンとその息子たち》に言及し、この彫刻には「静けさ」と変化の複雑な関係が示されていると主張している。[*43]

ギリシア彫刻にはわたしの魂が渇望する何か、すべての動き、すべての生命の下に、まるで根源のように、腐敗することも尽きることもなく存在する永遠の静寂があります。それは変化や苦闘より深いものです。長い間わたしは苦闘や、流動、それに変化しか認識していませんでした。しかし今では根源的なもの、決して変化することもないが、そこからすべての変化が生じる、個人を超えた大いなる存在（The great impersonal）を感じるようになりました。[*44]

このような主張は《ラオコオンとその息子たち》をめぐる言説としてはそれほどユニークなものだというわけではない。《ラオコオンとその息子たち》は、叫びという劇的な一瞬の美的形象による永遠化、個別的状況と普遍的な人間の感情、動的な変化と静止、そのような対立する二項を緊張のうちに捉えた傑作として、長い間、美術史研究者たちの議論の対象となってきたのだった。たとえば、レッシングの名著『ラオコオン』の冒頭にも引用されているヨハン・ヨアヒム・ヴィンケルマンの言葉を見てみよう。「海の表面がどれほど荒れ狂っていようとも、その底はいつも静か（allezeit ruhig bleibt）であるように、ギリシア人の手に成る人物の表情は、あらゆる激情にもかかわらず、偉大な、そして端正な魂を示している」。[*45] このような可視的な「動」と非可視的な「静」の対比は、ロレンスの主張とほぼ変わらない。ロレンスが「静けさ」という言葉をここから引き出したのかどうかは別として、表面は荒々しいが内部は「静けさ」が支配しているという二重構造をこの彫像に読むことは古典的ですらある身振りなのだ。

『ラオコオン』の苦悶のイメージはロレンスのオブセッションであり続けた。彼は同じ手紙の中で、「ラオコオンのもだえと叫びは私の新作から姿を消した」と述べ、彼の創造を呪縛すると言ってもいいこの原型的イメージからの決別を宣言している。[*46] ここでの「新作」とは「姉妹たち」という、後の『虹』と『恋する女たち』の元となった作品である。しかし、ロレンスはこの手紙を書いた後も、短編「サムソンとデリラ」（一九一七）、『恋する女たち』（一九二〇）、さらには遺作となった『黙示録論』（一九三一）にまでラオコオンを登場させ続けているのである。彼にとって重要であったのは苦悶の表情ではなく、その下に隠された「静けさ」であった。[*47] それは、実在に先立つ見えない生命の根源、有機体における「非人称（impersonal）」的要素であって、ロレンスがしばしば「感情の中枢（quick）」と呼んだものである。この手紙においてロレンスが言及している「大いなる非人称」は、同じ時期の他の手紙の言葉では、自己のなかの「唯一の根源的に普遍の要素」という言葉で表現されている。[*48] 彼は視覚的芸術においても目には見えないものに普遍的な美を見出していたのであり、このことはエトルリアの「静けさ」への彼の想像力と通底しているのである。このような存在の中の非個人的な次元についての考えは、後に見るようにメルロ＝ポンティの身体論にも現われる要素であり、われわれは後の章で両者の共通点を確認することになるだろう。

『チャタレイ夫人の恋人』における触覚と「静けさ」

接触という表層の出来事とこの内面的な「静けさ」の照応は、『チャタレイ夫人の恋人』にもっともよく表れている。作品検閲をめぐる裁判によって有名なこのロレンス最後の長編小説には、三つのヴァージョンが存在する。まず、現在刊行されているケンブリッジ大学出版の定本において『最初のチャタレイ夫人の恋人』と題されている版は一九二六年一〇月から一二月に、『ジョン・トマスとレディー・ジェイン』と題された二つ目は一九二六年一二月から一九二七年二月にそれぞれ執筆されている。すでに述べたようにこの年の四月にロレンスはエトルリアの故地を旅し、帰宅後の夏に旅行記の半分を執筆している。そして『チャタレイ夫人の恋人』第三の版は一九二七年一二月から一九二八年二月に執筆され、その後も一九二八年の七月に私家版が出るまでさまざまな改稿が試みられている。つまり、『チャタレイ夫人の恋人』はエトルリアへの旅を構想していた時期に最初の二つのヴァージョンが書かれ、旅を終えてそれについての原稿を書いた後に最後の草稿が書かれているのであり、『エトルリアの故地』とは強い関係があることが推察される。ここで『チャタレイ夫人の恋人』全体について議論をすることはできないが、『エトルリアの故地』の理解を深めるためにも、この触覚的言説に満ちた小説の考察を避けることはできない。

この小説の主人公のコンスタンス・チャタレイと第一次世界大戦で下半身不随になった夫のクリフォードとの関係は、接触の欠落したものとして描かれる。クリフォードはいつも「物事を遠くから見て」いるのであり、「直接対象に触れようとしない」人物である。

彼は現実にいかなるものともいかなる人とも触れ合ったということがないのだ。ただ伝統的にラグビー邸に、それから家族防衛の団結のために、エマに触れていただけだった。それ以外には何物も実際上彼に触れるものはなかった。コニーは自分もほんとうには彼に触れたことがないような気がした。ほんとうの彼に触れたことはなかった。たぶん、究極的に手に触れるものは何もなかったのだ。人間接触の否定ということがあるだけだった。*49

このように「エンジン付きの車椅子」を乗りこなす機械的身体の持ち主である小説家のクリフォードは、「ほんとうの」接触とは対極的な位置に配されている。コニーは作品の創作を中心とするクリフォードとの生活を「触感も手ごたえもない」ものと思い、自分が「実体と生命のある人生との接触を失っていること」をぼんやりと感じている。[*50] このような現実感の伴わない生活から、若くして成功した劇作家であるマイクリス、そして森の番人であるメラーズと交わることによって、コニーの身体は触覚的な世界への「覚醒」へと導かれるわけだが、注目すべきはその「目覚め」を形容している言葉である。コニーの目には、マイクリスの姿は次のように映る。

彼は頭をめぐらし、うつむいてかたわらを見た。現代のこの西欧ではほとんど見ることもない、古い民族のあの奇妙な思いがけぬ不動性がそこに現れた。コニーが自分から離れたものとして彼を見ていることができなかったのは、ほんとうはそれのためだったのである。[*51]

コニーの視線は、マイクリスの外見を通り越して「古い民族」から受け継がれた正統性という「本質」を直観するのであり、それは彼女の「子宮に作用する」。[*52] この「古い民族」という言葉は、第一と第二ヴァージョンの『チャタレイ夫人の恋人』には現われず、したがって、エトルリアへの旅を経て、第三番目のヴァージョンに初めて足されたものであり、本文中においてもう一度「古代民族の不動性」という言葉で繰り返される。ここでの「不動性」という言葉は、「静けさ」と同じ意義を担っていると考えてもいいだろう。マイクリスが「一見して英国人でない」外見を持っており、彼が経済的な成功にもかかわらず、「ダブリン生まれの雑種犬」として上流社会の中で疎外されていることも重要である。[*53] この小説におけるアイルランドの英国に対する関係は、『エトルリアの故地』における古代エトルリアの古代ローマ帝国に対する関係と平行的であるのだ。そのアナロジーを適用するならば、コニーはマイクリスのうちにエトルリア的本質を見ていると言えるだろう。たしかにクリフォードもまた彼が「イングランドの心臓」と呼ぶ、古いイングランドの森を愛するが、それは見晴らしのいい丘から眺められたイメージとしての古代であり、クリフォードの身体そのものは古代を内包するどころか、「エンジン付き車椅子」によって不可避的に「現代」につなぎとめられている。身体を負傷しながらも現代技術の助けによって動き回ることのできるクリフォードは言うなればむしろ「不動」を拒否しているのであり、身体障害を抱えながらも、ロレンスによって「古い民族のあの奇妙な思いがけぬ不動性」と形容されるものを欠いているのだ。ロレンスは、権力の側にある英国紳士には決して触覚的な身体を付与しようとはしないのである。[*54]

この直後の場面で、コニーは引き寄せられるようにしてマイクリスとの身体的な接触に身を委ねるが、もちろんここに示されているコニーの「子宮」の本質化はジェンダー的な観点からは、この作品のフェミニスト的読解によって取り上げられてきた「ペニス信仰」と同様大いに問題がある。[*55]『チャタレイ夫人の恋人』において「子宮(womb)」という言葉は何度も現れるのだが、ロレンスにとって男性の触覚的身体の中枢にあるのは「静けさ」やそのヴァリアントである「不動性」といった観念であるのに対し、女性は女性のみが持つ生殖器官が中心化されている。そのことが端的に現れているのは、コニーの森番メラーズとの触覚的関係の描写である。コニーとメラーズが身体的な関係を持つ以前の場面において、メラーズは「人間とのあらゆる接触から逃げ隠れる動物を思わせる」存在となる。[*56]ロレンスにおいて何かから逃げ隠れることはそれを希求することと同じであり、ここでは接触への欲望が抑圧されているのだ。この忍耐にコニーは特別なものを感じ取る。「性急で情熱的な人間のうちにある静けさと忍耐が、コニーの子宮に触れた」。[*57]翻訳においては明確ではないが、原文では「性急な(impatient)」人物であるメラーズのうちにある「忍耐(patience)」が描かれ、否定の接頭辞を媒介としてつながれる反義語のペアが主体の中でせめぎあう欲望と抑圧のあいだの緊張を伝えている。荒々しさの背後にラオコオン像が隠し持っているような「静けさと忍耐」がコニーの「子宮」に「触れる」とき、ロレンスの関心は行為そのものではなく、行為の起源となるもの、すなわち触覚的経験に先立ち、それを可能にする身体の感受性に向かっている。ここには物理的な接触は存在しない。しかし二人の間には触覚的経験が成立しているのだ。身体はここで表層的なものと潜在的なものに二重化すると同時にそれらは相互に絡み合う。このような二重化は深層と表層の対立とは似て非なるものであり、ロレンスは身体を階層化するのではなく、「子宮」という深さと結びついた器官に「触れる」という表層的な出来事を結び付けることによって、身体的運動の中に差異の要素を導入するのである。

実際、小説中において触れ合うこと自体は何度強調されて描写されようが、この触れ合う前の、触れ合いの予兆ほどの緊張を持つことはない。コニーはメラーズに触れられる前から、彼を凝視することによって彼の触覚的身体を見出し、それによって「夢見るように茫然と」するのだし、[*58] メラーズとの最初の性行為の時も彼女は行為の前にすでに「一種の夢の中」にいるのである。[*59] このことは触覚が実際に肉体に接触することだけではなく、その前触れも含む他者との関係の体験であることを示している。ここでは視覚は対象を捉えるものとして機能しているのではなく、触覚的機能に対して従属的なものとして働いている。そして触覚の予期が実際の身体的接触よりも重要なものとなる時に、触覚はより強く時間や空間と絡み合った出来事となり、「一種の夢」を創造するのである。

このような陶酔状態は、コニーの「子宮」をめぐる「現実」的問題からの逃避を示している。その問題とは、「子どもを産む」という生殖に関わることである。多くの批評家が指摘してきたように、クリフォードは「イングランドの伝統」を守るために子どもを欲し、コニーに「誰かほかの男の子どもを産」むことを持ちかける。

「子どもをもてないのは残念ですわ」と彼女が言った。
彼は大きく見開かれた薄青い眼で彼女をじっと見つめた。
「あなたがだれかほかの男の子どもを産んでくれると、その方がいいんだが」と彼が言った。
「もしも僕らが、それをラグビー邸で育てれば、それは僕らの子どもであり、うちの子どもなのだ。僕は父性というものにはあまり重点を置いていない。もしも僕らに育てられる子があれば、それは僕らに属するものだし、それでうまく物事は運んでゆくだろうと思う。どうだろう、考えてみる気にならないかね？」[*60]

このようにクリフォードが「提案」をするとき、性愛は子孫を残すための手段となる。彼はコニーの情動的生を無視し、彼女の「子宮」を家父長的な家制度を維持するために用いようとしているのだ。後になってコニーの側からこの「提案」が本心からなされたものなのかどうかを確認するとき、クリフォードは「あなたの僕にたいする愛情にさえ変わりがなければ、僕はそうしてもらいたい」と言う。[*61] コニーはこのような「愛情」のありかたに驚き呆れ、彼の言葉を「白痴のたわごと」とすら思うわけだが、「父」、「母」、「子」を「イングランドの伝統」を継承するという目的の達成をすることが最重要であるクリフォードにとっては、その過程において何が起きるのかというのは瑣末な問題である。クリフォードのヴィジョンの中では、コニーの「子宮」はイングランドの家族制度を再生産する道具のようなものとなっている。これはメラーズによって触れられる対象としての「子宮」とは、まったく対照的なものである。女性の触覚的身体を「子宮」の本質化をもって代表させようとするロレンスの女性観を擁護することは難しくとも、女性の性を領有化する生政治への対抗言説として「子宮」を読むことはなお批評的価値を持ちうるだろう。

第一次世界大戦で負傷し下半身不随となったクリフォードは、すでに身体的生を放棄している。右に言及した「提案」をコニーが確認する場面において、クリフォードは「僕はちっとも重要じゃない。ただの記号なんだ」と言う。[*62] このとき彼は自己を卑下しているわけではなく、「伝統」の名に自己を従属させていることに自覚的であることを示している。彼は記号によって成り立つ世界に生きることをむしろ欲しており、身体は余計なものに過ぎないのだ。実際、この章は、クリフォードが同業の小説家たちとの社交をやめ、取り付かれるようにしてただただラジオを聞いている姿の描写から始まるのである。

彼はむしろラジオの方を好んでいた。かなりの金をかけて設置し、とうとうすばらしくよく聴こえるようにしたラジオに彼は夢中になっていた。この不自由な中部地方にいながら、ときにはマドリッドやフランクフルトの放送まで聴けるのであった。

彼は、わめきたてるスピーカーの前に、何時間も坐《すわ》っていた。それにはコニーもびっくりして胆《きも》をつぶした。だが彼は気の違った無表情な人間のようになって、このものすごい音に耳を傾けていた。すくなくとも、そう見えた。[*63]

クリフォードの身体はこのようにラジオという新しいメディアに接続されている。彼は体を使って動き回る代わりに、ラジオによってヨーロッパの遠くの都市の情報を手に入れる。その姿はモニターの前に「何時間も坐って」インターネットによって地球の裏側で起きていることを瞬時に知る現代のわれわれの姿にきわめて似ていると言えるだろう。このような描写は、新しいメディアが身体に及ぼす影響へのロレンスの洞察の深さを示している。コニーはこの孤独な人間の姿に「全文明人にはじまりかかっている狂気」を見ているのであり、それに恐怖を覚えるのだ。[*64]

クリフォードによる身体の記号化に抗して、コニーが「子宮」を自己の身体の一部として見出すのは、「イングランドの伝統」によって象徴的に奪われていたものを取り返すことに他ならない。それが主体的な自己による自己の器官の所有という完結した関係ではなく、他者との関係において事後的に見出される身体性であるということは重要である。[*65]コニーは客観的対象となるような「所有」的関係から、他者との触覚的関係を通じて自己の身体の身体性を非統一的な流れとして享受する。その経験が「子宮に触れる」と表現されているのであり、それは女性の身体を近代的な父権=国家的な制度から脱却させるのだ。言い換えるならば、ロレンスは社会化された「子宮」の位置を疑問に付したのであり、それは単なる女性の本質化とは全く異なる批判的行為である。コニーは明らかにメラーズとの性行為に快楽を感じているが、それは「子孫をつくる」という社会制度的意義を担った性行為とは対立するものとしてある。消尽するものとしての性的快楽は子宮をめぐる神話を崩壊させ、帝国の維持のための生殖によって位置づけられた器官を身体へと送り返すのである。[*66]

ジル・ドゥルーズによるロレンス読解

このような領土化された器官とそれからの逃避という対立は、ロレンスを高く評価していた思想家であるジル・ドゥルーズ（およびフェリックス・ガタリ）の「器官なき身体」という概念を想起させる。器官の集合体としての対象化可能な身体と対立するものとしての「器官なき身体」は、常に流れ=生成変化の中にある身体を強調する。この概念はアントナン・アルトーに由来するものだが、ドゥルーズはロレンスの作品のうちにもこのような身体を見出している。

文学批評を中心として編まれた『批評と臨床』に収録されている「裁きと訣別するために」という論文において、ドゥルーズはロレンスを、ニーチェ、カフカ、アルトーといった作家や思想家とともに、スピノザの後継者として並べて論じているが、そこにおいてこのロレンス的身体の二重性が論じられる。

ロレンスが彼の登場人物たちにある二重の規定を割り当てるとき、その一方は器官組織的な個人の感情だが、もう一方は、生命力のあるその身体の上に生ずる、別の意味で力強い非器官組織的な情動であると考えることができる。[*67]

ドゥルーズはこの論文において、神の「裁き」の対象となるような客体的身体を「組織化された身体」と呼び、それをアルトーに起源を持つ概念である「器官なき身体」と対置している。ドゥルーズが簡潔に定義しているところによれば、「器官なき身体とは、情動的、強度的、アナーキーな身体であり、それが含んでいるのは、さまざまな極やゾーンや閾や勾配だけである。器官なき身体を横断しているのは、非‐器官組織的な力強い生命力なのである」。[*68]この言葉は、「生命」を繰り返し強調するロレンス的身体の説明としてきわめて妥当である。ローマ帝国の〈法〉に抵抗するものとして描かれたエトルリアの触覚的身体は「力強い生命力」を備え、「アナーキーな身体」と呼ばれるにふさわしい反権力性を有している。

しかしここで重要なのは、ドゥルーズが「器官なき身体」を身体を二重化する装置として捉えているということである。ロレンスが「静けさ」や「子宮」といった言葉で表現した触覚的身体の起源は、ドゥルーズが「潜勢力」と呼んだものに対応する。実際、ドゥルーズは「裁きと訣別するために」のなかで、ロレンスを例に挙げつつこの概念を説明している。

潜勢力とは、さまざまな力からなる特異体質、それも、支配する力が支配される諸力の中を通っていくことによって変容し、支配される諸力のほうも支配する力の中を通っていくことによって変容する、そんな特異体質である。これがメタモルフォーゼの中心である。それこそが、ロレンスが象徴と呼ぶもの、つまり、打ち震えかつ広がっていき、何も意味しないが、われわれを旋回させてあらゆる方向にあり得べき諸力――その一つひとつが他との関係に入ることによって新たな意味を受け取る――の最大値を補捉させるに至らせる、そんな複合体のことである。[*69]

ドゥルーズが「ロレンスが象徴と呼ぶもの」とわざわざ強調しているのは、それが意味の体系へと物を結び付ける「象徴」とは全く異なるものだからだ。ロレンス的「象徴」は意味に回収されることはない。それは意味＝方向を定めるよりは、いまだ決定されていない諸方向へと関係する拡散的諸力であって、ドゥルーズが「生成変化」と呼ぶところの到達点なき持続的「変容」を引き起こす。ドゥルーズがロレンスの「象徴」の特異性を評価していることは、彼がロレンスの遺作である『黙示録論』について論じた文章の中でもそれについて書いていることからも分かる。そこにおいてもドゥルーズはロレンスの「象徴」には「何の意味もない」ということを強調し、それは〈情動＝感応《アフェクト》〉の方法、強度的な方法なのだ、と主張する。「強烈な情動の方法であり、最高度を示す強度であって、感覚の敷居、意識状態の目覚めのみをしるしづける」[*70]。いずれの箇所においてもドゥルーズが強調しているのは、ロレンス的「象徴」が非時間的な意味の作用ではなく、時間とともに次第に強度を増減するような潜在的な力だということである。

潜勢力は先験的に「ある」ものではない。すでに前節で指摘したように、その存在は、メラーズはコニーとの、コニーはメラーズとの関係のうちに入ることで、事後的に確認される。ドゥルーズによるならば、ロレンスは「男と女」を「二つの流れ」として提示しているので、両者は「戦わねばならず、交互に相手を捕らえることも、あるいは、それ自体一つの力であり流れである貞節にみずからをゆだねつつ離れ離れになることもできる、そんな二つの流れである」[*71]。戦うか、離れるかという二者択一的世界において、対象との適度な距離を保った着地点となるような第三の地帯は存在しえない。関係は自我に先行している。あるいは、「個人的なもの、それは関係であり、魂であって、自我ではない」[*72]。そして、そのような関係の先行性こそが、ロレンスが繰り返し描き出した触覚的身体によって見出されるものである。本書において後にメルロ＝ポンティと共に辿ることになるこの間身体的な触覚の性質を、ロレンスは小説や評論、紀行文などのさまざまな著作によって追究しつづけた。「コニーとメラーズ」という連合の中に埋め込まれた、流れのうちにある「コニー」は、近代社会の中で一人の個人として振舞うコニーとは全く異なる存在である。触覚はこのような個人を超えた結びつきの形成に大きな役割を果たしている。そしてこのような感性の間主体的な働きが、垂直的に政治と身体を結ぶ線をずらし、無効化する。そうした意味で、身体の触覚的な能力はきわめて「アナーキー」な性質を持っているのだ。

以上のような『チャタレイ夫人の恋人』における法と身体の対立関係の考察を経て、『エトルリアの故地』におけるローマ帝国とファシズムに対する批判の射程をもう一度考えてみたい。父から子へと直線的に継承される「イングランドの伝統」に対抗するものとして、マイクリスやメラーズの身体の古代性がコニーの「子宮」という実存する身体と結び付けられる時、ロレンスが『エトルリアの故地』において描いたローマ帝国とエトルリアの関係が想起される。ロレンスは古代エトルリアへの没入だけではなく、それとは全く逆向きの運動によって、同時代のイタリアにおけるファシズム的な〈法〉の批判を行ってもいるのだ。このロレンス的「批判」を明らかにするためには、『エトルリアの故地』をめぐる歴史的コンテクストを参照しなければならない。

三 「ローマ式敬礼」と触覚の政治

イタリア・ファシズムと古代ローマ帝国のつながり

「イタリアにこれまでに住んだすべてのイタリア人の中で、エトルリア人は一番ローマ人から遠い人種であった」という『エトルリアの故地』におけるロレンスの断言は、彼がイタリアに滞在した時代の状況を考えると、きわめて政治的な意味を持つ。[*73] 当時イタリアで政権を掌握しつつあったファシスト党はローマ帝国の後継者として自らを位置づけていたのであり、古代ローマこそがイタリアの起源でイタリアのヨーロッパにおける覇権を権威づけるものであると考えていたのだ。ロレンスのこの断言は、したがって、ファシスト党の歴史観を真っ向から否定しようとする政治的な身振りであると考えなくてはならない。ロレンスは『チャタレイ夫人の恋人』において身体を二重化したのと同じようにして、イタリアという場所を二重化しようとしているのだと言ってもよい。

第一次世界大戦後のイタリアでは、不況や伝統的な階級社会への反発を背景に社会主義運動が盛んになった。ムッソリーニはこれを暴力的に弾圧する「イタリア戦闘者ファッシ」を組織し、労働者運動を恐れる資産家や地主階級の支持を受けた。「ファッシ」は次第に政治的な権力を持つ集団に発展し、一九二一年にはファシスト党が結成された。翌一九二二年、同党は「ローマ進軍」と呼ばれるクーデターを起こして国家権力をつかむと、軍事化を急速に進行させ、一九二五年の末、首相に代わる新たな役職である国家統領を作り、独裁制を敷いた。このように、イタリアでは第一次世界大戦が終結すると間もなく、次の戦争を用意するような国家の軍事化が始まっていたのである。ロレンスは一九二五年、二度のアメリカ滞在を終えて三年ぶりにイタリアに戻るのだが、フィレンツェに到着した翌日の四月二一日、彼は国家的祝祭に浮かれる市民を目のあたりにし、それについての感想をジョン・コーノスに宛てた手紙に書きつけている。

ここでは「ローマ記念日」が行われています。ファシストによるメーデーの代替物で、シニョーリア広場では「ジョヴィネッツァ！　ジョヴィネッツァ！（Giovinezza）」と大いに騒いだり、楽器を鳴らしたりしています。しかしもちろん雨が降っています。フィレンツェではいつも雨が降っているのです。妙なものですね、このファシズム運動は。いったいどのような結末を迎えるのか。ある意味で興味深くもあります。[*74]

「ジョヴィネッツァ（Giovinezza）」はイタリア語で「若さ」の意であるが、ここではイタリア国家ファシスト党の公式の党歌であり、同党が国家を支配した二〇年ほどのあいだ事実上のイタリア国歌でもあった歌の題名を指している。国民はこのメーデーに置き換わる休日において、生まれ変わった新しい国家を熱狂的に讃えているのだ。このような眼前に繰り広げられる熱狂をよそに、ロレンスはこの始まったばかりのファシズム運動が「どのような結末を迎えるのか」を冷めた視線で想像している。

ここに描かれている国家的な祝祭をはじめとして、イタリアのファシズムは自らを正統な権力の継承者として位置づけるためにさまざまな形で古代ローマとのつながりを強調した。「ローマは支配する（*Roma doma*）」というファシスト党のスローガンは、ローマ帝国こそが「諸文明の母」であるというイデオロギーと深く結びついている。[*75] この点について『エトルリアの故地』のロレンスはファシストたちが、「あらゆる点において自分たちはローマ的である、あのローマ皇帝たちのローマ人であり、帝国と世界権力の後継者であると考えている」と述べており、イタリア・ファシズムと古代ローマの関係を正しく見抜いている。[*76] イタリアのファシズムにおけるローマの神話的イメージの存在についての論文の中で、ロムク・ヴィッサーは「ローマ世界への熱狂はファシズムが歴史を作りつつあるという主張に根拠を与えるのに非常に有用であった。ムッソリーニの『ローマ進軍』をスッラやカエサルのクーデターに引き比べるとき、ファシストのプロパガンダはファシスト独裁下のイタリアは世界権力に向けルビコンを渡ったということを示していたのである」と述べている。[*77] 過去の帝国への同一化が歴史的な参照であるのみならず歴史を修正する運動としてイデオロギーを形成していたのだ。[*78]

ロレンスは丘の上に建設されたエトルリアの古都であるヴォルテラ（Volterra）で、二つの壁の落書きを見たことを報告している。一つは壁にチョークで書かれたもので「くたばれレーニン！（*Morte a Lenin!*）」とあり、ロレンスはそれについて、「あの気の毒な紳士はとっくの昔に死んでいるのに、ヴォルテラ人の耳にだってとうの昔にその噂は入っていること疑いなしなのに」と揶揄している。[*79] レーニンは一九二四年一月二一日に死亡しているので、「とうの昔」といっても三年ほど前のことに過ぎないのだが、ここでは落書きされた反共産主義的な言葉がアクチュアルな政治についてのものであればあるほど、あっという間に古びるという落書きというテクストの刹那的性質が強調されていると言っていい。もちろんこれはこのヴォルテラという街が持っている長い歴史と対照されているのである。「くたばれ」という言葉を投げかけられた当の政治指導者がすでにくたばっているということには間の抜けた滑稽さが感じられる。

もう一つの落書きはチョークではなく、消えることのないようにペイントされているのだが、その文言は「ムッソリーニは常に正しい！（*Mussolini ha sempre ragion!*）」という、新しく書かれたことが明らかなものである。[*80] イタリアの国土を包み込んでいたファシズムの熱気がそのまま昇華して壁に張り付いたようなこの文言は、しかし、「くたばれレーニン！」という間の抜けた文言と並置されることによって徹底的にその意味を空洞化されているのである。「くたばれレーニン！」という言葉が短い時間のうちに古びてしまったならば、「ムッソリーニは常に正しい！」という言葉が近い将来に古びてしまわないという保証はどこにもないからである。このように壁に書かれた国家主義的なプロパガンダは、同じように壁に描かれてはいてもエトルリアの壁画とは対照的にすぐに古びてしまうものであり、ロレンスの言葉に従うならば「土地の魂」に深く根差すことはない。「常に正しい」の「常に（*sempre*）」の持つ永続的な意義は、ロレンスによる二つの文言の並置によってきわめて皮肉な形で否定されているのだ。トスカーナ地域に点在するエトルリアの故地の地下墓地へと潜ることは、このようなイタリア国家内に浮遊する権力的な記号を担った言語への抵抗としてである。

「ローマ式敬礼」とファシズム政権下における政治的身体

ロレンスはアメリカからフィレンツェに戻ったばかりのころ、エルゼ・ヤッフェ（Else Jaffe）という女性への手紙の中で次のように述べている。ヤッフェは、ロレンス夫妻にエトルリアに行くことを一九一二年の時点で勧めていた女性である。「エトルリア人はここトスカーナでは検討中の議題です。イタリアは野蛮なほど国家主義的なので、トスカーナ人はローマよりもさらにさかのぼってエトルリアを出自とした方がよいと考えているでしょう。しかしイタリア人はそれを怖れています。というのも、エトルリアは享楽的で「単に身体的にすぎない」からです」[*81]。「単に身体的」であることが、どうして国家主義的なファシズムに対抗するイメージとなるのか。それは「単なる身体」が国家にとって脅威となりうるような政治的状況があったからに他ならない。ここには、ロレンスの同時代における身体をめぐる政治についてのすぐれた洞察が潜んでいる。

『エトルリアの故地』に描かれた法的＝国家的支配の中でも最も重要な意義を持っているのは、ロレンスがエトルリアの故地をめぐる旅行中に二度見かけた「ローマ式敬礼」である。まず彼は、タルクィニアの役人たちがこの形式で挨拶をするのを見かけ、「どうして連中はエトルリア流の礼式を発見し、私たちにエトルリア流《アル・エトルスカ》に挨拶をしてくれないんだ！」と不満を述べている。[*82] 二度目は城壁に囲まれたヴォルテラで「生意気な小娘たち」が同様の敬礼をするのを見た時であり、「全く厚かましく、押しつけがましい。こんな挨拶の方式は私とは無縁のものであるから、私は答礼しない」と不快感をあらわにして述べている。そして、「あれほど長期にわたってローマに抵抗したこのエトルリアの町の中で、ローマ式の敬礼は全く似合わしくないし、またローマの至上権《インペリウム》などという言葉も口にすべからざるものと私は考えざるを得ない」と、エトルリアとローマの対立を想起さえする。[*83] ロレンスはヴォルテラのような辺鄙な土地においてさえ「ローマ式敬礼」が見られたことに驚き、ファシスト政権がその画一的な規律によってイタリアの国土全域に「従順な身体」を作り出していることを直感したのである。すでに触れたように、壁の落書きにはムッソリーニを讃える文言が書かれていた。しかし、政治による人間への書き込みは身体になされるときに、もっともその威力を発揮するのだ。

このようなロレンスによる政治的身体への関心は、ミシェル・フーコーが「身体の修辞学」と呼ぶような事象と共鳴する。法と身体をめぐる基本的なテクストである『監獄の誕生』から、「従順な身体」の冒頭を引用しておく。

依然として一七世紀初頭においても記述されていたような、兵士の理想像はこうである。兵士とは第一に、遠方から見分けのつく人物である。いくつかの表徴、たとえば頑健さと勇気という生まれつきの表徴を、さらには誇りの目印をもつのであり、兵士の身体が力および勇ましさの紋章である。[*84]

フーコーによるならば、兵士には身体的能力や強い意思、判断力などと並んで、兵士として「見分け」られるような視覚的表徴を持つことが求められるのである。そのような視覚的表徴こそが兵士の身体を国家へと接続する。しかしここで注意しなければならないのは、「兵士」を見る側もまたそれと「見分ける」能力を持つことが必要であるということである。つまり、ここには国家による視覚的効果の専有化と普遍化という問題があるのだ。規律は身体を機能的な部分の集合体と見なすことによって制度化し、物質と力を分離する。多くの著作で身体の機械化を現代の病として問題視したロレンスは、「ローマ式敬礼」に暴力的、機械的な国家の抑圧的権力を見出し、それへの嫌悪を表明したと考えることができる。彼にとって、このような身体の機械化は、同時代における触覚的なものの忘却と相互に連関しているのである。

『エトルリアの故地』がイタリア・ファシズムのまだ初期段階であった一九二七年に書かれたという事実を考えれば、ロレンスの「敬礼」に対する見方は、この全体主義的な身体の統制に対する彼の慧眼を示していると言える。

実際、イタリア政府が「ローマ式敬礼」を一九二三年に採用し、一九二五年の一二月一日付ですべての公共機関での「敬礼」の使用を義務づけて以来、それはイタリア、ドイツの両国において、ファシズムを代表するアイコン的イメージに発展したのであり、第二次世界大戦終了まで全体主義的ドグマを身体に馴染ませる強力な媒体として機能した。『ファシスト・スペクタクル』の著者であるイタリア史家のシモネッタ・ファラスカ＝ザンポーニは、「敬礼」は特に学校や会社での実践を通じて「人びとの日々の暮らしや経験の一部となった」と述べている。[*85]

ファシスト的性格を示す記号とされたローマ式敬礼は、突如としてそれなしではファシストとは考えられないような、真のファシストにとって欠くべからざるものになった。方法は目的となり、その儀礼的行為そのものが新たなファシスト的人間の到来を用意したのである。このような解釈の枠組みにおいて、握手は自然と不名誉な行為、ファシスト的原理に対する真の裏切りと考えられた。[*86]

ファシスト党は「握手」をブルジョワ的で不潔であるとして退けたのであり、ムッソリーニ自身が、握手に比べて「敬礼は「より衛生的で、美的で、簡潔だ」」と述べている。[*87] 明らかに「ローマ的敬礼」は人びとの身体的接触への漠然とした恐れや、彼らの「美的」心情に訴えかけたのであり、このことは、身体の直接的な接触に対する政治的なものが人びとの想像力に介入していたことを示している。握手と敬礼という本来共存しうる二つの身体の所作は、ファシズムによる触覚の政治学によって排他的関係におかれたのだ。「ローマ式敬礼」は体制による政治的なコントロールを強化するための従順な身体を作り出す訓練なのである。ロレンスは直観的にそのようなファシズムの身体政治を知り、エトルリア人の触覚的身体性を強調することによってそれに抵抗したのである。

近年のイタリア・ファシズム研究は、この「ローマ式敬礼」という身体的制度についてさらに興味深い知見を付け加えている。ファシズム政権を古代の帝国につなぎそれを正当化する装置として機能したこの所作は、実のところ古代ローマ帝国に由来するものではないというのだ。マーティン・W・ウィンクラーは、「ローマ式敬礼」がジャック＝ルイ・ダヴィッドの新古典主義的絵画《ホラティウス兄弟の誓い》（一七八四）においてはじめて現れ、ガブリエル・ダヌンチオの脚本に基づく叙事詩的映画『カビリア』（一九一四）を含む一八八〇年代から一九二〇年代までの劇や映画などの視覚芸術を通じて一般に普及したと指摘している[*88]（図1-2）。したがって、この所作は権力側がそう暗示するように古代ローマ帝国に直接由来するものではなかったのだ。このことは、当時のイタリア国民はもちろんのこと、ファシスト党の権力者たちにも知られていないことであった。しかし、権力者にとっては、その起源がどのようなものであれ、ファシスト政権と古代との想像的なつながりさえ確保されれば十分だったのである。ウィンクラーによるこの「伝統の創造」の歴史学的発見は、大衆的な視覚芸術の国民の歴史観に与える影響の大きさを証明していると言えるだろう。レイ・チョウは「ファシズムは、映画、蓄音機、拡声器の時代においてのみ可能であった」と述べているが、「古代」が現代の技術によりイメージ化され、そのことによって権威を帯びた「同じもの」が国民に広く共有されるという事態はイデオロギーによる支配の基礎を成していると言えるだろう[*89]。もし「ローマ式敬礼」がフランスの新古典主義によって作られたものであるなら、それはイタリアという土地の「魂」とは何の関係もない象徴的記号であるということだ。ロレンスにとって、ローマ式敬礼は現代における人間の行動様式の機械化の現れなのである。それは完全に従属的で、システム的な身体統御である。この点において、ロレンスはアドルノとホルクハイマーが『啓蒙の弁証法』で展開した、全体主義は身体や事物の概念化や物象化の必然的な帰結であるという主張に同意することだろう。一九四〇年代前半に猛威を奮うファシズム勢力を念頭に置きながら言葉を綴ったこれらの思想家たちが主張するのと同様、一九二〇年代にファシズムの萌芽を目撃していたロレンスもまた、ファシストの政治の根底に西洋の身体に対する憎悪の伝統を看取していたに違いない[*90]。ロレ

図 1-2　ジャック＝ルイ・ダヴィッド《ホラティウス兄弟の誓い》，1784.

ンスがエトルリアという他なる古代へと向かうのは、このようなロレンスの同時代に対する鋭い眼差しと強い関連がある。それは、イタリア・ファシズムがローマをプロパガンダの道具として使用するのとは別の仕方で、身体を古代という他なるものへと接続し、制度的連関から解放する批判的方法の模索であったのだ。

地下墓地の子宮的暗闇

ロレンス作品における視覚は光に、触覚は闇に対応する。西洋文明において、啓蒙、キリスト教、形而上学は光のイメージと切り離すことは出来ない。それはわれわれが見、理解し、解釈するのを助けるものとされてきた。一方で闇は、理性の光によって克服されるべき蒙昧かつ未開な状態とみなされてきた。ロレンスはこのような西洋における光のイメージの優位に、またそれによる身体の抑圧に意識的であった。『トマス・ハーディ研究』において、ロレンスははっきりと、「ルネサンス以来、光への渇望、肉体からの逃避、身体や物質からの逃避があった」と述べている。[*91] ロレンスが「芸術とモラル」（一九二五）において「ギリシア人が「暗闇」の魔力を最初に解除して以来」光による暗闇の制圧が続いてきたと述べるとき、それは西洋における光と闇のヒエラルキーを転覆させようという彼の意思を表している。[*92] アミット・チャウダリーの言うように、ロレンス作品において光は「権力の媒介であり、絶対知の比喩である」のだ。[*93] 視覚のきかない暗闇においてこそ触覚的な身体は十全にその能力を現し、彼が「中枢（quick）」と呼ぶ流動的な生の流れが開示されると信じていた。

このようなロレンスによる光と闇のイメージの転覆を念頭に置くとき、彼が「光の国家」というイタリアについての一般的なイメージを拒否していることの重要性が浮かび上がってくる。『イタリアの薄明』という最初のイタリア旅行記において、彼はイタリアの人びとを「太陽の子どもたち」という一般的なイタリア人の呼称を転覆して「影の子どもたち」と呼び、「彼らの魂は暗く、夜行性である」と主張している。[*94] 地下にあるエトルリアの墓所は、ロレンスの考える真のイタリア的な暗闇のイメージにふさわしいものなのである。『エトルリアの故地』においては、陽光降り注ぐイタリアの地上から暗闇の支配する地下という別の領域へと降りていく経験を、ロレンスは興奮した様子で記述している。彼はイタリアの地下に隠れた「暗闇」を渇望しているのだ。「案内人は鉄の門を開け、私たちは急な階段を降りて墓の中に入って行く。地下の小さな暗い穴のような感じだ、まさに暗い小さな穴だ！何しろ太陽の輝く地上の世界から降りて来たので……」。[*95] この小さな穴は「現代」から「古代」への想像的通路である。

墓は沢山ある。私たちは、一つの墓を見終わると、階段を登って、地上の明るい午後の光りの中に出て行き、少しばかり戸惑いを覚える。荒涼と拡がるこの人間の手に痛めつけられた丘を横切って行き、またもや下界に降りて行くのだ、まるで群棲地の兎みたいに。この丘の台地は、まさしく墳墓の群棲地なのである。やがて徐々に、エトルリア人たちの地下の世界の方が、午後の光り明るい地上の世界よりもさらに現実味を帯びたものになって行く。あの壁画の踊り子たちや宴会の客たちや送葬の人びとと生を共にし、その姿をしきりに探し求め出すのである。[*96]

同行するブリュスターと、四月の明るい陽光と暗闇に閉ざされた地下墓地を往還しながら、ロレンスは現在時よりも古代の時間が「現実味」を帯びるというような、眩惑を感じている。このような静かで暗いエトルリアの地下墓地はロレンスに彼の故郷の炭鉱町を思い起こさせ、彼に起源というものの性質について考える機会を与えたかもしれない。実際、彼が一九二六年の九月に炭鉱町の故郷に最後の訪問をした経験に基づく、一九二九年の「ノッティンガムと炭鉱地帯」というエッセイにおいて、ロレンスは暗く、しかし親密な炭鉱場という地下空間について描き、そこで働く人びとの精神に及ぼす興味深い影響について書いている。

炭坑が機械化されて、坑夫を機械の部品にするようなことはなかった。それとは逆に、採炭請負制度の下で、坑夫は一種の親密な共同体として働いた。彼らは互いにほとんど裸の、とても親密な付き合いをしていた。そして「採炭場」の中の暗さと地下深いということと絶えず危険にさらされているということが、坑夫の肉体的、本能的、直観的交わりを非常に高めた。その交わりはほとんど接触と言ってもいいほど親密なもので、非常に真正かつ力強いものであった。この肉体的知覚や親密な一体感は、坑内にいる時最も強く感じられるのであった。[*97]

この自伝的な炭鉱場の描写とエトルリアにおける地下墓地の描写には明らかな類似性がある。どちらも暗闇に触覚的な親密さと有機的なものの価値を見出しているのである。地下の暗く、柔らかく、触覚的な場所についてのロレンスの想像力は、時空間の隔たりを乗り越えるのだ。このような官能的な地下世界の印象は、『エトルリアの故地』における地下墓地の官能性と通底するものがあるだろう。
そしてまた、「子宮（womb）」と「墓場（tomb）」というロレンス自体がしばしば用いた象徴的＝神話的連関も、定型的なものではあるものの無視するわけにはいかない。ロレンスは明らかにエトルリアの地下墓地に生を肯定するような潜勢力を見出している。「死も、エトルリア人にとっては、生の楽しい継続に外なら」ないのだ。[98] チェルヴェテリを案内する青年によって「石の家」と呼ばれる墓地は次のように描写される。

石の家《うち》、とこの青年は呼んでいるが、これは舳《みよし》や艫《とも》を取り去ったノアの箱舟を思い浮かべさせる。私たちが子どもの頃に持っていた、動物で一杯の、あの玩具《おもちゃ》のノアの箱舟を。そしてこれはまさしく子どもの頃のあれ、箱舟《アーク》、かのアルクス、そして子宮なのだ。全世界の子宮、万物を産み出す母胎。子宮にしてかのアルクス、生きとし生けるものが最後の避難所として引き退いて行く箱舟。子宮にしてまたかの契約の聖なる箱でもある。[99]

このようにして、地下墓地はノアの箱舟や子宮に喩えられ、子ども時代にも結び付けられている。墓地という「終わり」の場所は、新たな「始まり」の胚胎へとつながれる。このような比喩的連関によって、ロレンスはトスカーナ地域に埋め込まれた古代を動的な流転へと引き込もうとしているのだ。メラーズの「静けさ」がコニーの「子宮」に触れたのと同様に、エトルリア故地を覆う「静けさ」は地下墓地という「子宮」に触れ呼応しているのであり、ここに作品を越えた構造的な反復を見ることができる。[100] ロレンスは大地と地下の、生と死の接触の可能性を問うことでこれらの二項対立をゆるがし、生政治に抵抗しているのだ。すでにドゥルーズを参照しながら検討したように、生と死の二項は完全に重なり合って合一のものとなっても、切り離されて独立したものとなってもいけない。それらは離れながらも触れ合うことを欲望する関係のうちに置かれているのであり、そこに「力」が生じることになる。メラーズとコニーが互いに惹かれて触れ合うように、トスカーナ地方の大地は、あるいはそこを歩くロレンスは、地下に眠る「子宮」である墓地を、その始原的なものと終末的なものの絡み合いを欲望する。このとき、トスカーナ地方はロレンスの比喩によって身体化されている。「子宮に触れられる」ことによって身体のうちに宿る古代的なものが覚醒したコニーは眠れる文明たるエトルリアと同じ役割を果たしている。ロレンスは地下に眠るエトルリア的なものを現代のイタリアにおいて覚醒させたいと考えているのであり、それは単に本質化された女性＝土地というだけではなく、〈法〉から生命を逃れさせるための「箱舟」であり、「最後の避難所」であるのだ。

地下墓地と博物館

『エトルリアの故地』の後半部においてロレンスは、一八世紀から一九世紀の間にヴルチとヴォルテラの墓地が徹底的に荒らされ、多くの遺物が博物館へと移動させられたことを指摘している。ロレンスはこの地域のたくさんの博物館を訪れ、エトルリア文明の重要な絵画や遺物を鑑賞しているが、その一方で、博物館を古代の世界を標本化する近代的制度と感じていた。ロレンスにとって、遺物の博物館への輸送は組織的な暴力であったのだ。『エトルリアの故地』は、ナポレオンの弟のリュシアン・ボナパルトが偶然にエトルリアの地下墓地を発見し、そこに埋葬されていた「二千個に余るエトルリア出土品」を掘り起こして金儲けをしたことを指摘している。ロレンスは、皮肉をこめて発掘は「「ギリシアの壺」が大変な人気を呼んでいた時期」に行われたと述べる。[*101] 彼はジョン・キーツの代表作である「ギリシア壺に寄せるオード」に触れながら、古代の事物に対する盲目的な熱狂は近代においては資本主義的な価値にしか結びつかないということを示唆しているのだ。実際、エトルリア人は「ボナパルト一家の人びとに遺産を残すことになった」のであり、一八四七年までには六〇〇〇ほどの墓が掘り返されていた。[*102] 博物館はエトルリアの人びとが日常的に用いていた事物を美的なものとして眺めるための装置であり、それを身体的に

「経験する」ことを妨げる。どんな芸術や美術品にとっても、「生命の直接性」がロレンスにとっては重要なことであったのだ。

ロレンスは、ヴォルテラにおいてほとんどすべての墓が中の埋蔵品だけ運び去られて、また埋めたてられてしまったことに落胆し、最も重要な「インギラミの墓」は丸ごとフィレンツェの考古学博物館へと移送されていた、と報告している。[*103] 彼は、発掘、収集、分類、展示といったシステマティックな古代遺物の取り扱い方は、プリミティヴなものに対する帝国的な暴力であると考えていた。フィレンツェの考古学博物館の「インギラミの墓」を見ながら、彼はそれが見る者や周囲の環境との「接触」をなくしていることについて思いをめぐらせる。


しかし私は疑惑と不信でいっぱいになる。なぜ、ああ、なぜ、あの墓を、発見された場所に、発見された状態のまま、手をつけずに置いておけなかったのだろうか？　フィレンツェ博物館のあの庭は、なるほどエトルリア人についての実物教育を求める人にとっては、たいへん為になるものだ。しかし消え去った民族についての実物教育など誰が求めるであろうか。私たちが求めているものは一つの触れ合いなのだ。エトルリア人たちは、一つの学説なんかじゃない、一つの論文題目でもない。彼等が私たちにとって一つの経験となってはじめて、彼等は存在する何ものかになるのである。

そしてその経験が、いつだって台無しにされるのだ。博物館、博物館、博物館によって、考古学者たちの論拠薄弱なる学説を例証するためにでっち上げられた数々の実物教育なるものによって、一定不変の秩序などはなく、また一つの秩序に組み入れられることを拒否しているものを、むりに整序し、一定不変の秩序に組み入れようとする狂人じみたさまざまな試みによって[*104]！

ロレンスにとって「経験」が制度に翻訳不可能であることは当然のことである。古代の遺物を現代の尺度に従って客観的に展示する博物館はその文明についての知識を与えるかもしれないが、それは見る者を対象から引き離してしまう。ロレンスは、遺物をそれがあった場所から引き剥がして陳列することを、組織的な形の暴力であると考えていた。彼の比喩を借りるならば、博物館は遺物を「暗闇」から「光」へと引き出し、事物の持っている固有の「生命」を殺すものである。古代の事物を客観的に陳列する博物館は文明についての普遍的な知識を蓄積するのに役立つかもしれないが、それは同時に、見る者を彼が「真に生命的な接触」と呼ぶような事物の触覚的「経験」から切り離してしまう。ケンブリッジ版『エトルリアの故地』の巻末に置かれた、未完の「フィレンツェの博物館」と題された第七章において、ロレンスは「おそらくエトルリア文明のコレクションを見るなら、フィレンツェの考古学博物館に行く方が楽だろう。しかしそれは、もしエトルリア人など存在しなかったと思うのなら、ということである。切って乾かしたような博物館の感覚では、エトルリアに住む人などいなかったことになるのだろう」と述べている。[*105] 博物館というのは、古代文明における身体的な触覚性を持った「モノ」を近代的な展示可能な事物へと置き換える装置なのだ。[*106]

エトルリア文明は、ロレンスの反帝国的、反ファシスト的な言説の一つの源泉である。というのも、それはローマが西洋文明の起源であるというファシスト的イデオロギーを否定するからだ。ロレンスはローマの侵攻以来失われていたエトルリア人の身体的な知恵を「復活させる」ことを試みていたのである。これはロレンスのプリミティブに「なろう」とする真にアナクロニスティックな意志であり、暴力を正当化する美学化された政治への批判であったのだ。

ここまで見てきたように、『エトルリアの故地』をはじめとするロレンスの後期著作における触覚の強調は、「ローマ式敬礼」に象徴的に示されるような光の文明のもとで美化されたファシズム的〈法〉、またそれを支える機械文明に対するロレンスの批判として読むことができる。彼のエトルリア文明への関心はただのロマンティックな懐古趣味ではなく、視覚によって規定された現代社会、ひいては「西洋」という統一的概念に対する革命的な意義を担っていたのである。ロレンスにおける触覚は無時間的で本質主義的な面を確かに持っているが、それを西洋の制度を支えてきた視覚に対する対抗言説と捉える時、動的で弁証法的な時間を構成する要素と考えることが出来る。ロレンスの触覚への関心は彼の身体全般への関心の一部であるだけではなく歴史的な射程を持っており、一方で革命的性格を持ったモダニズムの一部として一九二〇年代西洋固有の時空間と、他方で古代と現代を往還するダイナミックな運動と接続されているのだ。

四　セザンヌの古代性、あるいは「りんごのリンゴ性」

セザンヌVS写真

ロレンスの考えでは、エトルリア文明の触覚的感性を持った現代の画家はポール・セザンヌであった。ロレンスはセザンヌについては、「芸術とモラル」（一九二五）と「絵画集序論」（一九二九）という二つのエッセイの中で議論しているが、これらを検討することはロレンスがエトルリアに見出した触覚的感性を現代の芸術においてどのように表現するべきかという問題に対する示唆を与えてくれるだろう。また、ロレンスは同時期に写真による現実の表象を強く批判していたが、これは彼のセザンヌ礼賛と表裏一体のものである。彼にとって、写真とは事物の触覚的な位相をとり逃すメディアであるのだ。セザンヌの触覚性と写真の非触覚性を並べてみることで、ファシズムに留まらない彼の同時代の視覚文化全体への批判を考察することができるだろう。

セザンヌの作品は視覚中心主義的な西洋が長い間抑圧してきた身体の一側面を表現している。「絵画集序論」において、ロレンスはセザンヌの絵画によって「芸術は突如として既成の宗教の聖典、既成の礼儀、そしてあらゆる既成の形態に対して反乱を起こした」と述べている。[*107] ロレンスにとって、セザンヌは「実体世界をもう一度直観的に触覚し、直観的に認識し、直観的に表現」したいと願う「正真正銘の革命家」であったのだ。[*108] ここにロレンス自身の願望が投影されていることは明らかである。セザンヌが絵画的なクリシェに異議を唱え、まったく新しい絵画の方法を切り開いたのは確かであるが、ロレンスは決して美術史的観点からセザンヌの特徴を描き出したわけではない。それよりも、彼はセザンヌのうちに、彼が芸術的反抗の理想的な形と考えるものを見出していたのであり、それは彼がエトルリアに理想的な触覚的共同体を見出したのと同様である。

ロレンスの生気論的な芸術観において、絵を描くという行為はモノとの接触を求める画家の強い衝動を起源とする。それなしでは絵画は純粋に視覚的なものとなり、「単に」美しい形象となってしまう。[*109] 一九〇八年のエッセイ「芸術と個人」は「われわれは芸術を通じて、事物の秘密を有している原初的な沈黙に触れようと努める」と触覚と始原性の結びつきを主張している。[*110] 真の絵画は触覚的なものを表現するための闘争の過程を映し出すべきものであり、さもなければ身体的、物質的なものを描き出すことは出来ない。ロレンスにとってセザンヌとは、触覚的な物質性を表現するために生涯を費やした芸術家であるのだ。「突然震撼するがごとくに知ったもの、すなわち物質の存在を彼は表現したくなった。肉体の現実の存在を、芸術的に知覚できるように描きたい欲望が募るばかりだった。だができなかった。どうしてもまだそこまで到達していなかったのだ。それが彼の人生の苦悩となった」。[*111] セザンヌの知覚した物質性は目には見えない本質であり、だからそれを描こうという試みは宿命的に失敗を運命付けられたのである。ロレンスはこのようなセザンヌの失敗に共感し、その試みを高く評価したのだ。

このようなセザンヌ論を通じてロレンスが批判の対象としているのは、同時代における視覚的な大衆文化であった。[*112]「芸術とモラル」や「セックスアピール」といったエッセイは、コダックのハンドカメラや映画などの新しいメディアの普及が芸術に与える影響を問題にしている。[*113] ロレンスは単に新しい媒体による表現を表層的として退けているのではない。現代人が知らず知らずのうちに身につけた「写真機が見るように見るという……習慣」を、技術による身体の貧困化として批判しているのだ。ロレンスの論が単に保守的な技術批判にとどまらず、技術による人間の事物認識の歴史的変化を包含するものであることは、たとえば「芸術とモラル」の次のような一節に示唆されている。

網膜に映し出されたものは、常に写真の場合と同じである、と言ってもいいかも知れない。そうかも知れない。だが、わたしは、そうした見方に疑いを持っている。網膜に映った像がどんなものであっても、そのものを見る人間によって受け止められているものが、実際、写真に写った像と同じであることは、今でさえ、めったにないのである。今でも、人間は、自力で見ているのではない。コダックのカメラが教えたものを見ているのである。ところが、どうあがいてみたところで、人間はコダックではないのだ。[*114]

ここでロレンスは、人間の視覚がコダックのような新しいメディアによって影響を受けていること、にもかかわらず人間が網膜に映った映像から得るものはコダックが写し撮るものとは異なっているということの二点を強調している。科学技術によって作られたイメージが人間の視覚認識を形式化し「視覚的なもの」と「存在するもの」を等号で結ぶとき、ロレンスが「人間の生の完全なる機械化」と呼ぶようなファシズムの成立条件が整うこととなる。[*115] 複製技術に視覚を訓練された現代人は、写真的リアリティによって「あらゆるものを視覚化する」新しい習慣を獲得したとロレンスは主張し、「私たちは普遍的なヴィジョンによって、「すべてを見通す目」が見るように見る」と述べて、写真という機械が「普遍的な視覚」という神の視点を獲得している現代社会を描き出している。[*116]

ロレンスは、「絵画集序論」においても、「ひとたび写真を知ってしまうと、本物により近い表現は、当然のことながら非常にむつかしいことになってくる」と同様の視覚批判を展開している。[*117] 写真は「生」をその視覚的複製に置き換え、「人間」を映像的なものにする。そしてそのことによって身体の触覚性は排除されてしまうのだ。そのような変化は視覚技術が急速に発展した二〇世紀の初頭において顕著なものであり、すぐに身体の認識の形式として根を下ろした。このような写真的自我の誕生をロレンスは次のように表現している。「もはや自分たちの視覚的イメージを自分たち自身と一致させることが本能となった。この習慣はすでになじみのものである。視覚に映るわたし、つまり、わたし自身の写真がわたしなのである」。[*118] アン・ファーニホウの指摘するように、このようなロレンスの技術と存在を結びつける主張はマルティン・ハイデガーの技術論と響きあう。[*119] ハイデガーは「世界像の時代(Die Zeit des Weltbildes)」という論文において「像としての世界(Die Weltbilde)」が「世界(Die Welt)」と入れ替わった現代を批判的に考察している。[*120] 言い換えるならば、映画などの複製技術が「存在」を「存在についてのイメージ」に置き換えてしまうことが批判されているのである。

ロレンスは、視覚的な記号が直ちに何かを意味する世界ではすべてが「クリシェとなる」と主張する。見えるものの記号的了解は身体の物質性を排除し、表現を反復的なものに矮小化する。コダックに代表されるような視覚技術が人間を均質化するとロレンスが主張しているのは、「クリシェ」と化すのが表現だけでなく表現者も含んでいるということを示している。彼の後期作品における触覚の存在論的重要性はこのような現代の文化における彼の視覚批判と表裏一体のものである。後にケンブリッジ版に収録された「芸術とモラル」の第一稿は、「われわれの近代的知性にとっては、視覚化されるまでは何もリアルではない」とさらにはっきりと視覚的なものの歴史性に言及している。[*121] このように視覚的なものが直接存在するものとなる現代の世界では、目に見えるすべてのものがクリシェ、すなわち何かを自動的に意味するような記号となる。ロレンスは、現代とはコダックが絶対的な媒体として、

図1-3　ポール・セザンヌ《果物皿、水差し、くだもの（静物）》, 1892–94.

すなわち「現実性」の規準としてふるまうような時代であると論じているのである。

セザンヌの静物画は写真的リアリズムに対抗するとロレンスは断じる（図1-3）。というのも、このフランス画家の作品は写実性を拒否し、物自体という「到達不可能な」領域の方へと踏み出すことで視覚と触覚の不可分な原初性に見る者を導くからだ。ロレンスは、描かれた事物の非写実的な佇まい――「水差しらしくない水差し、あまりリンゴらしくないリンゴ、とりわけテーブルクロスらしくないテーブルクロス」――に感嘆させられる。[*122] セザンヌの静物は写実性という点からは実物にそれほど似ていないが、ロレンスはそこにりんごの「リンゴ性（appleyness）」と表現するような物質の本質を捉え、具体的な事物を抽象的な概念へと直接につなぐ。セザンヌの原初的で触覚的なりんごや水差しは、写真的表象によっては抑圧されているような物質世界の現実をあまりにも生々しく露呈するので、人びとのうちに「非道徳的なもの」に対する嫌悪感を喚起する、と彼は主張する。彼はアイロニカルな調子でセザンヌの絵画は「生きている嘘である。コダックがそれを証明するだろう」と言うのだ。[*123] このようなアイロニーによって、ロレンスは現代のテクノロジーが人びとの道徳的判断に深い影響を与えていることを示す。非写真的な対象に対する人びとの憤りは、写真や写真的リアリズムが現代において規範として機能しているということを示唆しているのだ。このような批判は、『エトルリアの故地』における「ローマ式敬礼」への批判と重なり合うものである。視覚的なクリシェが世界の認識の仕方を機械的にすることをロレンスは繰り返し警告していたのである。

セザンヌの「不道徳性」と接触恐怖

これらのエッセイのなかでロレンスはセザンヌを「不道徳な」画家という悪評から擁護しようとしている。しかしセザンヌは同時代の批評家によって「不道徳性」を批判されるよりは、その「未熟な」テクニックをしばしば批判された画家であった。*[124] 実際、「不道徳なもの」に対する抵抗との戦いを常に強いられてきたのはセザンヌよりはロレンス自身であり、彼は一九一〇年代の半ば以降、常に検閲と戦いながら自分の作品を出してくれる出版社を探していたのだった。特にこれらのエッセイが書かれた最後の五年間は『チャタレイ夫人の恋人』の出版や、ロレンスの描いた絵画の展覧会の開催をめぐってさまざまな圧力を受けていた。したがって、ロレンスがこの時期において「不道徳」、「猥雑さ」、「不潔」といった批判の言葉に対して特に敏感になっていたことは想像に難くない。ロレンスが「不道徳」という言葉をセザンヌの、一見して問題となるところのなさそうな静物画に対して用いるとき、彼は「道徳」という概念そのものの意味をずらそうとしていたのだと言える。ロレンスの「猥雑な」言語が彼の「本能的な」性的表現への傾倒を示すものだと考えるのは、彼のことを「野生の天才」と呼ぶのと同様誤りである。*[125] 彼の後期作品における性的表現は、性と道徳をめぐる概念の社会的構築性や歴史的条件についての認識を示すものであって、ロレンスによるセザンヌ像は、彼がセザンヌを自らに重ね合わせ、彼の絵画表現を自己の文学的な企図の先駆的モデルと見なしていたことを示している。したがって、ロレンスがセザンヌの闘いとして描きだしているものにわれわれはロレンスの作品を生み出すことをめぐる闘争を読まなくてはならないだろう。

一九二九年、ロレンスが雑誌『ヴァニティ・フェアー』に寄せた「セックスアピール」というエッセイは、現代の文化のなかで性や美というものが純粋に視覚的な消耗品となってしまっていることを批判的に描いている。「真っ直ぐな鼻、大きな目、その他の特徴について、われわれは決まり事のように思い込んでいる。われわれは、美しい女はリリアン・ギッシュのようであるべきで、ハンサムな男はルドルフ・ヴァレンティーノのようであるべきだと考える。そのようにわれわれは考えるのである[*126]」。写真と同様に、映画は「美」を産業化し、それを身体的な現実から切り離す。ロレンスは「われわれの文明の悲劇は性に対する不健全な恐れであり……、それは美、「活力ある」美、に対する不健全な恐れをともなっており、それはわれわれの直観的能力や直観的自己の衰微を生み出す」と主張している[*127]。現代社会における身体性への恐れが、美と性の相互作用を真に理解することを妨げるのだ。この議論は『チャタレイ夫人の恋人』に現れるメラーズの性＝セックスについての言葉と呼応している。

> セックスというのは、実は単なる接触にすぎない。しかし、あらゆる接触のなかでももっとも密接な接触なんだ。そしてわれわれはその接触を怖れている。われわれは半分意識し半分生きているだけだ。われわれは生き生きと、そしてはっきりと意識しなくてはならない。ことに英国人はすこしデリケートに、すこし優しく、おたがいに接触すべきだ。それが緊急の問題なんだ[*128]。

これらの言葉は、ロレンスの性への想像力のなかで最も大切な触覚が最も重大な恐れの源泉であることを明確に語っている。触覚への嫌悪と怖れはもちろん人類の歴史上ずっと付きまとってきた集合的感情だが、現代社会にあっては科学的な視覚主義の原因であり結果である。ロレンスはこのように、メディアを通じた視覚的な「美しさ」の流通を現代社会における触覚的身体からの乖離の徴候と見ていた。

「絵画集序論」はこの議論の線をなぞっている。このエッセイはロレンス自身の絵画を集めてマンドレーク出版から一九二九年に出版された画集に序文として書かれたものだが、ロレンスは自分の絵画の説明をする代わりにセザンヌの偉業を讃えている。このエッセイは、なぜ英国民族が稀にしか画家を輩出することが出来なかったのかという問いから始まる。そして奇妙なことに、ロレンスは水疱や梅毒などの性病への集合的な恐怖が英国の画家の感性を麻痺させてきたのだと分析するのである。彼はさらにこれらの病気に対する恐れと憎悪が西洋、とりわけ英国における衛生観念を生み出し、それが他者との身体的な接触をおそれる民族を生み出したのだと主張する。このような衛生観念や接触恐怖が「道徳」の根源にあると彼は見ているのだ。[129] ロレンスにとって、感染というのは西洋における触覚に対する嫌悪の物質的な起源である。彼はセザンヌが、このような集合的な接触への恐怖から人びとを救いだしてくれる画家であると考えているのである。もちろん、触覚への恐怖が英国の絵画芸術の貧困を招いたなどというのは、奇妙な議論である。しかし、ここでも『チャタレイ夫人の恋人』と同様、ロレンスは非触覚的な英国を批判的に描くことで、セザンヌの終生の拠点であった南仏と結びついた「南」の触覚性を強調しようとしているのだ。

キリスト教における「私に触れるな」という禁止と「復活」の主題

ロレンスの接触に対する恐怖についての議論は、少なくとも部分的にはキリスト教における「私に触れるな(Noli me tangere)」という禁止命令への強い関心に由来する。この命令は、彼にとって西洋文化における身体的接触の喪失の起源を成しているからである。実際、「私に触れるな」は、後期ロレンスにおける主要なテーマである。特に、一九二七年から一九二八年に書かれた『逃げた雄鶏』は、キリストの復活のエピソードを下敷きにした物語を通じてキリスト教の伝統の視覚中心主義に抵抗している。

『逃げた雄鶏』はロレンスのエトルリア旅行の直後に書かれている。彼は四月一一日に旅行から帰宅すると、四月一三日にはこの小説の執筆に取り掛かっており、四月二八日までの二週間ほどでこの作品の第一部の執筆を終えている。彼がその着想に至った経緯は、彼が四月一四日から一五日に書いたメイベル・ドッジ・ルーハンに宛てた手紙の中に見られる。この手紙は二日間にわたって書かれたと推測されているが、二日目の四月一五日はちょうど復活祭前の聖金曜日に当たっていたのである。「今日はキリストが墓に埋められた日です。そしてまったく、この墓地の中での三日間というのが僕にとって非常な重要性とリアリティを持ち始めています。キリストの復活は不調に終わった出来事でした。「私に触れるな」、ただそれだけです[*130]」。ここには、エトルリアの墓地の中を探索した経験がイエス・キリストの復活するまでの墓地の中での三日間、および復活したキリストの他者からの接触の拒否への想像力につながっている様子が見て取れる。ロレンスはキリストをエトルリア的なものに書きかえるという野心的な意図をもって、この作品を執筆したのである。

キリストの「復活」はキリスト教信仰の根幹を成す重要な出来事であり、正典とされる四つの福音書のすべてにその記述がある。復活したキリストはマグダラのマリアに対し、「私に触れるな。なぜなら私はまだ父のもとに上っていないからだ。」と告げる。『逃げた雄鶏』の前半部では、明らかにキリストをモデルとした登場人物である復活した男は、マリアに対して自分に触れることを禁じる。しかし、後半部で彼は身体の覚醒を経験し、エジプトの豊穣の女神イシスとの性的な交わりを通じて「触れあいの全き静寂と充足」を認識するに至る。[*131]キリスト教的な意味できわめて「不道徳」にも、ロレンスはキリストの復活をエジプトの女神の復活と結び合わせているのだ。[*132]『エトルリアの故地』と同じように、『逃げた雄鶏』では、周縁化され触覚と結びついた「南」が、視覚やキリスト教的な禁欲と結び付いた、支配的権力を持つ「北」を転覆する。[*133]「復活」という事象自体は、古代的なものを現代に蘇らせようとするロレンスにとって希望を与えるものであったに違いない。キリストが接触を拒否したことが彼にとって諸悪の元凶であったのだ。このニーチェ的な、滑稽さと真剣さがない交ぜとなった笑いの響く短編の中で、ロレンスは異なる宗教を交わらせ、接触への不安から文明を救おうとする。

興味深いことに「絵画集序論」におけるセザンヌの描写は、『逃げた雄鶏』におけるキリストの姿と重なっている。

肉体を持った人間は、何世紀もの間に徐々に破壊されつづけ、精神的人間、頭脳的人間や、自我、自我意識的自己に席を明け渡してしまっていた。そして彼はそのことを芸術家の魂で察知していたから肉体を持ってよみがえりたかった。だがそれはかなわず、彼を苦しめることになった。とは言ってもあのリンゴによって、彼は墓石のふたを押しのけたのである。[*134]

ロレンスはセザンヌをあたかも『逃げた雄鶏』における復活したキリストのように描き、触覚のイメージを通じて、時期もコンテクストも異なる二人の人物を結びつけているのである。ロレンスにとって、セザンヌはラディカルな物質主義者であり、彼は勇敢にもりんごを描くことによって、「私に触れるな」という断定的禁止を破ったのだと考えることができる。

すでに触れたように、ロレンスはセザンヌの絵画におけるりんごのユニークな物質性を「リンゴ性」と呼んでいるが、この視覚表現における触覚的真実はジャック・スチュワートが正しく述べているように、「セザンヌの芸術における生命の存在的本質」である。[*135] ロレンスは、この「リンゴ性」がセザンヌ夫人の絵画のうちにも認められると主張することによって、りんごの本質を見た目のリンゴらしさから区別する（図1-4）。

リンゴになりなさい、そして感情や思考から離れ、精神や個性をすべて捨て去りなさい。精神や個性なんてものはいやというほど熟知されていて、死ぬほど退屈なものなのだ。すべてを捨て去り、一個のリンゴになるのだ！　セザンヌ夫人の肖像画が人を惹きつけてやまぬのは、そのリンゴらしさにある。*136

このように、セザンヌの描くりんごもセザンヌ夫人もともに「リンゴ性」を持っているという主張は、人間とモノのあいだの区別という西洋の道徳にとってはカギとなる境界線を混乱させる。セザンヌのリンゴはこのような理由で転覆的なのであり、「不道徳」であるのだ。それは視覚的なものを現実的なものと同一視する現代の慣習に抵抗している。そしてすでに明らかなように、これはわれわれが『チャタレイ夫人の恋人』の分析を通じて見たような触覚的身体の二重性と類似的な構造を持っている。触覚という身体経験に先立って触覚的なものを受け容れるような身体の潜勢力があるのと同様の理由で、リンゴ的なものがセザンヌ夫人のうちに内在しているのである。セザンヌのリンゴの触覚性はこのように平板な現代社会の写真的リアリティに対して、その二重性をもってアンチテーゼを成すのである。

図1-4　ポール・セザンヌ《黄色い椅子のセザンヌ夫人》, 1888–90.

　セザンヌの「視覚的、感情的クリシェ」への反抗は、彼の絵画を写真的な表象とは全く違うものにしている。ロレンスは次のように皮肉をこめて主張している。「なぜセザンヌの素描があんなにまずいのか、われわれはここでふたたび納得がいく。乱打され、たたき壊され、傷ついた常套表現が描かれているのだからひどいはずである」[137]。ロレンスにとって、セザンヌによる美的なクリシェの破壊は事物の触覚性を保持するための倫理的行為であった。セザンヌは「形が輪郭だけになるかどうかのぎりぎりのところまで闘わねばならなかった」[138]。このような境界線をめぐる議論は、『エトルリアの故地』におけるこの語の「輪郭（outline）」という言葉と対比しての肯定的な使用を思い起こさせる。セザンヌは「輪郭」によって事物を背景から切り取るのではなく、事物の触覚的な際立ちを絵画のうちにおいて救うことを目指していたのだ。このような特徴がセザンヌを他の「プロフェッショナルな」画家たちから区別し、古代エトルリアにおいて壁に絵を描いた無名の「職人たち（artizans）」と結びつけている[139]。

絵画を通じて視覚的クリシェと戦うことは、写真的リアリティの時代錯誤的な否定ではない。それどころか、セザンヌの芸術は時代の先を見据えていたのであって、むしろ写真的リアリティの時代において芸術家のなすべき仕事を体現していたのだ。実際、セザンヌは前衛的な画家と見なされ、ピカソやブラックを含む二〇世紀前半の多くの芸術家に影響を与えた。ロレンスにとっては、セザンヌのもっとも重要な特徴は彼の「革命的な」性格に存している。「絵画集序論」において、ロレンスはくりかえし、既存のテクニックや考えに対するセザンヌの「反抗」や「闘争」の重要性を強調していた。それと同時に、セザンヌの絵画が西洋の遠近法を徹底的に破壊し、描くことの根本へと遡行するように見えることも、ロレンスにとって重要であったに違いない。フリッツ・ノヴォトニーは一九三二年の論文において「セザンヌの風景は「人間がまだいなかった前世界の風景」なのである」と述べている。これはのちに検討するメルロ＝ポンティが『知覚の現象学』に引用した一文だが、ロレンスも、もしこれを読めば深く同意したに違いない[140]。セザンヌは視覚的なクリシェに反抗するのではなくて、それが作られる以前へと遡ることによって、クリシェの限界を結果的に示す。セザンヌのりんごは、キリスト教によって象徴的な意味を持たされる以前のりんごであり、だからこそその「古代性」はロレンスに深い印象を与えたのだ。同様に、セザンヌ夫人に埋め込まれた「りんご性」は、『チャタレイ夫人の恋人』のコニーのなかに他性として存在する「子宮」と通底するものである。それは触覚的な感性によってしか捉えることの出来ない、非視覚的な生命の根源である。

　このように、セザンヌの仕事はロレンスの晩年にとって特別の意味を持っていた。結核を患い忍び寄る死期を感じていたに違いないロレンスは生と死が連続的であることを望んでいた。ロレンスは『エトルリアの故地』において「死も、エトルリア人にとっては、生の楽しい継続に外なら」なかったと述べているし、[*141] 英国人の接触への恐怖心の描写から始まる「絵画集序論」は、英国人の将来についての希望の込められた言葉で閉じられている。このような希望は彼の「復活」の主題への関心と深く結びついていた。すでに検討した「逃げた雄鶏」における復活したキリストのような明らかな例だけでなく、ロレンスは『エトルリアの故地』において古代文明の墓地を「子宮」に喩えて、そこに再生の希望を託していたし、「絵画集序論」においては「イギリス人はふたたび子どもに、児童に、幼児に、赤ん坊、いやいまだ生まれ出ぬ胎児に逆戻りしているのだと確信せざるをえない」と言った後で、「イギリス人はふたたび誕生できるかも知れない。絵画の世界で。いや、実のところは初めて誕生するのかも知れぬ」と述べている。[*142] ロレンスにとっては、赤ん坊になることは触覚的感性を復活させることに他ならない。それは「私に触れるな（noli me tangere）」の否定であり、彼は禁止以前の根源的生へと立ち返ることに希望を見ていたのである。[*143]「抑圧的な」モダニティに抗するためには、知的な認識に先立つ、非個人的で非人間的ですらある存在の中枢へと立ち返ることが重要であった。触覚は生と死の分断を乗り越えるカギのように彼には思われていたのである。

　ロレンスの復活への欲望は、直線的な時間理解を否定し、原始的な古代に未来を見ようとする。そしてその過程において、それはイデオロギー的に構成された「古代」を土台とするファシズムや、「進歩」や「啓蒙」のイデオロギーを否定するのだ。原始的なものも未来をも包含するロレンスの触覚言説は、モダニティに対する芸術的な反抗の形式である。そして、それこそはモダニズム的な身振りの一形態であった。彼の後期作品は、彼の触覚という目には見えない感覚に対する信念を通じて、モダニティに対するモダニズム的な批判を行ったのである。

第二章　スティーグリッツ・サークルにおける機械、触覚、生命

一　スティーグリッツ・サークルの芸術家たちとD・H・ロレンス

スティーグリッツ・サークルとは

　この章では、ニューヨークを拠点に活躍しアメリカン・モダニズムに重要な足跡を残した写真家アルフレッド・スティーグリッツを中心に、彼と関わりのあった芸術家たちによって形成された集合的な触覚の言説とイメージを分析する。前章でロレンスにおける触覚を分析した際に浮上した視覚芸術における触覚性の問題が、この章の中心的な論点になる。他の章とは違い、複数の芸術家や批評家について考察を行うことになるので、二〇世紀初めのニューヨークの芸術家たちや知識人の名前に親しみのない読者は少々戸惑いを覚えるかもしれない。したがって、新たな芸術家や知識人の名に触れるときは簡単な紹介を付していきたい。まずは、スティーグリッツおよび彼の周囲に形成された芸術家サークルがどのようなものであったかを簡単に見ていく。

　アルフレッド・スティーグリッツはモダニズム期のアメリカを代表する写真家であり、「291」、「インティメイト・ギャラリー」、「アメリカン・プレイス」と場所を移すたびに名前を変えながら自分の画廊を開き、ポスト印

象派やキュビズムなどヨーロッパの最先端の絵画をアメリカに紹介した人物でもあった。彼の画廊にはマックス・ウェーバー、アーサー・ダヴ、マーズデン・ハートリー、ジョン・マリンなどの画家に加えて、シャーウッド・アンダーソン、ハート・クレイン、ウィリアム・カーロス・ウィリアムズ、ジーン・トゥーマーなどの小説家や詩人、ポール・ローゼンフェルド、ウォルドー・フランク、ルイス・マンフォードなどの批評家が出入りしていたし、スティーグリッツの妻となるジョージア・オキーフは二〇世紀を代表するアメリカの画家であった。また、彼の発行した雑誌『カメラノート』（一八九七―一九〇三）とその継続誌の『カメラワーク』（一九〇三―一九一七）は、当初は写真作品の専門誌であったが、しだいに評論や詩、絵画なども載せるようになった。ガートルード・スタインがはじめて自分の書いたものを活字にしたのもこの雑誌においてである。このようにしてスティーグリッツのギャラリーや雑誌を通じて発表された作品は方法もジャンルも異なるものであったが、ここで名前を挙げたような芸術家たちは概ね次のような見解を共有していた。すなわち、社会や文化の機械化の進行がアメリカ人本来の自然の感性を疲弊させているということ、そしてアメリカ芸術の使命は有機的で触覚的な「真実」の表現を通じてそのような傾向と戦うものでなければならないということ。彼らの「有機的」で「原始的」で「スピリチュアル」な表現の探究、たとえばマックス・ウェーバーの「触覚的親密さ（tactile intimacy）」という概念、スティーグリッツによるジョージア・オキーフの手の写真、それにポール・ローゼンフェルドのスティーグリッツ論などにおいて、触覚は重要な役割を果たしており、二〇世紀の最初の数十年における社会的、国家的な言説に少なからぬ影響を与えている。

ロレンスとの共通点

スティーグリッツ・サークルの触覚をめぐる集合的な言説はロレンスのものと共通するところがある。両者とも「有機的」と彼らが信じる表現を通じて生と芸術を結び付けようとしたのだ。現存する資料を見る限りスティーグリッツ・サークルの芸術家たちでロレンスに直接会った人はいないと思われるが、これらのアメリカの芸術家たちはそれぞれの仕方でロレンスの作品を読み、彼の知見を彼らの有機的「生」や有機的共同体の表現に活かしたのである。アメリカのモダニズムにおける触覚についての議論に入る前に、本章と前章の密接な関係を示すためにスティーグリッツ・サークルとロレンスを結ぶ幾つかの線を確認しておきたい。

まずロレンスと手紙のやり取りをしていたのは、ウォルドー・フランク、アルフレッド・スティーグリッツ、ハーバート・セリグマンの三人である。フランクは短い発行期間に終わった文芸雑誌『セブンアーツ』の編集者としてロレンスと連絡を取っており、ロレンスは一九一七年七月二九日付の手紙において、すでに出版されていた『虹』や、その続編として構想されていた執筆中の『恋する女たち』、さらには神秘主義、ユダヤ性などについて書き綴っている。[*1] さらに、ロレンスは同年九月一五日の手紙で、アメリカに行く希望を述べ、アメリカの超絶主義（Transcendentalism）についてエッセイを書いたと述べている。[*2]

スティーグリッツは一九二三年にロレンスの『古典アメリカ文学研究』を読み、熱烈にそれを称賛する手紙を書いている。[*3] それに対して、一週間後、ロレンスはスティーグリッツに返信を送っている。[*4] 一九二八年、『チャタレイ夫人の恋人』がフィレンツェの地で一〇〇〇部限定で私家版として発行されたとき、スティーグリッツはすぐに二部を注文している。[*5] スティーグリッツと妻ジョージア・オキーフは『チャタレイ夫人の恋人』に強い感銘を受け、友人たちに「いままで書かれたもので最も素晴らしいものの一つで、ゲーテやシェイクスピアと並ぶ、聖書のようなものだ」と述べている。[*6] スティーグリッツとロレンスの最も重要な接点は、一九二九年にスティーグリッツが自分のギャラリーでロレンスの絵画を展示しようと企画したことである。もっとも絵画が検閲に引っかかって輸送することが出来ず、この企画が実現することはなかった。

最後に、ハーバート・J・セリグマンは一九二四年に『D・H・ロレンス――アメリカ人の解釈』というロレンスについての最初の批評書を出版し、それをスティーグリッツにささげている。この本において、セリグマンはロレンスの作品を「すべての人類の非人間的な機械化に対する闘争」と捉えている。[*7] セリグマンはロレンスの作品における反機械的な言説に焦点を当てており、それはスティーグリッツ・サークルの「アメリカ的物質主義」に対する集合的な抵抗に貢献している。スティーグリッツ・サークルのロレンス受容は、アメリカ芸術を発展させるという彼らの目的と結びついていたのだ。

タオスのアート・コロニー

この文脈において、一八九八年にバート・ジアー・フィリップスとアーネスト・L・ブルーメンシャインによってニューメキシコのタオスという町に作られ、二〇世紀前半に多くの芸術家を引きつけたアート・コロニーに言及しておかなければならない。この付近にはタオス・プエブロと呼ばれる先住民集落があり、この地域の特徴的な地形や風景と相まって、多くの画家たちの創作意欲を掻き立てた。ロレンスもスティーグリッツ・サークルの芸術家たちも共にこの土地に強く魅かれ、産業都市とは対照的な共同体を先住民集落に見出していたのだった。ロレンスと彼の妻フリーダはメイベル・ドッジ・ルーハンの熱心な招きに従い、周囲から隔絶したアート・コロニーを一九二二年に訪れ、タオスから三〇キロほど北西に行ったところにあるルーハンの夏の家であるカイオワ・ランチに二年ほど滞在した（もっとも、彼は一九二三年の終わりに体調不良のために一度イギリスに帰っている）。タオスに滞在する間に、ロレンスは『羽鱗の蛇』やアメリカを舞台とした物語を書き、アメリカの神秘的な原始性を探求したのだった。スティーグリッツ・サークルのなかの何人かの芸術家たちは同じような情熱をタオスに対して抱いていた。たとえば、マーズデン・ハートリーは一九一八年と一九一九年にタオスに滞在し、その後の数年間にわたっ

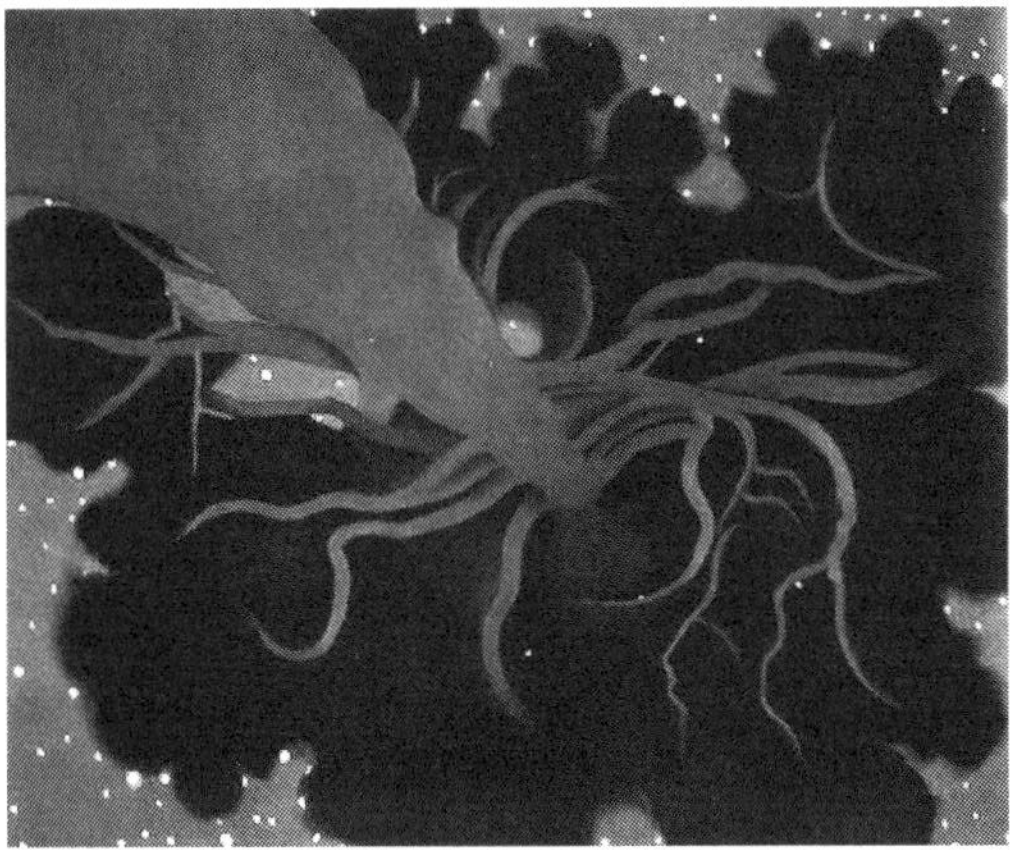

図2-1　ジョージア・オキーフ《ロレンスの木》，1928.

て風景画を描いた。[8] しかし、スティーグリッツ・サークルの中でこの土地に最も深く結びついていたのはジョージア・オキーフである。[9] ポール・ローゼンフェルドは一九二二年に『ヴァニティー・フェアー』に掲載したエッセイにおいて彼女を「女性のD・H・ロレンス」と称しているが、実際オキーフはスティーグリッツと共に熱心にロレンスの作品を読み、賛美していた。[10] 彼女はロレンスの住んでいたカイオワ・ランチをはじめて訪れた際、ロレンスとスティーグリッツ・サークルを象徴的に結びつける作品である《ロレンスの木》（一九二九）を描いたのだった（図2-1）。この絵に描かれたマツの木は、あたかも地面に寝そべった人の視点から眺められているかのように上下が逆に描かれている。このことは、画家の大地への親近感と、眩暈がするような木の大きさに対する畏怖の念を示唆している。オキーフの絵画はロレンスの成し遂げた偉業に対する深い共感とタオスの神秘的なエネルギーに対する賞賛を示しているのだ。

ホイットマンとセザンヌ

これらの結びつきのほかに、ロレンスとスティーグリッツ・サークルの芸術家たちを結びつけているものは、彼らが敬愛していた芸術家たちである。特に、彼らの触覚的想像力の重要な源泉であったウォルト・ホイットマンとポール・セザンヌの存在は重要である。[*11] ホイットマンは、ユニークなアメリカの声によって身体を表現する詩人として、彼らの重要な霊感の源となった。後に削除したものの、ロレンスは『アメリカ古典文学研究』の初期原稿のホイットマンについての章で、「彼は手や指の触覚の神秘について語っている」と述べている。[*12] この言葉は、マルコム・カウリーが後になってホイットマンのうちに認めた「異常なまでに発達した触覚」という言葉と呼応している。[*13] スティーグリッツ・サークルの芸術家たちにとっては、ホイットマンは彼らの政治的理想と結びついていた。[*14] 彼らはエズラ・パウンドの「ホイットマンはアメリカである」という簡潔な定式を共有し、詩人をアメリカの民主主義的理想の体現者として偶像化したのだ。[*15] ルイス・マンフォードはスティーグリッツをホイットマンに比し、「真にマンハッタンの魂とニューヨークの舗道に触れるものは、意識するしないにかかわらず、ウォルト・ホイットマンに触れるのだ」と「触れる」という言葉を強調している。[*16]

ホイットマンと同様に、セザンヌはロレンス、およびアメリカのモダニストたちへの重要な霊感の源となり、彼らの有機的な芸術表現についての思考や言説を豊かにした。キュビズムの画家であり詩人であるマックス・ウェーバーは、セザンヌの重要性に気づいた最初のアメリカ人の一人である。彼は一九〇六年から一九〇八年のあいだパリに滞在していた際、レオ・スタインとガートルード・スタインの家、およびサロン・ドートンヌでセザンヌの絵画を見ている。[*17] スティーグリッツは主にウェーバーとの交流を通じて、フランスの画家の偉大さに触れたのだった。[*18] スティーグリッツはセザンヌの作品をいくつか購入し、それらを一九一〇年には他の画家と共に、翌年にはアメリカ国内ではじめてセザンヌ単独の個展として「291」に展示した。彼は『ニューヨーク・イヴニング・サン』の編集者にあてた手紙で「セザンヌの理解なくして……今日芸術界で起きていることをわずかなりとも把握することは誰にもできない」と述べている。[*19] このような挑戦的ともいえる紹介は、一九一〇年代のアメリカにおけるセザンヌへの集合的な熱狂に火をつけた。スティーグリッツの生涯もっとも近い友人であったポール・ローゼンフェルドは、一九二四年の著作である『ポート・オブ・ニューヨーク』において、「セザンヌの名のもとに新しいアカデミーが形成されつつある」と述べている。[*20] 後にスティーグリッツに捧げた書物において、マーズデン・ハートリーはセザンヌを「山、リンゴ、人など、相互に関係するさまざまな生き物」を、目に見える通り、あるがままに描いた作家であると述べている。[*21] このような事物間の内在的な関係性は、ロレンスによって捉えられたセザンヌのユニークな事物の表現——すなわち「りんごのリンゴ性」——を思い起こさせる。同じ本において、ハートリーはセザンヌが自分の芸術の目的として語った、「私は自分と対象のあいだに存在するものを描きたいのです」という言葉を引用している。[*22] ハートリーのセザンヌへの傾倒ぶりは、セザンヌが晩年繰り返し描いたサント・ヴィクトワール山を主題とした一九二七年の作品に見てとることが出来るだろう[*23]（図2-2）。

図2-2　マーズデン・ハートリー《ヴィクトワール山》, 1927.

写真芸術をどう捉えるか

これらの事実は、一九世紀末から二〇世紀にかけて、ロレンスとスティーグリッツ・サークルの芸術家たちが国境を越えて多くの文化的背景を共有していたことを示している。彼らが触覚性や有機的結合に対する関心を共有していたのは偶然ではなく、モダニズムが多様な国際的広がりを持った運動であったことに深く根差しているのである。しかし、ロレンスとスティーグリッツ・サークルは、写真に対する見方という一点において、全く異なる立場をとっていた。前の章において検討した通り、ロレンスは触覚的な感性を損なうものとして写真を痛烈に批判していた。一方、写真家アルフレッド・スティーグリッツは、文化と社会の有機的な結合をめざしたニューヨークの芸術運動において中心的な役割を担っていた。このような両者の明確な差異をどのように解釈すればいいだろうか。

一見すると、ロレンスの立場はずっと一貫していて明確であるように感じられる。彼の写真に対する否定的な見方は、機械や機械的な社会に対する批判の一部となっている。彼にとって、カメラは外界との直接的な接触を妨げるものでしかない。対照的に、スティーグリッツ・サークルの芸術家の多くは写真を機械的なものとは見ていない。彼らは、写真という新しい芸術メディアを有機的なものと無機的なものの対立においては有機的なものの側に置いているのであり、この一見すると奇妙な分類において触覚言説は重要な役割を果たしているのである。アメリカ固有の芸術を形成しようとする彼らの集合的な努力において、写真による表象はしばしば原初的な現実との触覚的な結び付きを導く自然物のようなものとして扱われてきたのだ。新しい芸術メディアに対するこの自然化は、新しい国家における新しい種類の芸術をどのように確立するかという問題と深く関わっているのである。アメリカにおける写真の位置の特異性についても本章は検討していくことになる。

本章の概要

本章は、一九一〇年代から一九二〇年代のスティーグリッツ・サークルにおける触覚の言説とイメージを、主として彼らの有機体論的志向やナショナリズムとの関わりから考察する。はじめに、マックス・ウェーバーの『芸術論』における「触覚的親密さ」という概念を検討する。セザンヌの絵画に深く影響を受けたウェーバーは、芸術の目的は芸術家の触覚的感性によって、事物との直接的なつながりを築くことであると主張した。絵画や彫刻は触覚的な身体性を体現するとウェーバーは信じていたが、写真のような複製可能なメディアの可能性については懐疑的であった。もちろんこのような見方はスティーグリッツ・サークルの中では例外的なものであった。写真家の名を冠したスティーグリッツ・サークルにおいては、当然ながら写真こそが中心を成す芸術であり、その価値を肯定することは彼らの存在意義の重要な部分をなしていたからだ。にもかかわらず、ウェーバーはスティーグリッツ・サークルにおける触覚言説の基礎を作るような重要性を持っていたということを示したい。つぎに、スティーグリッツ・サークルの集合的な芸術観を支えた人物の一人として、ジョージ・バーナード・ショーの写真についての見方を紹介する。ショーは写真に芸術性を認め、人間はカメラよりも機械的であると述べたのだった。ショーの写真観は、写真と現実をめぐるリアリティの位相の変化を告げている。これに続く部分では、スティーグリッツ・サークルの三人の書き手たち、すなわちウォルドー・フランク、ポール・ローゼンフェルド、ウィリアム・カーロス・ウィリアムズが考察の対象となる。彼らの著作における触覚言説は、有機的な国家としてのアメリカという彼らの理想的なイメージと結びついている。このような著作群の検討は、続く箇所で扱うスティーグリッツによるジョージア・オキーフの身体を題材とした写真群の考察へとつながっていく。彼女の身体、とくに手を被写体とした写真は、国家、ジェンダー、セクシュアリティの問題系と切り離すことが出来ない。被写体となったオキーフという一人の女性の身体が担う象徴性について考えたい。最後に、一九三〇年代のスティーグリッツ・サークルに焦点をあて、彼らの集合的な触覚的現実の探究がどのように衰退したのかを検討し、触覚が二〇世紀初頭のアメリカ芸術においてはたした特異な歴史的意義を論じていく。

二　マックス・ウェーバーと「触覚的親密さ」

マックス・ウェーバーと『芸術論』

マックス・ウェーバーは、初期のスティーグリッツ・サークルのなかでカギとなる人物の一人である。一八八一年にロシアのビャウィストクに生まれ、子どもの時にアメリカに移住した。ブルックリンにあるプラット・インスティチュートでは、後にはオキーフを教えることにもなるアーサー・ダヴのもとで美術を学んでいる。そこを卒業したあと、ウェーバーは三年間ヴァージニアで美術のクラスを教え、一九〇五年にパリに渡る。パリでの三年間のあいだに彼は新しい芸術の潮流に親しみ、セザンヌ、マティス、それにアフリカ芸術に深く影響を受けたのだった。彼はガートルード・スタインの兄夫妻にあたるマイケル・スタインとサラ・スタインの資金的援助によって開講されたマティスの無料クラスに出席していた。また、アーサー・ダヴ、ジョン・マリンなど同時期にパリにいたアメリカ人の芸術家たちと知り合い、特にアンリ・ルソーと深い友情を築いた。このような実り多き時期に、彼はモダニスト的な絵画手法を身につけ、サロン・ドートンヌをはじめとする展示会に自らの作品を出品する機会を得た。ウィリアム・イネス・ホーマーの言うように、ウェーバーはアメリカへ帰国した時点で、「疑いなく、国中でもっとも進んだ画家」であった。[*24] 彼がスティーグリッツ・サークルと関わった時期は一九〇九年から一九一〇年のあいだと短いが、彼は続く年月のうちにグループが進む方向性に大きな影響を与えたのだった。[*25]

ウェーバーの唯一の著作である『芸術論』(一九一六)は、彼がその創立に関わり、一九一四年から一九一八年のあいだ教えていたクラレンス・H・ホワイトの写真学校での講義をまとめたものである。彼のスティーグリッツとの関係は一九一一年のはじめに終わっていたが、この書物はウェーバーの有機体論的な芸術観を示しており、これはのちのスティーグリッツ・サークルの集合的な言説に影響を与えるので、ここではこの書物の検討を通じて彼のスティーグリッツ・サークルに与えた影響を考えておきたい。

カンディンスキーの同時代の著作である『抽象芸術論――芸術における精神的なもの』と共鳴しながら、ウェーバーの『芸術論』は芸術の本質は「霊的触覚性」にあると主張している。[*26] ウェーバーは『芸術論』を芸術家のモノとの「親密な」関係の重要性を強調することからはじめている。

物事の本質の中で最も霊的で重要な面の一つは親密さである。これは、われわれの外部に事物が存在するということを認識し、知ることである。事物には生命がないが、造形されたものや組み立てられたものは何でも、その事物を制作した人の生命の一部を有している。制作者は、彼が作ったものの中で生きるのである。そのように吹き込まれた彼の生命が事物の存在を可能にしている。制作者の道具すら手の中で温かくなり、その手の拍動と共に脈打つ。したがって、私がある対象、ある芸術作品を眺めるとき、その対象や作品はまさにその瞬間に存在意義を増すのである。というのも、私がそれを制作した人の生命と共に自分自身の一部をそこに置くからであり、物質というのは芸術家の霊魂が形を取った時により価値あるものとなるからだ。作品は作り手を森羅万象へと結びつける。制作した者がいなくなっても、彼の作品は脈を打ち続け、彼の人格を永遠に唄い続けるのだから。私には、しばしば本質的な事物はわれわれのことを待っているかのように感じられる。そしてわれわれがそれを親しく知ることが出来れば、対象物もわれわれも共に重要さを増す。それはお互いがお互いの価値を高め合うからである。あるいは、芸術がわれわれを選ぶからである。[*27]

ここでウェーバーが「親密さ」という言葉を使って述べていることは、芸術家が手作業を通じて、「生命のない事物」と関わる仕方である。芸術家は事物に形を与えるだけではなく、ピグマリオンがガラテアを作り出したように、手を通じて「生命」や「魂」を吹き込むものと彼は考えていたのだった。芸術作品は芸術家の脈動の痕跡を保持し、彼の死後までもそれを伝える。言い換えれば、芸術は芸術家を不滅にするということである。真摯な鑑賞者は、時空間を超えて芸術のうちに芸術家の生の痕跡を感じ取るのである。ウェーバーは芸術活動や芸術鑑賞が、生命無き事物と交流する、そのような霊的な経験に関わるものであると考えていたのだ。

ウェーバーは親密さや霊性といった観念と結びつけることによって触覚を概念化した。しかし、彼は触覚以外の感覚を軽視したというわけではない。ウェーバーは触覚を、他の感覚を総合するような最も根源的な知覚の様式と捉えていたのだ。彼は「触覚的親密さ」は「基本的に可塑的な性質のものであり、それがわれわれの態度やアプローチを通じて霊的な可塑性を形成する」と説明している。[*28] 触覚は他の感覚から独立して働くものではなく、それは「諸感覚の奇跡的な融合」を引き起こすものであるのだ。[*29] ウェーバーは触覚の可塑的な能力が、異なる感覚のあいだに相互作用を引き起こすと主張し、それを「霊の最も真なる機能」と考えていた。[*30] 彼にとって、芸術は異なる感覚のあいだの境界や芸術家と鑑賞する人間の境界が融解するような感覚的経験であったのだ。したがって、彼は「この霊的な触覚性が私たちを外部世界との間で相互に高め合うほど、最も近しい接触へ、最も強い親密さへと導く」と述べる。[*31] ウェーバーにとって、「親密な触覚性」は人間の基本的な可塑性であり、芸術の身体的な起源である。このような触覚の性格はプリミティブの概念を内包している。ロレンスと同様、ウェーバーは古代の人びとが触覚についてより深い理解を持っていたと考えていた。特に興味深いのは両者がエトルリア人についての関心を共有していたことである。『芸術論』の「芸術意識」の章において、ウェーバーは次のように書いている。「先日、私は直立してエトルリアの彫像を見ていた。それは古き良き平和な微笑をたたえており、私があなたの永遠の微笑は何に向けられているのですかと彫像に問いかけると、それはやさしくつぶやいた。「現代のスピードと騒音に」と」。[*32] これだけではウェーバーがエトルリアの彫像を所有していたのか、どこかの美術館で見たのか、それともイタリアの地において見たのかは判然としないが、この断片は、ウェーバーがロレンスと同じように、エトルリアを現代の技術や文化に対立するものと考えていたことを示している。[*33]

実際、ウェーバーの原始的なものに対する情熱は彼の作品の内に示されている。一九一〇年代、ウェーバーは原始社会の素材や作品についてのいくつかの絵画を描いた。そのうちの一つは《アフリカの彫像（コンゴの小像）》

と題された小品であり、そこには彼が実際に保有していた小像が描かれている（図2-3）。六年後、クララ・E・シップレルは、ウェーバーがこのアフリカの小像にやさしく触れながら見つめる写真を撮った（図2-4）。シップレルは、その他の要素を写真から取り除き、ウェーバーの小像への思い入れの深さを捉えている。彼の小像を愛撫するかのような接触は、彼がこの原始的な小像に自らが「触覚的親密さ」と呼ぶものを感じ取っていたことを示唆している[34]。

ウェーバーの原始文化への興味は、彼がパリで吸収したモダニズムの一側面を映し出しており、それは彼のセザンヌからの影響と関係があるだろう。イギリスの美術批評家であるクライヴ・ベルは、セザンヌの芸術的遺産とパリにおけるプリミティブアートの隆盛の関係について、一九二二年の『セザンヌ以後』で述べている。「セザンヌによって——もちろん彼の主義によってではなく絵画によって——一部の選ばれた若い世代の人びとは原始芸術を見るようになったのだった」[35]。ウェーバーはまさにそのような「若い世代」の芸術家の一人であった。彼は、現代の人びとが失った原始的な生命力を探求する術をセザンヌが切り開いたと考えたのだった。『芸術論』において、ウェーバーはセザンヌの作品をエジプトのスフィンクスやギリシアのパルテノン神殿のような古代の事物にたとえ、この画家の原始的な想像力を讃えている[36]。また、ずっと後の一九四六年、ウェーバーはセザンヌが彼の目を「古代的なアプローチへと開いてくれた」と述懐している[37]。セザンヌは彼の同時代におけるゴーギャンがしたように「原始社会」の

図2-3　マックス・ウェーバー《アフリカの彫刻（コンゴの小像）》，1910.

図2-4　クララ・E・シップレル《マックス・ウェーバーと〈アフリカの彫刻〉》，1923頃．

人びとを描いたわけではないが、ウェーバーはセザンヌの事物への「アプローチ」が彼の「原始的な」感性に由来するものであったと信じていた。[*38] ウェーバーは、キュビストの手法に共感しキュビズムに基づく詩も書いていた。事物のモノ性に対するセザンヌの原始的な感性はキュビズムによって受け継がれたと彼は考えていたのである。これは、ロレンスが「りんごのリンゴ性」と呼んだもの、さらにはロジャー・フライが「樹木の「樹木性」」と呼んだものと重なり合う考えである。[*39]

ウェーバーはまた『芸術論』において、接触を芸術的啓示を呼び覚ます身体的経験であると主張しているが、これはのちにわれわれがメルロ＝ポンティを通して第四章で見るような主張に部分的に先んじていると言える。ウェーバーにとって、真の接触は触れる主体が同時に周囲の環境によって触れられる客体でもある時に起こるのだ。「生き生きとした霊的な触覚性は、われわれがリアリティを感じるとき、あるいは、物質、光、音、温もりがわれわれに歩み寄って触れてくる時に生起するか、存在するのかも知れない。それを霊的意識と呼ぶことは可能であろう。それはオルガンに触れる指のようなものである」。[*40]「霊的触覚性」は、一方向的な対象物への接触とは違って、ものによって触れられるという啓示的な出来事を含んでいる。ウェーバーはしたがって、「霊魂が物質と出会うのは、無機的な物質が有機的なものと出会いそれによってその生命を見出すのは、驚異的な瞬間である——その可塑的な運命は決定されている」と述べている。[*41] ウェーバーの触覚概念は、古代的な原始性とだけでなく、われわれの周囲との関係を一瞬にして変えてしまうようなエピファニー的瞬間と関わっているのだ。このような原始的なものとエピファニー的なものの接触を媒介とした結びつきはモダニズムの触覚言説を特徴づける想像力の一つの典型である。実際、われわれが次の章で見るように、ヴァルター・ベンヤミンもそれを共有している。[*42]

ウェーバーは、理想主義的なモダニズムの信奉者でもなければ、保守的な伝統主義者でもなかった。当時、さまざまな形で表明されていた芸術的な「マニフェスト」については、彼は批判的であった。もちろんウェーバーはキュビズム芸術の可能性を精力的に探究したが、シュルレアリスムやダダイズムがしばしば採用するような言葉による説明は視覚的な表現の純粋さを損なうものと考えていたのであり、「偉大なる芸術は、言葉によるやかましいマニフェストなどなくてもその価値を明らかにする」と主張している。[*43] また他方では、彼は伝統主義者になることはナイーヴな逃避であると考えており、「今日、伝統主義的になることは、時間そのものから逃避しようという芸術の現代における試みと同じくらい間違ったことであるかもしれない」と述べている。[*44] ウェーバーは、過去と未来のあいだには双方向的な関係があるべきだと考えていたのであり、弁証法的に「モダニティは昨日の将来の芸術である。古い芸術は来るべき過去のものである」と謎めいた調子で述べている。[*45] 彼の意見では、現代の芸術家は原始的な未知のものにインスピレーションを受けるべきで、「現代芸術のより真実のモダニティを作ることが出来るような新たな主体を形成するために」、「子どものような」主体へと変身すべきであるのだ。[*46] 彼の真にモダニスト的な芸術への展望は、「触覚的な親密さ」を持つ人間が自己と世界のあいだに新たな関係を結ぶという積極的な働きかけに依拠していたのである。

すでに述べたように、ロレンスとウェーバーは触覚についての考えを共有していた。しかしながら、ウェーバーの触覚についての議論は、ロレンスのそれと異なり、（少なくとも表面的には）エロスやセクシュアリティから切り離されていたことに注意しなければならない。ウェーバーは常に「もの」の生命感を強調していたのだ。「ものが感覚器官に刺激を与えるのである。ものを通じて私は地球とつながっていることを感じる。すべては生きている――私はものと生きている」[*47]。このように彼は事物に生命の連続性を見出すような生命主義者であって、彼の作品には人間を対象としたものは少ない。彼の事物の物質性へのこだわりは、静物画だけではなく彼が後年取り組んだ彫刻、リトグラフ、木版画に明らかである。ある意味では、彼のエロティシズムは彼自身の手によって作品を制作するという行為にあったと言えるだろう。制作物に触れるとともに制作物の素材によって触れられるという双方向的なプロセスがウェーバーの芸術の精神的な喜びを成していたのである。ウェーバーの伝記を書いたアルフレッド・ウェルナーは、ウェーバーは生涯を通じて「手仕事の人」であったと述べている。[*48]

ウェーバーと写真

このように「手」によるモノとの接触の重要性を強調するウェーバーが、写真という機械的な表現メディアに対して割り切れない気持ちを持っていたことはよく理解できる。おそらく、このことは彼のスティーグリッツ・サークルとの関わりを短いものとした理由の一つだろう。もっとも、ロレンスとは異なりウェーバーは写真芸術を全面的に否定したわけではなかった。生涯を通じて彼はスティーグリッツだけではなく多くの写真家たちと交友を持った。エドワード・スタイケン、アルヴィン・ラングドン・コバーン、そしてとりわけクラレンス・ホワイトは彼にとって重要であったし、作品にコメントをすることもあった。しかし、ウェーバーが写真芸術は素材との直接の接触を欠いており、それがゆえに十分に「直接的」ではないと考えていたことは確かであり、このような考えは周囲の芸術家に比べた時の彼の保守性を示している。このことは彼が写真家のコバーンと雑誌上で展開した論争に明らかである。

この論争のきっかけとなったのは、一九一一年の『カメラワーク』に収録されている「芸術における時間の関係性」と題されたコバーンのエッセイである。ここにおいて、コバーンは、写真を「より古い芸術である絵画」と比較し、「科学的進歩の時代の芸術の要請に他の何より適したものである」と論じている。そして、この二つのメディアの「本質的な差異」は、「精神的な」ものであると主張している。[*49] このように媒介する機械よりも現実を捉えそれを表現する想像力に力点を置いた議論は、写真を人間の本性に有機的に結びついたものとすることに貢献した。コバーンはまた、きわめてナショナリスティックなトーンでアメリカ人は写真芸術の「リーダー」になるだろうと主張している。彼にとって、写真という芸術の新しさはアメリカという国家の新しさと呼応する現実だったのだ。そのようなアメリカの写真の達成の例としてコバーンはスティーグリッツの《冬の五番街》に言及し、この写真が「生《ライフ》」と同じ質感を備えたものであると述べている（図2-5）。「スティーグリッツが《冬の五番街》を撮影するために必要な知識と確かな洞察力の結合について考えてみるだけでいいだろう。もしこれを「見せかけだけのスナップショット」と呼ぶのならば、生《ライフ》もまたこれと同じ本質を持っていることを思い出さなければならない。われわれは宇宙の永遠のもとでは彗星のようなもので、すぐに現れては消えてしまう存在でしかないのだ」[*50]。この「生《ライフ》」という言葉こそはスティーグリッツ・サークルの中で合言葉のように交わされ、彼らの芸術的なものの価値を一言で要約するものであった。コバーンをはじめとするスティーグリッツ・サークルの芸術家たちは、写真とは機械的な技術によって現実を客観的な目で切り取ったものに過ぎないというありふれた批評から、写真の有機的、生命的な価値を擁護したのである。

マックス・ウェーバーは一九一三年の『プラチナプリント』という雑誌において「空間をうめる」というエッセ

イを書き、コバーンの主張に反論している。

写真芸術家の作品においてはレンズが不可欠の道具であるから、物質、自然、あるいは自然の中の風景は、精神や気分や時間に導かれ、制御された生きた繊細な人間の目に対するのに比べると、その媒体に対してしなやかさや柔軟さに欠ける。精神は手を導き、他のすべての感覚は音、光、動き、色、形といったものとの霊的な接触や触覚的親密さを通じて活性化される。そのようにしてヴィジョンや幻想が生まれるのだ。[*51]

ウェーバーにとって、身体的な感覚の複雑さとレンズという機械的な道具の違いは決定的である。芸術活動において、「生きた繊細な人間の目」は人間の精神の可塑性と連続的なものでなくてはならないが、写真のレンズは目と精神の有機的な連続性を切断してしまうのである。彼が『芸術論』においてしているように、ウェーバーは「霊的な接触」や「触覚的親密さ」といった概念を、芸術作品における人間の感覚の複雑な相互作用の重要性を強調するために用いている。彼は媒介的な「レンズ」が芸術家と芸術作品の相互的な関係を損ない、その結果芸術の「直接性」を奪うものだと考えたのである。したがって、彼にとって「レンズ」は芸術表現の純粋性を汚染する夾雑物であるのだ。

コバーンとウェーバーの意見の相違が前景化するのは、写真芸術をめぐるこの時期の重要な論点、すなわち写真の機械性の問題である。スティーグリッツ・サークルの写真家たちや批評家たちの多くは新しい芸術媒体を推進するのに情熱を傾けていたが、その過程において彼らは、写真をその機械的なイメージから切り離そうとした。写真芸術という新しいジャンルは、機械性と有機性という二極のあいだで宙づりになったのである。この時期における触覚言説は機械と芸術の問題含みの関係を繊細に映し出している。スティーグリッツ・サークルの触覚言説やイメージの他の側面の分析に移る前に、彼らが写真の機械性の問題をどのように扱っていたのかを『カメラワーク』に現れたいくつかのエッセイを読むことで分析してみたい。

三　写真の「機械性」と手という芸術の領域

一九世紀における写真批判とアルフレッド・スティーグリッツ

「写真は機械的なものである」と「写真は機械的なものに過ぎない」という二つの言辞の違いを考えてみよう。前者はただ事実を述べただけであるが、後者は価値判断を含んでいる。写真史において重要な意義を持ち続けてきたのは後者のほうである。写真はそれが発明された時から絵画と対比され、芸術的に劣ったジャンルと認識されてきた。そのような批判の中で必ずと言っていいほど言及されたのが写真と機械の結びつきである。たとえばシャルル・ボードレールは「一八五九年のサロン」のなかで写真を「芸術の中に闖入してきた工業」であるとし、「もしも写真が、芸術の諸機能のいくつかにおいて芸術の代行を果たすことを許されるならば、写真は間もなく芸術の地位を奪ってしまっているか、芸術を完全に堕落させてしまっている」と主張した。[*52] このような主張は、「機械」と「芸術」の相容れない関係が実のところ前者の後者への近接によって強化されたことを明らかにするだろう。プラトンやアリストテレス以来のミメーシスという創作原理の芸術による独占は、一九世紀における複製技術の発達によって脅かされつつあった。ボードレールは写真というメディアの機械的特性を包括的に否定することによって芸術を防衛しようとしたが、そのことによって「機械」と「芸術」の二項対立的な関係は深まったのである。第一章で見たロレンスによる写真批判も、その機械性に対するものであったことを思い起こしておきたい。ボードレールやロレンスほど極端な否定ではなくとも、写真の芸術的な価値はその機械性ゆえにしばしば疑問に付されてきたのだ。

「機械的」な写真が芸術の領域から排除され続けるのと反比例するかのように、絵画の価値は一九世紀を通じて「身体的」なものと結び付けられるようになった。とりわけ写真家と画家を峻別する器官として「手」が神話化された。画家とは、その想像力や構想力を「手」による有機的で柔軟な技能によって表現する天才と考えられるようになったのである。もちろん、写真においても「手」の動きは重要である。とりわけ二〇世紀初頭の写真機を使いこなして思うがままに被写体を撮るためには、相当な「腕」が必要とされたはずだ。しかし、画家のように動きが表現と一々対応するような「手」と芸術の関係は写真芸術にはない。写真機を持つ手は写真において表現されるものと対応するような運動をするのではなく、機械の構造的特性によって要請される運動を行う。写真史をめぐる批評の歴史を眺めると、写真における「手」の役割の小ささはしばしば写真の芸術的な価値を疑わしいものとすると論じられてきたことが分かる。[*53] 写真を撮るのに必要な作業に従事する手の動きは画家の繊細な「タッチ」と区別され、否定的な意義を持っていた。写真機という「機械」は手と表現の間に存在する「余分なもの」と考えられたのである。表現と手の動きとの乖離は、写真機と「手」を調和的な関係におくことを困難にしたのだ。

一八八八年におけるコダックのボックス・カメラの発明は、写真という媒体を一般に普及させ、手の器用さは創作にとってますます不要なものとなった。「あなたはボタンを押しさえすればいいのです。あとは全部コダックがやります」という有名なスローガンは、写真の機械的なイメージを決定付けたと言っていいだろう。[*54] スティーグリッツはこのようなコダックの大衆化の重要性をよく理解していた。一八九七年の「ハンドカメラ——その現在における重要性」というエッセイにおいて、コダックの人気とその手軽さは「ヤードいくらで売られる写真」（photography-by-the-yard）というような写真の遍在する時代のはじまりをもたらすだろうと主張している。かつては専門的な知識や技術を必要とした写真は、今ではその機械的な仕組みもよく分からずとも使える日常的な道具と

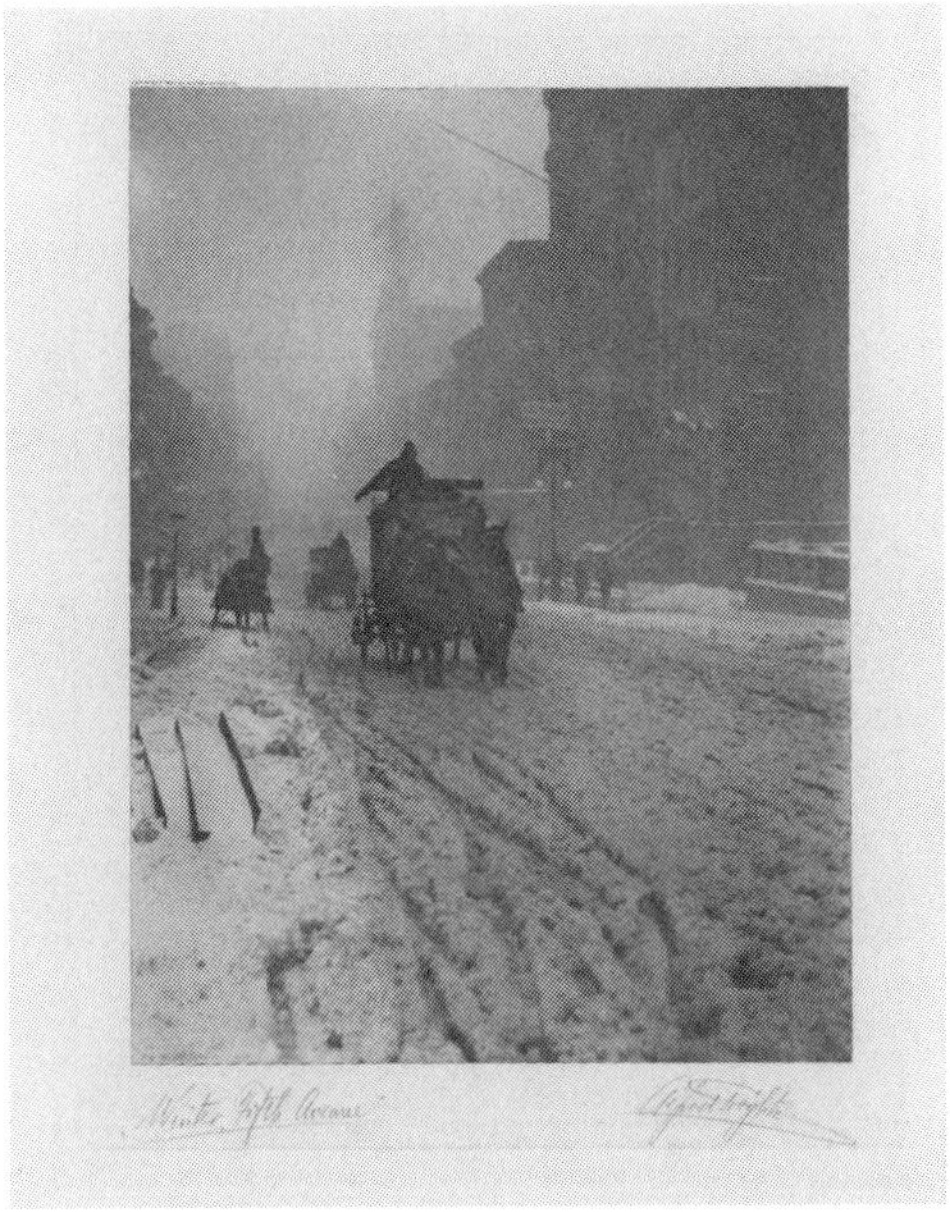

図2-5　アルフレッド・スティーグリッツ《冬の五番街》, 1893.

なったのだ。このエッセイの中で、彼はハンドカメラの手軽さがもたらす技術的なメリットについて述べているが、後になって「あなたはボタンを押しさえすればいいのです」というスローガンに「うんざりした」と述べている[*55]。コダックカメラの手軽さは、写真の機械的なイメージを強めたのである。それは、スティーグリッツが自らの作品や彼のギャラリーで掲げた写真から排除しようと努めてきたイメージであった。

実際、技術の進歩によって可能となった手軽さに対抗するかのように、スティーグリッツはしばしば好んで仕事のためにかけた時間や労力を語った。彼は、それが作品の芸術性を保証する要素の一つであると考えていたのである。再び「ハンドカメラ――その現在における重要性」というエッセイから一節を引用するならば、スティーグリッツは自身の代表作の一つである《冬の五番街》に触れ、それが「一八九三年二月二二日の猛烈なふぶきの最中に、最適の瞬間を待って三時間立ち続けた結果」であると書いている[*56]（図2-5）。ジェイ・ボクナーの述べているように、この作品が撮

図2-6　アルフレッド・スティーグリッツ《人間の手》, 1902.

られたのは「吹雪の中で写真を撮ることは不可能だと思われていた」時代のことであり、このような悪環境は確実に作品をコダック的な手軽さから切り離し、その権威を高めたのだ。[*57] したがってここに写された自然は単に被写体であるだけではなく、写真の機械的イメージを排除するメタメッセージでもある。ボクナーはこの写真において、「吹雪と馬車は相まって都市に抵抗する（against）膂力を示している」と、この作品の主題がスティーグリッツの芸術の目的に合致していることを適切に指摘している。[*58] スティーグリッツにとって、馬の筋肉はアメリカという国家の生命力の象徴である。ボクナーの“against”という言葉の強調に表現されている通り、アメリカの自然の相貌を露出させようとするスティーグリッツの努力は、アメリカの産業主義に対する強力な否定と結びついていた。そして、そのような自然の活力こそがアメリカ的なものだと彼は信じていたのだ。とはいえ、彼は「機械」そのものを否定したわけではない。実際、この一八九三年の《冬の五番街》から一九〇二年の《人間の手》への変化にアメリカの産業化・機械化の進展を見ることは出来るだろうし、彼はそれを否定的な形で表象したわけではなかった（図2-6）。しかし、《人間の手》というタイトルには、右に引いたボクナーの言葉に現れるような“against”の精神が息づいている。この写真においても、それが撮られた状況は重要である。鉄道を撮影したスティーグリッツは、その前を進んでいる別の鉄道の最後尾に立ちカメラを構えていたのだった。もちろん、そのこと自体を出来上がった写真から読み取ることは難しいが、ここには《冬の五番街》の撮影時の時と同様、撮影そのものの困難さが写真を機械的なイメージから切り離し、芸術的なものに高めるという彼の信念が見て取れる。スティーグリッツが拒んだのは物理的な意味での「機械」ではなく、写真に付与された機械的イメージなのであり、彼はそれに対して身体的な努力によって抵抗しようとしたのである。

ジョージ・バーナード・ショーの写真観

スティーグリッツの編集していた『カメラワーク』に掲載された多くのエッセイは、このようなスティーグリッツの考えを補強し、支えた。とりわけ注目されるのは、当時すでにイギリスで劇作家としての名声を築いていたジョージ・バーナード・ショーのラディカルな写真論である。熱心なアマチュアの写真家であったショーは、スティーグリッツ・サークルの一員であったアルヴィン・ラングドン・コバーンのものを含む写真展について多くのレヴューを書いていた。「写真の非機械性」というエッセイはロンドンで開かれた写真展の紹介として一九〇二年の一〇月九日に『アマチュア・フォトグラファー』というイギリスの雑誌に掲載され、一九〇六年に『カメラワーク』に転載された。タイトルからも分かるように、ショーはここでは戦略的にクリシェを転倒させている。すなわち、「すべての写真は必然的に機械的であり、すべてのデザインは純粋に「芸術的」である」というお決まりの前提を、彼は「画家の手はどうしようもなく機械的であり、その技術はどうしようもなく人工的である」と述べることで覆しているのだ。[*59] ショーは写真と機械を結びつける人びとの想像力の機械性を、画家の手を機械に結びつけることで露呈させたのである。絵画の「スタイル」という伝統的な考え方は疑わしいものだ、と彼は言う。というの

図2-7　アルヴィン・ラングドン・コバーン《バーナード・ショー》, 1908.

図2-8　エドワード・スタイケン《写真家のベストモデル――ジョージ・バーナード・ショー》, 1913.

も、それは「どれほど対象となる事物が異なっていても」画家が自分の方法を自分の作品に当てはめるということを示唆しているからだ。

カメラは手による描出というこの技法によらないために、写真は機械的な思考にとらわれることが少なく、デザインよりも芸術家の感情をよりよく反映することが出来るのである。鉛筆は描くのを助けるだけだが、写真は直接に絵を与えてくれる。写真はぎこちない手の支配を受けないために、われわれが画家のスタイルとかマンネリズムと呼ぶあの奇怪な要素から逃れることが出来るのだ。[*60]

このように、ショーは彼一流の風刺によって「機械的（mechanical）」という言葉の意味を脱臼させ、写真の機械性ではなく絵画の機械性を批判することによって写真を称揚しているのである。とはいえ、この論文において彼は単純に写真のほうが絵画より優れていると述べているわけではなく、「写真も絵画も必ずしも「芸術的」なものではない」と述べて、「芸術」に対する世間の頑なな偏見を解こうとしているのである。[*61] 彼は、芸術の価値は表現方法から独立したものでなくてはならないと主張しているのだ。

劇作家としてすでに名を成していたショーによる写真擁護は、若きアメリカの芸術家たちを勇気づけた。このことはショーのエッセイが掲載された後の『カメラワーク』において、多くの評論がこれを引用していることからも窺い知れる。彼らは写真雑誌であるにもかかわらず、アーチボルド・ヘンダーソンによるショーについての作家研究の抜粋を『カメラワーク』に掲載したし、アルヴィン・ラングドン・コバーンとエドワード・スタイケンは、それぞれ一九〇八年と一九一三年にショーの肖像写真を『カメラワーク』に載せた（図2-7、図2-8）。特にスタイケンによる写真は《写真家のベスト・モデル》というタイトルであり、ショーへのあからさまな賛辞となっている。また、前節でも引用したコバーンの「芸術における時間の関係性」というエッセイは、はっきりとショーの影響を感じさせるものとなっている。

ここで、前章で検討したロレンスの反写真論的立場が、スティーグリッツ・サークルにおける写真の有機的な価値に対する信念と対立するどころか、重なり合うものであることが確認されるだろう。実際、大西洋を挟んで同時代に展開された両者の野心的な試みには交流の痕跡が認められるのであり、スティーグリッツ・サークルのあいだで合言葉のようにしてささやかれた「生《ライフ》」という一語がロレンスを起源とするとまでは言わずとも、少なくとも起源の一つであることは間違いない。

四　アメリカ、機械、写真

フランク、ローゼンフェルド、ウィリアムズ

スティーグリッツの周囲で「手」や「接触」が肯定的なものとして共有されていたことは、彼に関わりのあった

さまざまな芸術家や文筆家の作品から見えてくる。それはニューヨークの「291」を拠点とするスティーグリッツ・サークルの集合的芸術観を示すとともに、この集団の分野横断的な性格やそれを支える理想主義について多くを物語るだろう。ここでは特にウォルドー・フランク、ポール・ローゼンフェルド、ウィリアム・カーロス・ウィリアムズというスティーグリッツと関わりの深かった三人の批評家や詩人に焦点をあて、彼らの著作において触覚的なものと「機械」の対立がどのように捉えられていたかを見ていきたい。本節で扱う著作は、フランクの『われらのアメリカ』(一九一六)、ローゼンフェルドの『ニューヨークの港』(一九二四)、ウィリアムズの『アメリカの土壌に根ざして』(一九二五)という三冊の批評である。[*62] これらの一九一〇年代後半から一九二〇年代前半にかけての著作は、当時世界的な覇権を掌握しつつあったアメリカという国家についての考察を含んでおり、本節もナショナリズムの問題とのかかわりから触覚の問題を検討することになる。そもそもアメリカにおいて「批評家」と呼べるような知識人が現れたのは二〇世紀の初頭になってからであって、ここで論じるフランクとローゼンフェルドは、ヴァン・ワイク・ブルックスやランドルフ・ボーンなどと共に批評というジャンルの基礎を形成した人物たちであり、ウィリアムズの著作も確実にその影響下にある。フランク、ローゼンフェルド、ウィリアムズの三者共にスティーグリッツとの交友は深く、特にローゼンフェルドはスティーグリッツ最大の友人と言っていい。このような交友関係はふつうエピソード的な価値しか持たないものだが、スティーグリッツ・サークルにおいては触覚的なものへの想像力の基礎として特異な重要性を持っている。というのも、彼らが触覚的なものについての価値を著作の外部において肯定していたことは容易に推測されるからである。これらの著作を検討することは、批評というジャンルから「手」や「触覚」の重要性について示唆を与えるだろうし、ひるがえってそれはスティーグリッツの《人間の手》や、その他の触覚を喚起する作品群の批評的意義を照らし出すだろう。とりわけ写真という機械的媒体を用いたスティーグリッツの作品に対する彼らの評価は、この芸術家サークルにおける機械と身体の境界線のゆらぎを検討するうえで重要な資料となるはずである。

フランクと『われらのアメリカ』における機械文明批判

まずは、ウォルドー・フランクから見ていきたい。一九一〇年代と二〇年代のニューヨークにおける最重要の批評家の一人であるフランクは、一八八九年にニュージャージーに生まれた。彼はスイスへ留学したあとアメリカに戻り、一九一一年、イェール大学で学士と修士を同時に取得している。一九一六年にランドルフ・ボーンやヴァン・ワイク・ブルックスなどと共に短命ながらも重要な左翼系芸術誌『セブンアーツ』を発刊し、第一次世界大戦期のアメリカの批評界において先導的な役割を果たした。代表的著作である一九一九年の『われらのアメリカ』は『新フランス評論』のガストン・ガリマールとヴィユ・コロンビエ劇場を率いていたジャック・コポーという二人のフランス人の要請を受けて書かれ、アメリカの国民文化を紹介する内容となっているが、その思想的背景として彼が一〇年代に耽読したスピノザ、ベルクソン、ニーチェの影響やユートピア思想の影響が強く見て取れる。同書においてフランクは「若き」アメリカを「古き」ヨーロッパと対照的に描き出している。

短命に終わったが影響力の強かった『セブンアーツ』は、フランクがジェイムス・オッペンハイムとヴァン・ワイク・ブルックスと共に編集した文芸誌である。その創刊号には、「これはわれわれのそして多くの人びとの信ずるところであるが、われわれアメリカ人はルネサンス時代の最初の日々、すなわち偉大さへと通じる国家的な自己意識の芽生えの時期を生きている」と記されている。[*63] この部分からも分かるように、『セブンアーツ』はアメリカという「新しい」国家を強く意識した雑誌であった。そして、アメリカ芸術を樹立するために障害となっていると彼らが考えていたのが、機械文明である。『セブンアーツ』は機械文明と戦い、有機的な国家芸術を成り立たせるための媒介として創刊された雑誌であったのだ。もちろん、国際的にはこれはヨーロッパの世界的影響力の低下と関連したグローバルな出来事として捉えることができるだろう。[*64]

すでに述べたように、若きアメリカの知識人たちはウォルト・ホイットマンの詩が若き国家の自然的感性を体現していると信じていた。一九一五年に出版されウォルドー・フランクにも大きな影響を与えた『アメリカ青年期に達す』において、ヴァン・ワイク・ブルックスは次のように述べている。「ホイットマンはおのれ自身とその作品の中に、アメリカの諸特徴を集めた――わが国固有の衝動のうち、最も伝播力が強く、最も解放的で最も統一力のある衝動は、彼を源としている」。[*65]ブルックスがこのようにホイットマンをアメリカと結び付けながら、「機械の発展」がアメリカにおいて人間性を抑圧してきたという考えをホイットマンから引き出していることは重要である。ホイットマンはアメリカの自然性を象徴する存在であり、「機械の国」をその崩壊から救う存在であると考えられていたのである。これら若き知識人たちにとって「ホイットマンの真の意義は、彼が、アメリカ生活の中に何か有機的なものがあることを初めてわれわれに気づかせてくれたという点にある」と述べている。[*66]

『われらのアメリカ』は、そのようなアメリカの性質についての集合的な興味の頂点において出版された。この本において、フランクはアメリカ社会における機械中心主義について否定的な認識を表明し、アメリカは産業的進歩の過程において「スピリット」を失ったのだと主張している。[*67]フランクは同時代のアメリカを、「個人の欲望」が「機械の抽象的な運動」によって置き換えられるような場として悲観的に捉え、同時代における「生」の運命を次のように記述している。

生の価値はその内在的意義を失い、進歩という抽象概念に従属している。そのような場においては、世界は一種の機関車として考えられているのである。したがって、価値というものが存在に暗黙のうちに宿るということはない。生は機械となる。そして機械のように永遠に生産する。その結果、個人の欲望というものは、それが機械の抽象的な活動に従うものでない限り悪いものとされる。そして、もちろん理性は機械の原型である。理性が「物自体（Ding-an-sich）」、すなわちプラグマティスト達が信念深く嫌っているふりをする絶対的なものとなるのだ。人間の感情的、美的、霊魂的な能力である欲望は、理性の召使いとなる。文化のただ一つの真実の基準であり、成長の唯一の尺度である経験は消失する。そして人間のエネルギーという巨大な富は（理論上は）哲学者が進歩的であると推定する日常的なプログラムのあれやこれやの車輪を回すために限定されて用いられるのである。[*68]

フランクは、アメリカにおいては機械や「進歩」という概念が個人の欲望や芸術家の創造性を抑圧し、捻じ曲げていると述べている。特に、「生は機械となる」という断言は印象的である。フランクは、アメリカにおいて生は実用主義的な「理性」によって、その内在的な多様性や豊かさが抽象化されていると考えたのである。彼は右の引用文中において現代世界を機関車に例えているが、この比喩はフランクもよく知っていたに違いないスティーグリッツの写真作品、《人間の手》を解釈するのに役立てることが出来るだろう。この写真は、固定されたレールが機関車の走行する方向を決定するように、理性という機械的な力が個人の欲望の方向を決定し、人間の創造性を奪うということを示唆している。『われらのアメリカ』において、フランクは産業主義とプラグマティズムが「欲望の機械化」を引き起こしたと簡潔に述べている。[*69]

彼は「アメリカ人は食べ物を得るためだけでなく快楽を得るためにも機械に頼り、手による労働を軽蔑するようになった」と主張する。[*70] ここで「手による労働」が「機械」と対比的に捉えられているのは明らかである。同書の別の箇所で彼は、機械が「人間の身体に対する単なる付属品である」のが正常な状態であるのに、現代のアメリカにおいては「鉄の手足」を持つ人間が現れたと主張している。[*71] このようにフランクは、現代アメリカの危機を機械と身体のバランスの崩壊のうちに捉えようとした。現代においては機械は身体の一部として機能しており「手」の運動は抑圧されているという認識のもとに、芸術とは身体を機械から解放する手段でなくてはならないとフランクは考えたのだ。

機械は物理的に人間をゆがめ、環境との関係を変容させる。フランクは現代とは機械と人間のバランスをゆがめる時代であると結論付ける。「機械は単に人間の身体の付属品にすぎない。ふつうにバランスの取れた人間は肉体よりなる手足を持つ。外部世界に依存した人間は鉄で出来た手足を持つ。理屈は簡単である。機械はアメリカの世界の神となったのだ。そして、機械も神もヨーロッパという共通の親を持っている」[*72]。フランクはこのように機械と人間の「ふつうの」バランスが崩れる歴史的な瞬間を記述している。フランクの観察する現代のアメリカにおいては、機械はもはや人間の身体に対して従順なものではなく、逆に人間の身体が機械に従属的なものとなっているのである。ニューヨークにおける同時代の生活や文化を描いた章において、フランクは「アメリカにとっては、機械は子ども時代の玩具であり道具である」と書いている。[*73] フランクはアメリカ、特にニューヨークを機械と共に育った子どもに例えるのである。

このように機械批判を展開するフランクが、カメラという当時としては新しい機械を芸術の道具として用いるスティーグリッツを褒めたたえるのは、一見して矛盾であるように見える。しかし、「機械」と「身体」の二項対立そのものよりは両者の従属関係が問題であるならば、写真機という機械を手によって統御することで生命のさまざまな姿を写そうとしていたスティーグリッツがフランクにとって重要であったことは理解しやすい。フランクはスティーグリッツの仕事を褒めたたえ、彼の作品を「産業社会における生の主要な細部を統御し、それを人間精神の統一的なヴィジョンに従事させる」ものと評している。[*74] そして、スティーグリッツのギャラリーである「291」を「奇跡」とみなす。

> 「291」は宗教的事実である。そして、そのようなものが常にそうであるように、それは奇跡であるのだ。そこは祭壇であり、しばしば大きな話し声が聞こえ、人が絶える事はない。しかし、虚偽や妥協などは一切なしだ。騒がしい死の都市の頭上で、生命が崇拝される小さな祭壇なのだ。ここには、確固たる孤絶をもって産業社会の混迷の圧倒的支配から逃れる場所がある。もし死に圧迫されて心を病んだのなら、「291」に来るべきだ。ここには生《ライフ》がある。[*75]

フランクは「291」を「小さな祭壇」と呼び、それを取り囲む「死の都市」ニューヨークからは隔絶された「生命《ライフ》」のサンクチュアリとして描き出している。[*76] 彼はカメラの不可避の機械性を「産業」の一部としてではなく、「生《ライフ》」の表現という最終的な目標に従事する細部として自然化するのである。ここには、ユートピア的な想像力に基づく理想主義を見て取ることができるだろう。[*77] フランクはスティーグリッツを描写するにあたって「生命を形作るかのように永遠に働き続ける手」を強調し、彼を工芸家の伝統の末裔に位置づける。[*78] このようにフランクはスティーグリッツを機械的イメージから遠ざけ、「手」や「生命」といった有機的なイメージと結びつけるのである。アメリカという「機械」の支配する土地において、スティーグリッツの身体的な写真イメージは、彼にとって理想的な芸術作品となるだけではなく、「生命」を産み出す場となるのだ。

ローゼンフェルドと『ニューヨークの港』

フランクの『われらのアメリカ』を補完するような役割を果たしているのが、ポール・ローゼンフェルドの一九二四年のアメリカ芸術論、『ニューヨークの港』である。ローゼンフェルドはアメリカン・モダニズムを代表する文学、視覚芸術、音楽の批評家であり、フランクと比べてコスモポリタンな芸術観を持っていた。彼は、スティーグリッツをはじめ、ヴァン・ワイク・ブルックスやランドルフ・ボーンなど多くのニューヨーク知識人や芸術家と、一年早くイェール大学を卒業していたフランクを通じて知り合った。生涯独身であったローゼンフェルドは特にスティーグリッツにとっては最大の友人であり、スティーグリッツ・サークルが写真家集団にとどまらない文化的複合体に発展を遂げたのも彼によるところが大きい。フランス語、ドイツ語、イタリア語など欧州数カ国語に通じ、ジェイムズ・ジョイス、マルセル・プルースト、イゴール・ストラヴィンスキーなど同時代のモダニズム芸術を紹介すると共に、アメリカのモダニズム芸術家、ことにスティーグリッツ・サークルに近い関係にあったシャーウッド・アンダーソン、カール・サンドバーグ、ウィリアム・カーロス・ウィリアムズらの作品を流麗かつ知的な文章によって擁護した。

他のスティーグリッツ・サークルの批評家や芸術家と同様、ローゼンフェルドはその著作を通じて「生命」を還元不可能な芸術的「真実」として顕揚しているが、彼の場合にはスティーグリッツやその妻ジョージア・オキーフなどと共に心酔したD・H・ロレンスの影響がはっきり見て取れる。批評家シャーマン・ポールが一九六六年に再出版された『ニューヨークの港』の「解説」で述べているように、ローゼンフェルドはさまざまなモダニズム芸術家の中でも、ロレンスに「最大の賞賛を与えて」いた。[*79] 一九二五年の『出会った人びと——24人の現代作家』においてローゼンフェルドはこの作家の身体的な感受性を賞賛し、「すべての感覚が彼の中で働いているようだ。過剰に働いていると言ってもいいくらいに」と述べている。[*80] 彼がロレンスの大胆な身体や人間の欲望の描写に心引かれたのは明らかである。ローゼンフェルドは、ロレンスを「同時代と生命の真実のためのリズムを鳴らす」作家と形容している。[*81]

ローゼンフェルドはピーター・ミニュイという筆名で『セブンアーツ』に寄せた論考で、フランクと同様に「291」というギャラリーの空間を「生《ライフ》」と結びつけて賛歌を送っている。[*82] 後になってエドマンド・ウィルソンはローゼンフェルドのことを、「芸術へのロマンティックなコメンテーターであり、同時に生《ライフ》へのコメンテーターでもあった」と的確に評している。[*83] 実際、『ニューヨークの港』はアメリカ芸術における「生」の価値を重視した文章に満ちており、モダニズム期のニューヨークの知的サークルにおける生気論とナショナリズムの交錯する地点を照らし出している。

ところで、ローゼンフェルドの『ニューヨークの港』が、彼のスティーグリッツ・サークルとの親密な関係のうちに育まれた書物であることに注意しなければならない。一九二三年の夏から秋にかけて、スティーグリッツは単に必要な資料をローゼンフェルドに提供して彼の執筆を助けただけではなく、草稿の段階でさまざまな助言を与えた。そればかりか、マーシア・ブレナンによるならば、時にはスティーグリッツが編集作業にかかわりもしたらしいのである。[*84] したがって、ローゼンフェルドはスティーグリッツ・サークルの影響を受けていただけでなく、まさにそのサークルの言説を代表するものとして『ニューヨークの港』を書いたのだと理解しなければならない。スティーグリッツおよび彼の周囲にいた人物は、この著作の潜在的な共著者なのである。実際、次のような機械批判は、フランクの『われらのアメリカ』のどの部分に存在していたとしても不思議ではない。

機械は人間を機械的なものにした。機械は人間に実験することや、よりよい物を作り出すことを諦めさせ、鉄の腕によって絶え間なく同じ動作を繰り返す事を要求したのである。そして、人間にすでに経験したことを何度も何度も繰り返すことを強制し、職人的技能（craftsmanship）の鍛錬によって自己を修養するという欲望を潜在的に麻痺させたのだ。……特にアメリカでは、機械が腐敗の種を蒔いた。人間の価値はこの国の歴史の早い時期に消え去ってしまった。[*85]

この一節において「手によって作られたもの」は機械に対立するイメージとして現れ、賞賛されている。このようなローゼンフェルドの議論は特別目新しいものではないが、スティーグリッツ・サークルにおける有機的芸術と機械の関係についての集合的なイメージを最も的確に要約しているといえるだろう。彼は、「一世紀半のあいだ、機械の競争は人間を奴隷にし、人間の経験を貧しいものとした」ときわめて批判的に機械を捉え、「人間の手の温かみ」が抑圧されていることを嘆いたのだ。[*86]

ローゼンフェルドの著作において、接触＝触覚のイメージが現れるのは、アメリカの現代社会を批判する箇所においてである。彼はアメリカ人は物に触れることを知らないと批判する。「アメリカ人は世界のことなど何も考えることなしに、土や木や水に触れてきたのだ。彼らは自分たちのことと、直接自分たちの股から出てきた子どもたちという非常に小さいことしか考えていない」[*87]。真に触れるという行為は、物理的な接触を越え、物質に宿る生命に呼びかけるようなものでなくてはならない。同書の別の箇所で彼は物質における魂を生気論的な比喩で語り、魂の内側からの物質への接触が、その魂が血液による循環のようなものによって全体に行き渡るまで行われると述べている。[*88]このような物質との接触についての生気論的な理解は、本章において検討したマックス・ウェーバーの物質認識と通じるものがある。両者にとって、ものに触れるという日常的でささやかな経験は常に宇宙というマクロコスモスと対応しているのだ。「土や木や水」に触れることで宇宙を感じることは、フランクとウェーバーにとって物質に内在する触覚的な脈動を感じ取ることと同一のことなのである。

ローゼンフェルドは、触覚的「真実」を十全に理解した芸術家としてスティーグリッツを特別に称揚している。写真を機械的なイメージから遠ざける努力は、彼の評論において一つの極点を迎える。ローゼンフェルドは「彼はレンズを人間の皮膚に近づけ、すねの毛穴や細かい毛、脈打つ血管、上唇の湿り気を写した」と述べ、写真家と被写体のあいだに介在する人工物であるレンズを、身体にまとわりつくようなものとして描きだす。[*89]ローゼンフェルドはスティーグリッツがいかに人間の身体のすべての部位と真剣に向かい合っているかを強調する。そのため、スティーグリッツの一つ一つの写真を念頭に置いたような、身体の細部が列挙されることになる。「女性の身体のすべての部分、顔や手、後頭部だけでなく、素足やストッキングをつけた足、それに靴をはいた足、耳や鼻腔、胸や腹、腿や尻、へそ、腋の下、首や胸の皮膚の下にある骨」[*90]。ローゼンフェルドは、スティーグリッツのこのような具体的な身体の細部への注意が「人間の暗くぬれた中枢（the dark wet quick in man）」を照らし出すと、D・H・ロレンスの語彙である「中枢（quick）」という言葉を用いながら説明しているのだ[*91]。

スティーグリッツの写真は「生のあらゆる現前に対する情熱」で満ちているとローゼンフェルドは続け、写真家の事物との関わりおよび写真家とそれを鑑賞する者の関係を、距離を排した直接的で霊的なつながりとして描写している。そのような印象は、その作品の被写体に対する関係を形容するのに使われている“stretch”，“grasp”，“reach”といった触覚を喚起する英語の動詞によって強められている[*92]。『ニューヨークの港』に先立ちアメリカの伝統ある文芸誌『ダイアル』に掲載されたスティーグリッツ論において、彼はスティーグリッツの「非常にセンシティブな人間の経験の記録」は「とても生き生きとしてかつ繊細なので、それを見る人はそれらの作品に触れたくなる」と述べて、スティーグリッツの作品における事物に内在する触覚的なものへの感性を表現している[*93]。

この「触覚的なものへの感性」こそが、スティーグリッツの芸術の核である。スティーグリッツは身体の触覚的イメージを「機械的な」媒体によって表現することで現代の人間への機械の支配を克服した、とローゼンフェルドは主張する。ショーと同様、ローゼンフェルドはメディアが機械であるかどうかではなく、人間がそれを機械的に使うか非機械的に使うかということを問題にしていたのであり、そのことは「新しい道具の機械的な使用」が「人間の精神を損なってきた」という彼の主張とつながる[*94]。ローゼンフェルドの意見では、スティーグリッツの写真芸術はアメリカにおける機械と人間の関係を機械の「非機械的な使用」によって逆転させたのである。そして、この「非機械的な使用」を可能にするのが触覚的感性であるというわけだ。このようなロジックに従って、ローゼンフェルドは「手」の領域を拡充することになる。「彼の機械を通じて、スティーグリッツは手が描くことができるものよりも桁違いに繊細なものを作り出すことができた」という主張は「手」と「機械」の領域の分断線を揺るがすのであり、このような「繊細さ」の再分配こそがスティーグリッツ・サークル全体の美学的革命の要諦であったのだ。[*95]「彼の機械」と称される写真機は、「アメリカの機械的な人びと」が失っていた物質の触覚性をよみがえらせたのである。[*96]これに呼応して、写真家の身体は生命的なトポスとなる。「生命は彼の身体の表皮の上に、常に十全に現れるのである」。[*97]「生命」はしたがって、隠された内面的本質ではなく触れられる表皮としてあるのであり、ここには内面と表層という二項対立への抵抗が示されている。ローゼンフェルドは、スティーグリッツの写真を「生の哲学」として捉えているのである。[*98]

スティーグリッツを精神的な支柱としながら「生命」の表現の方法を刷新しようとしていたラディカルなニューヨークの芸術家たちにとって、写真は複製を可能とする機械ではなく、人間の「手」になる芸術を可能とする道具でなくてはならなかった。「手」は、いわばその一点をして写真機という機械を有機体たらしめる重要な要素であり、スティーグリッツ・サークルの集団的な神話形成の核となるようなトポスであったのだ。フランクとローゼンフェルドは、批評を通じてこのような触覚をめぐる言説の集合的な価値の形成に貢献したのである。

ウィリアムズと『アメリカの土壌に根ざして』

フランクとローゼンフェルドのスティーグリッツ芸術に対する意見は、この写真家の身体を強調した一連の作品群を注意深く検討することなしに理解されることはない。しかしこれらの写真群を検討する前に、スティーグリッツ・サークルの集合的な触覚言説へのいま一人の貢献者であるウィリアム・カーロス・ウィリアムズの著作を考察しておきたい。「ほとんど画家になりかけた」詩人であると自らを定義するウィリアムズは単に視覚芸術に興味を持っていたというにとどまらず、モダニズム芸術に対して深い理解を持っていた。[*99] 特に、セザンヌやジョルジュ・ブラック、フアン・グリスのようなキュビズム画家たちは彼の芸術観に影響を与え、チャールズ・デムスやチャールズ・シーラーなどの画家たちとの交友と共に、彼の詩学を形成するのに貢献した。芸術や芸術家についてのエッセイを残したほか、彼は古典や現代の絵画についての詩を生涯にわたって作り続けたし、伝記によれば、彼は詩集を出版した後でも画家になるか詩人になるかで逡巡していたのである。[*100] ウィリアムズはニュージャージー州ラザフォードの医者として忙しく働きながらも、時折フェリーに乗ってマンハッタンに行き、スティーグリッツのギャラリーを訪れた。彼はギャラリーを訪れる多くの人びとと芸術観を共有していると感じていた。ウィリアムズとスティーグリッツ・サークルの関係について優れた先駆的著作を書いたブラム・ディークストラは、ウィリアムズはスティーグリッツの周囲にいる芸術家たちと非常によく似ている言語で語っていた、と述べている。[*101] フランクやローゼンフェルドと同様、彼にとって触覚はただ単に身体の一感覚ではなく、直接的に芸術の問題、およびアメリカという国家の定義と関わっていた。[*102] 彼の著作の中でも、触覚言説は彼がスティーグリッツと最も近しい関係の時に書かれたアメリカの神話や歴史についての書物である『アメリカの土壌に根ざして』(邦題は『代表的アメリカ人』)(一九二五)にもっとも顕著な形で現れている。

『アメリカの土壌に根ざして』は、グリーンランドの「赤毛のエリック」からエイブラハム・リンカーンまでのアメリカ国家の形成にかかわる「英雄たち」を叙述しているが、初期の歴史に重点があるのが特徴で、コロンブスを起源とするような白人中心主義やピルグリム・ファーザーズを起源とするようなピューリタン的なアメリカ史観とは全く異なるユニークな歴史書である。この書物を書くために、ウィリアムズは一九二三年の夏から一年間の休暇をとり、その年の終わりまでを「ニューヨーク公共図書館のアメリカ史室における」原典の調査にあてたのだった。[103] 十分な調査を終えたと感じたあと、彼は妻と共にヨーロッパへと渡り、一九二四年の前半を使って本のほとんどを書き終えた。彼はさまざまな歴史的資料の原典を引用して本の中に取り込み、モダニズム的なスタイルによって断片の集合としての歴史書を書きあげた。手紙の中でウィリアムズは「各章を原典に密接に関連したスタイルによって、あるいは少なくとも資料に適しているように思われるスタイルによって書くことを心掛けた」と説明しており、この書物を「文体の練習」と見なしている。[104] もっともこのことは、ウィリアムズにとって書物の内容はあまり重要ではないということを意味しているわけではない。実際、この作品は彼のアメリカ、歴史、暴力、それに女性についての彼個人の見解を深く反映しているのである。

　この書物を通して、ウィリアムズは触覚への感性や自然の土地との直接的な「接触」（ウィリアムズはこれを“touch”や“contact”といった語彙を用いて表現する）の重要性を強調し、アメリカにおけるピューリタニズムの支配的な伝統を嘆いている。この伝統は彼の見解では、触覚や接触的経験を抑圧し続けてきたのである。彼は、「荒野へのぼくたちの抵抗は、強すぎました。その結果ぼくたちは、反‐アメリカで、反‐文学です。獰猛な「ピューリタニズム」として、それはまだ息をしています」と述べている。[105] アメリカ人たちはあまりにも機械的にピューリタンのドグマである生の「純粋さ」を信奉したために、直接的な接触に「恐怖」や「怖れ」を感じるようになったのだとウィリアムズは主張する。「ここでは、恐怖心のために、直接的な接触は存在しない。すべては冷たく、ちっぽけで慎重深い――隠れた部分以外は[106]」。そして、このようなアメリカ人の接触恐怖は、彼らを「見る」ことに集中させる。彼らは、「けっして十分に所有せず見るだけになる」のである。[107] この大文字化された「見る(SEE)」が示すように、見ることと触れることの対立はウィリアムズの知覚についての議論を構成するだけではなく、アレゴリカルに社会、芸術、文学を理解するための二つの様式を代表する。ウィリアムズの歴史的アプローチはすでに検討したフランクやローゼンフェルドの方法とは異なるが、アメリカ人が歴史的に機械とピューリタニズムに密接な関係があり、それが彼らを接触の真の経験から疎外してきたと考えている点では同じである。

ウィリアムズがアメリカの歴史と触覚／視覚の二元論をどのように結び付けているかを具体的に見てみよう。「セバスチャン・ラル神父」の章において、ウィリアムズは一七世紀のニューイングランド地方で活動していたイギリス人とフランス人の宣教師の違いを描き出している。その時期において、イエズス会に率いられたフランスの領土は北アメリカの北東部の中でも北側を占め、イギリスのピューリタンたちは南側の地域を支配していた。この対立する領域のあいだで、二つの宗派の狭間に立たされた「インディアンたち」はイギリスとフランスの宣教師の異なる態度を見ることが出来た。ウィリアムズは、イギリスから来たピューリタンは「インディアンたち」の生活そのものを理解しようという態度に欠けていた、としている。彼らはピューリタニズムのカトリックに対する優位を説明することはできるものの、「インディアンたち」に「触れる」ことを怖れているので、彼らの感謝のしるしである握手やキスを受け容れることが出来ない。ウィリアムズはこのような態度に批判的である。「これはとても醜い。そしてこれが存続してきたのです。さわることへの恐怖！[108]」。

これとは対照的に、ウィリアムズはフランス人のイエズス会の宣教師であったセバスチャン・ラル神父（Père Sebastian Rasles 1657–1724）の行動を好意的に記述している。ラルは、アメリカにおける仏領ニュー・フランスのうち、ケベックとイリノイにおいて現地人の統括を行っていた。ウィリアムズはラル神父を、勇敢で率直な、生の肯定者として描き出し、そして、彼を「南の隣人より深く新世界に触れた」と評している。[109]当然、「南の隣人」というのはイギリスのピューリタンたちを指している。ウィリアムズはアブナキ族と衣食を共にし、苦楽を分かちあったラルのことを次のように記述している。「ラルは、一六八九年一〇月一三日から一七二三年一〇月一二日まで三四年間、愛する蛮人たちのあいだで暮らし、その美質を蜜のように引き出し、毎日かれらに触れました[110]」。このように、フランス人宣教師ラルの生への肯定的なかかわりが触覚的な理解として賞賛されているのである。二人の宣教師を対照的に描き出すことによって、ウィリアムズはイギリス連邦の触覚へのピューリタン的な恐怖の問題を照らし出しているのだ。

しかしながら、プロテスタントがアメリカの主流となり、それ以来「インディアン」との直接的な接触は失われた、とウィリアムズは論じている。「接触の欠如から、信仰の欠如へ。個人はいっそう価値観を失い、地方の政府は権威を失います。頭脳はますます分離する。そして、ついに中枢までやられます。――プロテスタントの天国のように、まったく非人間化されるのです。すべてが連邦主義化され、あらゆる法は本質において禁止的なものとなります」[*111]。このように、他者を身体的に理解する代わりに、アメリカの身体は非人間的で抑圧的な法律に支配されていたのである。「インディアンたち」は身体的に制圧され、厳しい法律に従わされることになった。ウィリアムズは次のように言う。「歴史は、ぼくたちにとって殺人と奴隷狩りで始まった。発見ではない」[*112]。もちろん、これは当時支配的であった、コロンブスのアメリカ大陸「発見」より始まるピューリタン中心主義的な歴史観へのアンチテーゼである。『アメリカの土壌に根ざして』においてウィリアムズは「インディアン」に押し付けられた非人間的で差別的なピューリタニズムを批判し、このアメリカの歴史の否定的側面がこの国家における他者への触覚的理解の欠如につながっていると主張している。つまり、ここでウィリアムズは触覚的な感性の欠如を歴史的なものとして考えているのである。そして、このことは国家の集合的な性意識とも関係する。国家の禁欲的なピューリタニズムのために、アメリカにおいてセックスは厳しく抑圧されてきたが、ウィリアムズはそのような抑圧に対して、歴史という一見すると迂遠に見える方法によって戦いを挑んでいるのである。フレデリック・J・ホフマンは、一九四九年という早い時点において、こうしたアメリカにおいて抑圧されたものの歴史的な回帰を指摘している。すなわち、一九二〇年代の反ピューリタニズムはアメリカ化されたフロイトの「抑圧」とその「回帰」という考えに結びついていたと論じ、「自然的衝動の完全で、健全で、原始的な表出を邪魔するいかなる力も悪である」という考え方の広まりを紹介している。[113] 一九二〇年代の他の若き知識人たちと同様に、ウィリアムズは抑圧を「アメリカの病」であるとみなし、他者との性的な接触の欠如が国家の触覚的感性の欠如につながったと主張している。

「ジャカタカ（Jacataqua）」という章において、彼はアブナキ（Abenaki）族のジャカタカという、フランス人と「インディアン」双方の血をひいた王女を讃えている。ウィリアムズにとって、混血の王女の美しさは、非ピューリタン的なアメリカの身体的大らかさを代表し、体現するものである。彼はそのような女性との出会いの喪失が、アメリカ人の身体的な美しさへの感受性を麻痺させ、アメリカ人を集合的な「純潔性」の理想化へと導いたと言う。というのも、ウィリアムズは、アメリカにおいて未婚の女子の処女喪失は「すべてを意味する」と皮肉をこめて主張する。とういうのも、「純粋さ」と処女性はアメリカにおいて等価であるからだ。[114] 触覚の価値を強調することによって、彼はピューリタン的なアメリカの処女崇拝を破壊しようとしている。

もちろん、このようなウィリアムズの主張は臆面もなく性差別主義的であって、彼の「原始性」や「直接性」は「純粋な女性」という異性愛的ファンタジーと結びついているのは明らかである。そのうえ、「インディアン」はラル神父のような「偉大なる男」によって親密な「接触」を受け取るべき受動的な存在としてテクストにおいて女性化されている。[115] ホモソーシャルなスティーグリッツ・サークルにおいてさえ、そのような性差別や人種主義はまれであった。しかし、アメリカを女性として人格化することも、始原的なものを女性化することもアメリカのモダニストたちのさまざまな作品中のテクストやイメージに見られるものである。ウィリアムズは彼らと同様に、女性の性を国家の問題と結びつけ、アメリカの芸術の解放は触覚によってアメリカの女性のセクシュアリティをいかにして解放するかという問題に関わっていると考えていた。

ウィリアムズは、機械は触覚的感性に対して有害であるという考えを他のスティーグリッツ・サークルの芸術家たちと共有していた。アメリカ人は他人と接触を持つよりも、機械とつながろうとしたがると彼は主張する。[116] アメリカ人を機械の発明や生産に駆り立てたのは「恐怖」心であり、それこそが「感情をはく奪」し「触覚とモノの隔たり」を広げた。そして、「機械は時間を節約するためというよりは、生き生きとした接触に恐れを感じるような権威を守るために存在した」とウィリアムズは主張している。[*117] このようにして、ウィリアムズの中で、アメリカにおける機械中心主義とピューリタニズムの伝統は結びつく。すなわち両者とも接触を回避するためのものとして機能するのだ。接触への恐怖はアメリカの生や「法」の本質であり、それはより効率的な機械への投資を動機づけてきた。その結果、触れることの経験は日常生活から消失した。「ぼくたちの生は、ぼくたちをばらばらにし、科学と発明に向かわせる——接触から離れて。もし触れるとして、僕たちの種族は、フットボールの粗い感覚しか知らない」。[*108] ウィリアムズがジャズとピューリタンには「何かしら近いところ」があると主張するとき、彼の主張は転覆を意図したものとなっていることは明らかである。ジャズとピューリタニズムという一般には全く結びつかない二つのものは、ウィリアムズにとっては「どちらも実に素朴さから、そして接触から乖離している」という点で共通しているのである。[*119] ウィリアムズは、伝統的なピューリタニズムと新しい音楽ジャンルであるジャズの差異は、接触の拒絶という両者の共通項ほどには重要なものではないと考えたのである。このような議論の流れの中で彼がアメリカ人の反触覚的感性を非難するとき、彼の怒りは読むものに力強く迫ってくる。彼の詩の目的は明確であり、それは事物の手触りを再生することである。「現代人たちよ！」と彼は『春とすべて』(一九二三) の冒頭近くで叫んでいる。「君たちが達成しようとしているのは詩の死である」。[*120] ウィリアムズは、真に詩的なものは事物や人間の身体の触覚性を読者にもたらすものと信じていたのであり、そのような詩を彼の革命的な形式のうちに吹き込んだのである。

このような思想の中には、第一章で辿ったD・H・ロレンスの主張と驚くほど共通する点を見いだせる。すでに述べたように、スティーグリッツ・サークルのほとんどのメンバーは直接的にか間接的にかを問わず、ロレンスから影響を受けていた。しかし、『アメリカの土壌に根ざして』において、ウィリアムズが「機械」、「怖れ」、「触覚」といった言葉をロレンスと全く同じように用いていることは特筆すべきことだろう。実際、ロレンスの作品、とりわけ『アメリカ古典文学研究』のウィリアムズの『アメリカの土壌に根ざして』への潜在的な影響を指摘する論者は存在する。一九五九年の論文において、ドナルド・デヴィーは原典資料からの引用を語りに「混入する」ウィリアムズのスタイルを分析し、「ほぼ確実に、彼はこれをロレンスの『アメリカ古典文学研究』から学んだと思われる」と主張している。[*121]「セバスチャン・ラル神父」の章から、ピューリタンの接触への恐れを描き出したパッセージを引用することによって、デヴィーは作品中に「ロレンス的アイディア」や「ロレンス的語彙」があることを具体的に論証し、「触れる」こと、あえてその親密さに踏み込む気構えといったものはウィリアムズがラルについて主張することのすべての基礎となっている」と述べている。[*122]もちろん、この「基礎」にロレンスが関与しているということである。トマス・R・ウィタカーやブルース・クラークのような後の批評家たちもデヴィーに賛同し、同様に『アメリカの土壌に根ざして』にロレンスの影を見出している。[*123]もっとも、ウィリアムズがロレンスの語彙を意識的に用いたのかどうかという点について明らかにしたものは誰もいないし、もちろん、そのような「ロレンス的語彙」への依存はウィリアムズの作品のユニークさを損なっているわけではない。ともあれ、これら二人の一九二〇年代の作家たちは同じ含意をもって触覚言説を使っていたということは言えるだろうし、言説史的観点からすればそのような同時代性が確認されれば十分である。

ロレンスの方がウィリアムズの『アメリカの土壌に根ざして』をどう思っていたのかということは、実は明らかになっている。というのも、ロレンスはこの本について、雑誌『ネイション』の一九二六年の四月号に「アメリカの英雄たち」という題で書評を書いているからである。そこにおいてロレンスは、ウィリアムズはアメリカを「国家」としてではなく、固有のルーツを持った一つの「地域」として描き出していると正しく指摘している。実際、全体の三分の二ほどを国家の独立以前の記述に割いているウィリアムズの『アメリカの土壌に根ざして』は、ピューリタン的伝統と政治的権力を持つアングロ・サクソンによって作られた「アメリカ合衆国」という国家を徹底して相対化するものである。しかし、われわれの議論においてもっとも注目すべき点は、書評者であるロレンスが、ウィリアムズの著作における触覚の強調に気付いているということである。

アメリカ的になるのに二つの方法がある。ウィリアムズ氏によると、主たる方法は一人ひとりが委縮してちっぽけな、無感覚なものになり、姑息にも恐怖のあまり逆上して偉大なる大陸を破壊することである。それは清教徒のやり方である。もう一つの方法は接触による方法である。あるがままのアメリカに触れてみよ。勇気を出して触れてみよ。これは英雄的なやり方である。

そして目には見えないアメリカに五感でじかに触れるということこそ、新世界における真に大いなる冒険となるであろう。ウィリアムズ氏の著書には彼の冒険が載っており、だからそれはわたしには魅力のある本なのである。*124

この一節は、「反触覚的なピューリタニズム」対「非ピューリタン的な触覚性」というウィリアムズの二分法をロレンスが把握していたことをはっきり示している。ロレンスは、ウィリアムズがアメリカの歴史を書きかえることによって、そのもっとも本質的な基底に触れようとしていることを理解していた。一九二〇年に『ニュー・レパブリック』に掲載したエッセイの中で、ロレンスはアメリカの読者に対してヨーロッパの伝統や文化から独立することを呼びかけていたことは注目に値する。「アメリカ人たちは、インディアン、アステカ人、マヤ人、インカ人が置いていった場所で生を拾い上げなければならない」[*125]。ロレンスはこのようにアメリカの古代文明とのつながりを模索することの重要性を強調しており、まさにそのような企てとしての歴史書である『アメリカの土壌に根ざして』を読んだときに、自らが呼びかけたものの実現を見出したのだろう。したがって、彼は、「ウィリアムズ氏がこの書物を書いたことについては感謝あるのみである」と書いているのである[*126]。ウィリアムズは、一九一八年の『地獄のコーラ――即興』においてすでに古代アメリカに対する関心を示しているので、彼が実際にロレンスの呼びかけに応えて『アメリカの土壌に根ざして』を書いたとは言えないが、彼がこのアメリカ史を書きかえるプロジェクトにとりかかったとき、彼は自分の仕事がロレンスのアメリカの原始世界への関心と共通するところがあることには自覚的であったかもしれない。

ウィリアムズは、この作品の中でスティーグリッツやその他の同時代の芸術家たちにまったく言及していない。しかし、われわれの見てきたように、彼は歴史に対する神話的な介入および触覚言説によって、現代アメリカの産業主義に対するスティーグリッツ・サークルの集合的な批判の声に加わっていた。ウィリアムズの自伝によれば、スティーグリッツは『アメリカの土壌に根ざして』に感銘を受け、「それについて情熱的に手紙を書いてきた」。ウィリアムズはさらに、スティーグリッツは「ギャラリーをマディソン街に移したときに、この書物から名前をもらったのだとさえ言った」と報告している[*127]。ここでのギャラリーとは、「アメリカン・プレイス」のことを指している。スティーグリッツが、ウィリアムズの『アメリカの土壌に根ざして』と自分の写真作品のあいだにどの程度並行性を見出していたかは分からない。しかし、ウィリアムズのほうはそれを認識していた。一九三四年にドロシー・ノーマンの編集で出版された、スティーグリッツの業績を讃えるアンソロジー、『アメリカとアルフレッド・スティーグリッツ』において、ウィリアムズは「アメリカの背景」というエッセイを書いている[*128]。スティーグリッツ生涯の業績をさまざまな角度から検討する他のエッセイと異なり、ウィリアムズのエッセイは一見してスティーグリッツに関連しているようには見えない。二四ページのエッセイの中で、ウィリアムズがスティーグリッツに言及しているのは最後の二段落のみである。他の部分において、彼は『アメリカの土壌に根ざして』で用いたスタイルを再び用いて、トマス・ジェファソン、アンドリュー・ジャクソンのようなアメリカ国家の「英雄たち」ならびにポーやエマーソンのような代表的なアメリカ人作家たちを描き出している。ウィリアムズが、このような歴史叙述の最後にスティーグリッツを置いている意図は明らかである。彼は、スティーグリッツがアメリカの触覚的感性の伝統の大いなる継承者であるということを、『アメリカの土壌に根ざして』の語りを反復しながら示したのである。

ウィリアムズのスタイルや方法は、フランクやローゼンフェルドのものとは異なっているが、三者は有機的な社会への情熱とそれに結び付けられた触覚言説を共有していた。加えて、彼ら三人は、アメリカにおける現代技術の触覚的感性への影響への真摯な不安感を共有していた。女性の身体を写したスティーグリッツの写真と、技術、触覚、モダニティに関するこれら同時代の書物は互いに影響を与え合っていたのだ。次のセクションでは、一九一〇年代後半と一九二〇年代前半のスティーグリッツの写真が、フランク、ローゼンフェルド、ウィリアムズの触覚言説といかに響き合っているかを見ていき、スティーグリッツ・サークルがこの時期に作り上げたイメージと言語の間のさまざまな照応を触覚がどのように、そしてどの程度媒介したのかを検証する。

五　スティーグリッツの写真における「女性的なもの」と「原始的なもの」

スティーグリッツによるオキーフの写真

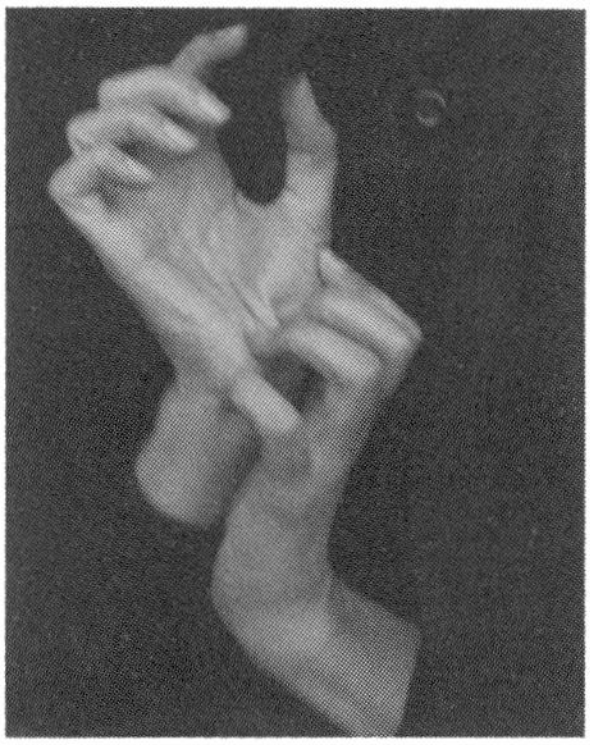

図 2-9　アルフレッド・スティーグリッツ《ジョージア・オキーフ——手》, 1918.

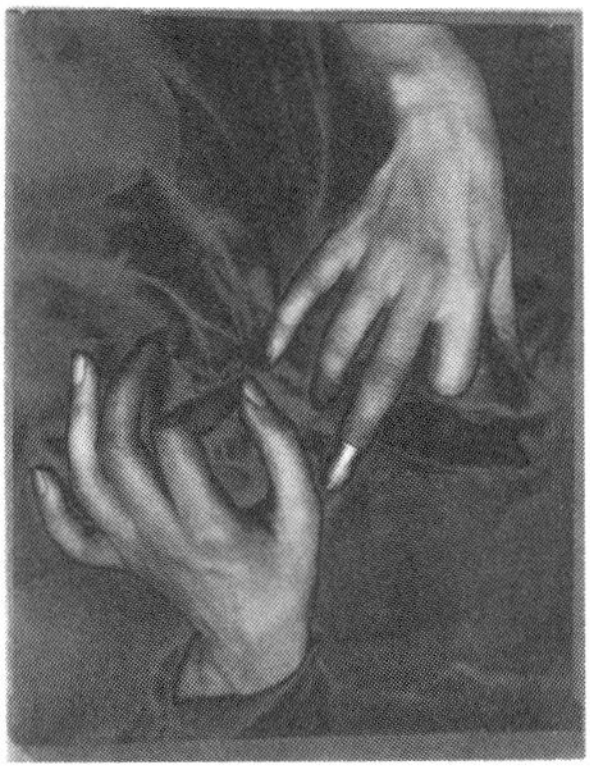

図 2-10　アルフレッド・スティーグリッツ《手と指ぬき》, 1922.

フランクとローゼンフェルドによって言及される触覚的身体性が、スティーグリッツのどの作品に見られるかは明らかにされていない。しかしこれがオキーフを被写体とした作品への言及であることは推測できる。当時すでに既婚者であったが順調とは言えない結婚生活を送っていたスティーグリッツは一九一六年にオキーフと知り合い、すぐに恋に落ちたのだった。[*129] 一九二〇年前後のオキーフを被写体とするスティーグリッツの写真において、触覚的なものはきわめて明示的に表象されるようになった。

一九一六年にオキーフに出会うまで、スティーグリッツは主として変貌しつつあるニューヨークの都市風景を撮影していた。多くの作品は摩天楼によって空中に引かれる人工的な直線と、木や馬などによって形成される曲線との織り成すコントラストによって構成されており、それらの組み合わせによって二〇世紀初頭ニューヨークの都市風景を描き出していたのである。この時期に彼が撮った肖像写真は、胸より上を撮った伝統的な人物像のイメージに限定されていた。しかし、オキーフの出現はスティーグリッツの作品に「身体」という新たな主題を導入した。すでにローゼンフェルドの著作を通じて見たとおり、スティーグリッツは、彼女の身体の輪郭に女性の身体の多様性や潜在性を見出したのである。[*130] さまざまな表情を見せるオキーフの「手」はと

図2-11　アルフレッド・スティーグリッツ《手とブドウ》, 1921.

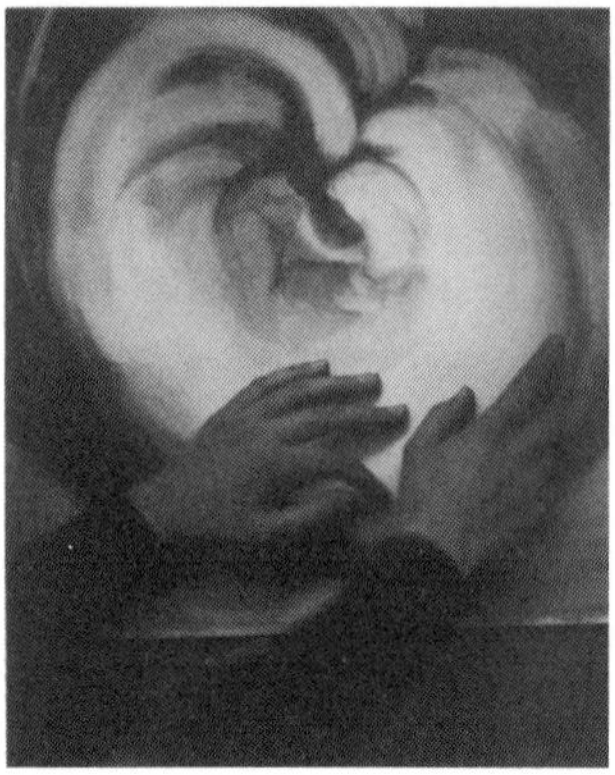

図2-12　アルフレッド・スティーグリッツ《291のオキーフ》, 1917.

りわけ、スティーグリッツ・サークルがそれまで観念的に追求してきた有機的理想を具現するものであった（図2-9、図2-10）。ローゼンフェルドの記述を引くならば、スティーグリッツは「縫い物をする手、とっさに胸に手をやる仕草、りんごをむく手の動きといった、一見するとあまり重要でない手の動作を捉えたのだ」。[*131]「手」の動きというこの上なくありふれていて日常的なものを、スティーグリッツはオキーフの身体を通じて発見したのだ。アーサー・ダヴへの手紙に、スティーグリッツは「オキーフは私にとって常に驚きの源だ——自然そのもののように」と書いている。[*132] スティーグリッツ・サークルはオキーフの身体において彼らの理念が具体化されるという「奇跡」を見出したのである。

一九二一年の写真において葡萄をつかむオキーフの手は、人間の手の自然界との調和を強調している（図2-11）。このようなモノとモノのコントラストよりは連続性を強調したイメージはそれ以前のスティーグリッツの作品には見られなかったものである。スティーグリッツが一九二〇年前後に撮った多くの写真によってオキーフの身体はほとんど「自然」や「本質」と同義であるような象徴性を担うようになった。そして画家としてのオキーフが生み出すものもまた「自然」の一部と考えられたのである。彼女の絵画作品はきわめてモダニスティックな狙いや抽象性を含むものであっても、大いなる彼女の身体を通じて「自然に」産み出された、いわば身体の延長のようなものとして捉えられた。オキーフを撮ったスティーグリッツの作品のなかでも初期のものの一つである《291のオキーフ》は、彼女の手が彼女の作品である《青 - I》に描かれたスパイラルの形に触れているさまを写しており、彼女の作品と身体の連続性を示している（図2 - 12）。アン・プレンティス・ワグナーはこの絵画に言及しながら「この画布への指による接触は、肉体の触れ合いによる感情的な興奮と同質のものだ」と述べているが、彼女の接触的な身体は、身体一般の真実であり芸術一般の真実でもあるようなところまで象徴化されたのである。[*133]

彼女の肖像写真においても、手は重要な働きをしている。たとえば、一九一八年のオキーフのポートレートにおいてフォーカスは彼女の指に当てられ、彼女の目は視線の定まらない様子で虚空に向けられている（図2 - 13）。スティーグリッツ・サークルの芸術家たちが「霊的な触覚性」と呼んだものは、スティーグリッツの一九〇二年の写真である《人間の手》に見られるように不可視のものであったが、ジョージア・オキーフの身体を通じて具現化されたのである。一九二四年に書かれたシャーウッド・アンダーソンに宛てた手紙の中で、スティーグリッツは「私は生きている霊魂のことも「死んでいる」霊魂のこともすべて知っている。一つ一つの瞬間が輝きを持ち――痛みを持っている。そのようなものの幾ばくかを写真によって捉えることができたなら、それこそが私が望みうる「触覚性」のすべてである」と書いている。[*134] スティーグリッツのコメントは、触覚性と霊性のあいだの密接な関係を示しており、ウェーバーやウィリ

図2-13　アルフレッド・スティーグリッツ《ジョージア・オキーフ》, 1918.

図2-14　アルフレッド・スティーグリッツ《アーサー・G・ダヴ》，1923.

図2-15　アルフレッド・スティーグリッツ《ウォルドー・フランク》，1920.

アムズのテクストと響きあっている。スティーグリッツは自分の芸術作品は、生死の境界を越えてそれらの両者に存する「魂」を捉えており、それこそが触覚性を体現していると考えていたのだ。アンリ・カルティエ＝ブレッソンに先駆けて、写真は決定的「瞬間」についての芸術であるとスティーグリッツは主張し、その「瞬間」に触覚が宿ると信じていたのである。

　スティーグリッツの身体性への関心は、ジェンダーの点からは中立的なものとは言えない。おそらくここまでの記述ですでに明らかなように「触覚的な霊性」は彼の異性愛的な欲望と関係しているのである。これは、彼のオキーフを写した写真を、彼の男性の肖像写真と比較することで明確になる。アーサー・ダヴやウォルドー・フランクを写した写真では、男たちの目はまっすぐカメラのレンズの側に向けられ、彼らがどのような「人物」なのかを雄弁に語っている（図2-14、図2-15）。ここには、目は心の窓であるという古典的な信念が息づいている。明らかに、写真家は彼らの身体ではなく、彼らの人間性に興味があるのだ。一方、オキーフの「手」を代表とする彼の女性を被写体とした写真は、彼女たちのパーソナリティについて語っているというよりは、より抽象的な非個人的な身体について語っており、彼女たちの視線はしばしば焦点が定まらず、夢見るように空中に投げられている。

明らかに、スティーグリッツの写真では、目ではなく手が、視覚ではなく触覚が女性性と結びついているのだ。オキーフの目が彼らの方に向けられている稀なケースにおいても、彼女の手はやはり目と同じ程度に雄弁である。たとえば、一九一八年の彼女のクロースアップの写真において、彼女の手は顔の一部を覆い、写真全体のイメージに間違いなく大きな影響を与えている（図2-16）。

図2-16　アルフレッド・スティーグリッツ《ジョージア・オキーフ》, 1918.

ルイス・マンフォードはスティーグリッツの写真に宿る本質的にセクシャルな性質を読み取り、それを通じて「触覚的な価値」を発見すると共に、その「価値」を「写真を通じて強めた」として彼を評価している。[*135] マンフォードはスティーグリッツが女性の身体を撮るとき、彼のカメラは彼の身体の延長となり、写真を撮るという行為は被写体とのセクシャルな交わりとなると述べる。これは単にマンフォードの偏見によるセクシズムではない。というのもスティーグリッツ自身しばしばそのような考えを述べていたからだ。レジーナ・リー・ブレイチックはアメリカにおける大衆化したフロイト的言説にスティーグリッツは感化されており、あらゆる事物や事象を性的な象徴として読み取る傾向があったことを指摘し、スティーグリッツの本質主義を示す次のような言葉を引用している。「女性は男性が感じるのとは違うように世界を感じる……女性は子宮を通じて世界を受容するのだ。それが女性の最も奥深い感情の鎮座する場所である。心はそこまで重要ではない」。[*136] このようにスティーグリッツは、今日からすれば差別的と言ってもいい表現で女性の身体、特に子宮をイメージしているのであり、彼の触覚についての考え方がいかに「女性」を通じて象徴化されていたかを示している。「子宮」という表現は、D・H・ロレンスの場合と同様、彼の再三強調する「生《ライフ》」の価値と対応する象徴性であることは明らかだろう（もっとも『チャタレイ夫人の恋人』についての議論で触れたように、ロレンスは「子宮」を本質化すると同時にそれをコニーの視点から相対化しており、ジェンダーの観点からすればより戦略的な視座を持っていたと考えられる）。

　スティーグリッツに写された男たちの姿が彼らの人格を象徴するとすれば、振り付けをされたかのようにポーズを取ったオキーフの身体は、彼女の個人的な人格という概念そのものを無化し、個的なもののうちに隠された内なる非個性を示唆する。オキーフの痩せた身体のヌード写真に触れながら、ジェイ・ボクナーは、彼女の身体は「あたかもどの一人の女性のものでもなくてもいいかのように、……人格の外にある」と書いている。[*137]スティーグリッツは女性のエロティシズムを身体的な生の「真実」として本質化しているが、彼のオキーフの写真は、しばしば彼女の女性性やセクシュアリティには帰すことのできないような身体の可塑性をさらけ出している。つまり、スティーグリッツの写真はスティーグリッツ自身の述べた「発見」とは別の発見にも開かれているように思われるのだ。ボクナーは、これらのイメージの特徴を典型的なシュルレアリストのイメージである断片化した身体と比較している。[*138]もっともこのような比較については共通点だけでなく差異も強調しておかなければならない。シュルレアリストもスティーグリッツも手という身体の一部のうちに個的なもののうちの非個人的な側面を主題化しているが、シュルレアリストの断片化した身体は、その不自然さによって見る者にショックを与えることが意図されている。それに対して、スティーグリッツによる女性の身体の部分を撮った作品は、それらの自然との潜在的な一体感を示唆している。ローセンフェルドは、「スティーグリッツは（自らの写真を通じて）女性たちの身体のすべての部分の生」を「感じたのだ」と書いている。[*139]スティーグリッツの写真は、女性たちの手をあたかも固有の生命を持っているかのように表象している。オキーフの手を撮ることによって、彼は機械の支配する現代社会において失われていた、自然への直接的な接触を表現しようとしたのである。

スティーグリッツの写真における女性と古代的なものの結びつき

スティーグリッツのスピリチュアルなものへの信仰と「女性的なもの」の本質化は、彼のプリミティブなものへの傾倒を示す作品において最もはっきりと現れる。ジョージア・オキーフの妹であるクローディア・オキーフを写した一九二二年の二つの写真は女性の古代的なものへの「近さ」を表現している（図2-17、図2-18）。どちらの写真も古代の彫像を胸に抱き横たわった女性を写し出し、それらの連続性を強調しているのだ。これらの写真において、触覚的な親密さを強調するためにスティーグリッツは視覚に関わる要素を排除していることに注意しなければならない。最初の写真では彼女の目はしっかりと閉じられており、二つ目の写真は被写体の鼻より下しか写していない。また被写体のクローディアは、ここではまったくカメラを向けられていることを意識していないかのようにリラックスした状態で撮られている。このことは、スティーグリッツが視覚ではなく触覚を強調していることと関係があるだろう。写真という視覚的なメディアを使いながら、スティーグリッツがここで示そうとしているのは身体と事物の目には見えない触覚的コミュニケーションなのだ。クローディア・オキーフの古代の遺物との直接的な接触は女性の身体を超時代的なものとして表現しているが、ここには同時に写真という媒体を目で見るだけでなく身体的に感じ取られるものとして示そうとするスティーグリッツの写真観を読み取ることができるだろう。

これらの写真の特徴は、われわれがすでに言及したクララ・E・シップレルがマックス・ウェーバーを写した写真（図2-4）との比較において明らかになる。シップレルの写真においても同じような小道具が使われているが、写真の中のウェーバーと彫像のあいだには批評的な距離感が存在する。ウェーバーの原始的な彫像に対する視線は古代の事物に対する共感や理解が感じられるが、彼自体は身なりを整えた紳士であり、結局のところ原始的なものの一部には決してなりえない。クローディア・オキーフと原始的な彫像のあいだにはそのような距離は存在しない。

彼女は彫像を見ておらず、それをしっかりと彼女の裸身に抱き寄せている。あたかもそれらは初めから一つであり同一のものなのだ、とスティーグリッツが言っているかのようである。

ここでの「女性的なもの」と「原始的なもの」の結びつきは、同一のモチーフによって撮られた、より有名なマン・レイの作品《黒と白》（一九二六）を思い起こさせる（図2-19）。この中で、レイのパリの恋人であるキキは同様にして瞳を閉じ彼女の左手を原始的な彫像の上に置いている。[*140] この写真とスティーグリッツによるクローディア・オキーフの写真に共通するところは――今日の観点からは政治的に正しくないとしても――、女性的なものは原始的であり、原始的なものは女性的であるというこの時期のモダニストたちによって広く受け入れられていた等式である。しかしながら、レイとスティーグリッツのあいだには明確な差異もまたある。スティーグリッツの写真と比べたとき、レイの写真ははるかに形式主義的であるのだ。女性の顔は古代の顔の彫像と並置されている。レイが視覚的な効果のためにこれらの顔を同一のテーブル上に意図的に並べて「置いた」のは明らかである。この二つの顔の「配置」は身体的であると同時に概念的である。レイは有機的なものと無機的なものを同じ平面上で交錯させるのである。この意味において、レイは異なる事物の「偶然の出会い」を演出するというシュルレアリスムの原則に忠実に従っているのであり、見る者の視覚能力に依存している。それとは対照的に、女性を彫像とともに撮ったスティーグリッツの写真は、見るものに衝撃を与えることを意図されてはいない。クローディア・オキーフのリラックスした体勢の示唆するように、女性の身体と原始的なものとを区別のない連続的なものとして表現したのである。

クローディア・オキーフの胸に抱かれているのはアフリカの彫像であるが、原始的なものという概念はスティーグリッツ・サークルがアメリカ芸術を確立させるために追求してきたホイットマン的理想と対応している。原始的なものへと「回帰する」というモダニストたちによって主導された運動は、機械的社会およびピューリタン的な伝

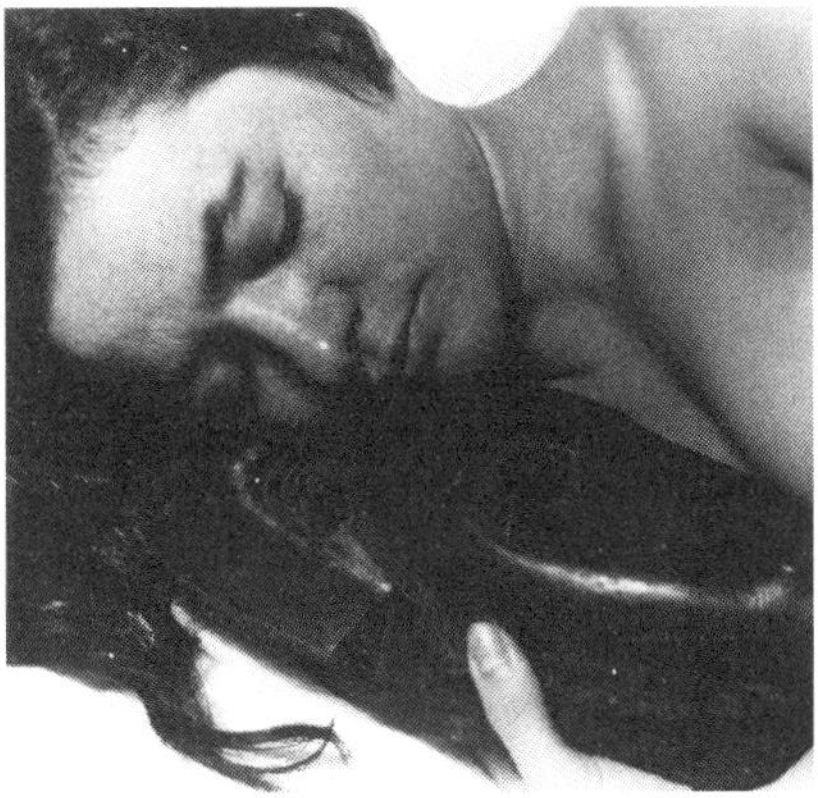

図2-17　アルフレッド・スティーグリッツ《クローディア・オキーフ》, 1922.

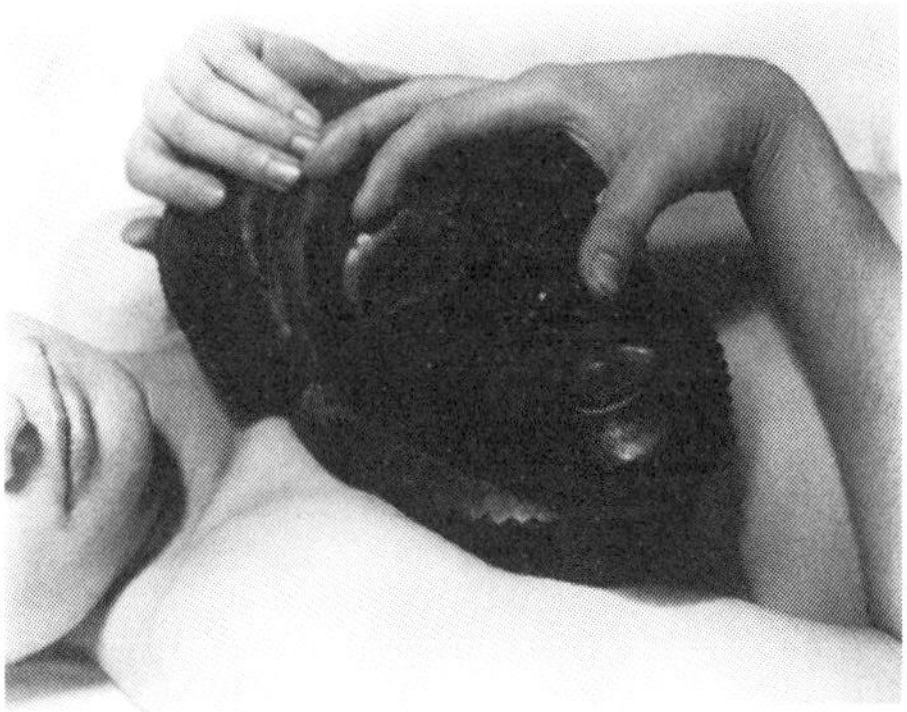

図2-18 アルフレッド・スティーグリッツ《クローディア・オキーフ》, 1922.

図2-19　マン・レイ《黒と白》, 1926.

統と戦う芸術家集団にとって共通の強迫観念であった。スティーグリッツはオキーフをアメリカというよりもアメリカの固有の起源と同一視した。一九二三年九月五日に書かれた『ポート・オブ・ニューヨーク』を執筆中であったポール・ローゼンフェルドへの手紙の中で、スティーグリッツは次のように言っている。

オキーフはアメリカ人だ。マリンもまたそうだ。そして、私も。もちろん、私は「アメリカ人」という言葉を普通よりも広い意味において――普通の意味なるものがあるとして、だが――用いている。もちろん、最終的な分析においては世界全体として考察されなければならない。それは言うまでもないことであり、実に自明なことだ。しかしアメリカはある――いや、アメリカなどないのか？　われわれは、ヨーロッパの売れ残りの安物にすぎないのか？　われわれは「美的なもの」についていかなる勇気も持ちえないのか？[*141]

ここには一見して国粋主義的なアメリカ人の国家肯定の単純な言葉が連ねられているように見える。しかし、「アメリカなどないのか？」という疑問や、そもそも疑いの余地なくアメリカ人であるところのオキーフ、マリン、そして自分自身を「アメリカ人である」とわざわざ言っている点から、スティーグリッツにとってアメリカというものがすでに確立された自明の国家や国民を指す概念ではなく、いまだその指示範囲が模索されているプロジェクトのようなものとして捉えられていることが分かる。この時期のスティーグリッツは、同時代のヨーロッパの芸術に対する情熱を失い、強固なナショナリズムへと傾いて行った。「291」とシンプルにその所在地の番号によって名づけられていた彼のギャラリーは、一九二五年から一九二九年の「インティメイト・ギャラリー」、そして一九二九年から一九四六年の「アメリカン・プレイス」と移転の度に、象徴的な意味づけを帯びるような名称をつけられるようになり、そこでは基本的にはアメリカの芸術家、とくにオキーフ、マリン、ダヴの作品を中心に紹介するようになっていった。[142]アメリカの身体的な具現であるオキーフは、彼がアメリカの国家主義へと転回した主要な理由であった。コナーのいうように、彼の友人たちに対してスティーグリッツは繰り返し「オキーフはアメリカである」と言っていた。[143]伝記によるならば、彼はオキーフが「一度もヨーロッパに行ったことがない」と知って喜んだと言われる。[144]スティーグリッツにとって、オキーフは「あの堕落したフランスの香り」によって汚されていない、純粋なるアメリカ人であったのだ。[145]スティーグリッツは、彼女の裸体はホイットマンが彼の詩において描きだしたような意味においてアメリカの身体であると考えていた。彼女の写真を撮ることは彼にとっては、アメリカの原始的な層に性的な接触をする方法であったのである。[146]

スティーグリッツの最も忠実なる同志であるローゼンフェルドは、おそらく、オキーフの手の写真のうちに存在する心理的なプロセスを理解していたのだろう。彼は、「(スティーグリッツは)自分自身のシンボルを発見したのだ」と書いている。[147]ジャック・デリダの概念を用いるならば、オキーフの手は写真芸術の想像的な身体性への「代補」として機能しているのである。オキーフの手の線やカーブは「有機的な真実」、すなわち写真という基本的に視覚的なメディアにおいて欠けている直接性や原始性を提供している。そして、この「真実」はスティーグリッツの真に「アメリカ的な」芸術の創生のための媒介となって働いているのである。有機的なもの、原始的なものの具現として、オキーフは彼が彼女に会うずっと前から欲していたものを表象する存在となり、彼が実現したいと長く望んでいた写真表現の一種を可能にしたのである。当然ながら、これはスティーグリッツによって定義づけられた女性性の国家的理想との同一視である。スティーグリッツがオキーフを「搾取した」とまでは言えない——オキーフはしばしば彼女のスティーグリッツに対する恩義を示していた——が、彼のオキーフの身体の官能性を強調したアプローチは、たしかにオキーフという存在をエロティックな要素と不当に結び付けたかもしれず、実際、彼女の作品群はしばしば性的な意味を読み込む対象となった。マリリン・ホール・ミッチェルの指摘するように、オキーフの作品について書かれた一九二〇年代のエッセイは、ほとんどがスティーグリッツ・サークルの男性芸術家たちによって書かれたものであったが、必ず彼女の作品における性的なシンボルやその含意について触れている。[*148]ミッチェルは、一九二〇年代のスティーグリッツ・サークルにおける自分と男性芸術家たちの関係について述べたオキーフの回想を引用している。「最初は、男たちは私がまわりにいるのを嫌がりました。彼らは女性芸術家などというものを真剣に考えていなかったのです。私は彼らが話すのを聞いて思ったものです。おやおや、彼らはなんて空想的なんだ、と。私はずっと散文的な感性を持っていましたが、座って話をしている男たちと同じくらいうまく絵を描くことが出来ることを知っていました[*149]」。彼女は、男性の画家や批評家が彼女の「詩的な」感性について話しながら、同じ部屋にいる彼女の存在を無視している、その全体の様子を観察していたのだ。この意味において、オキーフはこの芸術家のコミュニティーの中で中心にあると同時に周縁に位置していたのである。[*150]このエピソードは、男性によって構築された「女性的なもの」の限界を示している。同様に、彼らの「原始的なもの」という概念も決して、彼らの現実生活の一部を成したりはしなかった。スティーグリッツは一度もタオスを訪問しなかったし、彼のサークルの他のメンバーたちは「最もアメリカ的な場所」とローゼンフェルドが呼んだ場所に、ただ一時的に滞在しただけであった。[*151]一方、オキーフは北ニューメキシコで彼女の後半生を過ごした。その環境は彼女の芸術に大きな影響を与えたのだった。彼らはアメリカの原始的な価値を賞賛しはしたが、基本的にはニューヨークのダウンタウンに集うスティーグリッツ・ボーイであり続けたのである。

晩年のスティーグリッツと雲の写真群

このような女性についての集合的ファンタジーは、スティーグリッツ・サークルの触覚についての革命的なヴィジョンに重要な制限を加えることになる。スティーグリッツが触覚的な感性を捉えようとした写真群は、彼のオキーフとの関係の絶頂期に花開いた。一九二二年前後に彼らの関係が冷えはじめてからは、スティーグリッツによるオキーフの写真は急速にその数を減らし始めた。それと入れ替わるかのように、スティーグリッツは雲——自然界において見ることは出来るが触れることの出来ない最も典型的な対象である——の写真を撮り始めた。彼は自然界の事物の抽象的な形態を音楽にたとえ、彼の一九二三年の作品を《空の歌》と題している（図2-20）。「いかにして私は雲の写真を撮るようになったか」というエッセイのなかで、スティーグリッツは、雲という対象について「写真を撮るのが最も難しい——ほとんど不可能だ」と言っている。[*152] 彼は、「自分が四〇年間で写真について学んだことを見出す」ために、この難しい仕事に取り掛かったのだと書き、次のように続けている。「雲を通じて私の生の哲学に形を与えるため、私の写真がその題材、特殊な木や顔、室内装飾、特別な栄誉などによって左右されないことを示すために。雲はすべての人のために存在する——それらにはまだ課税がされていない——自由だ[*153]」。スティーグリッツは、雲は題材として魅力的なだけではなく、彼の民主主義的な理想を示すために適切なものだと信じていた。というのも、それは誰もが見ることが出来るが、誰にも所有したり買ったりすることが出来ないものであるからだ。ウィーランによれば、スティーグリッツは自身の雲の写真について「人類がこれまでいかなるメディアによっても見たことがないものである[*154]」と述べている。写真作品を通じて、スティーグリッツは誰によっても感じられたことのないような雲の一側面を表現しようとしたのだ。

図2-20　アルフレッド・スティーグリッツ《空の歌》, 1923.

　スティーグリッツ自身の雲の写真についての肯定的な意見にもかか

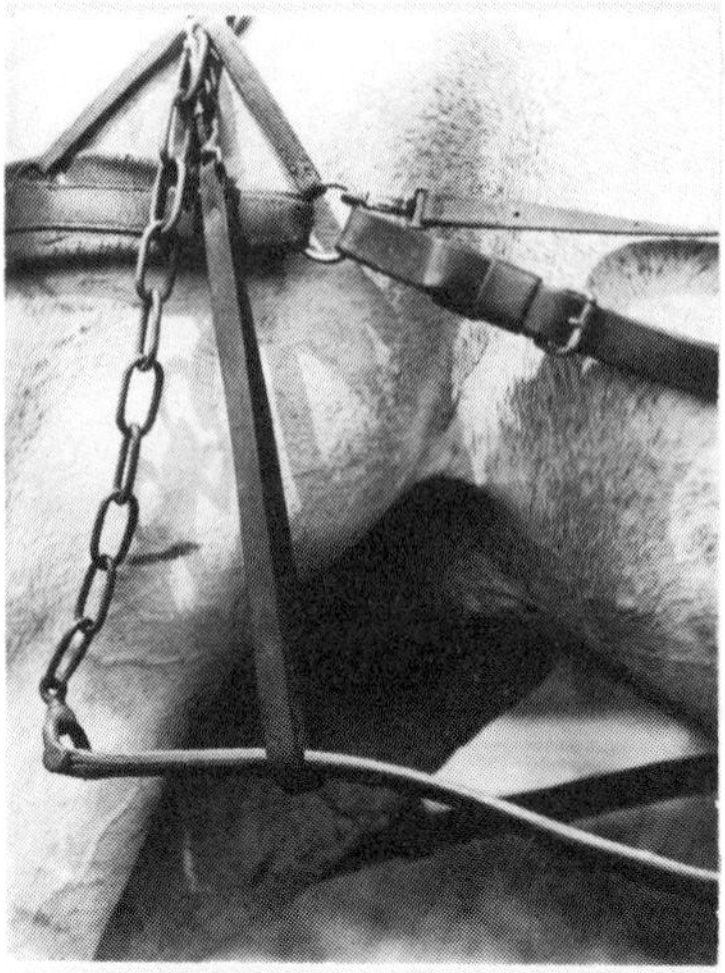

図2-21　アルフレッド・スティーグリッツ《スピリチュアル・アメリカ》, 1923.

わらず、それらを見る者は空虚の感に捉えられずにはおれない。とりわけ、ジョージア・オキーフをモデルとした作品群と比べた時にその感は強まる。「触覚的な親密さ」に代わって、雲の写真群は身体の不在だけでなく、乗り越えがたい距離感を提示している。ボクナーは、後に有名な写真の批評家となるナンシー・ニューホールを引用しながら、スティーグリッツの雲の写真におけるペシミズムを指摘している。ニューホールは、スティーグリッツが彼のギャラリーにおいて次のように呟いていたことを記録している。「これらすべての作品には死が内包されている……。オキーフが私と一緒にいることが出来ないと分かって以来[*155]」。オキーフの本当の死はスティーグリッツの生きている間には起きなかった。彼女はスティーグリッツよりも四〇年も長く生きたのだ。しかし、彼女が「一緒にいることが出来ない」と知って以来、彼の写真は生の有限性を意識したものが多くなった。一九二〇年代の後半から、オキーフは毎年一年の半分をニューメキシコで過ごすようになった。皮肉なことにオキーフがより強くアメリカ南西部の原始的な文化と結びつくにつれ、オキーフをアメリカの具現化されたものとする想像的なヴィジョンは意味を失っていったのである。彼はオキーフを撮り続けたが、一九二三年より後の写真からは触覚的な官能性は永遠に失われてしまった。

　それと呼応して、スティーグリッツの「アメリカ」に対する理想主義的な概念はゆっくりと死んでいった。彼のペシミズムはすでに一九二三年の写真『スピリチュアル・アメリカ』に認められる（図2-21）。この写真はきつく馬具をつけられ、残酷に去勢された馬の身体の一部が写されている。この写真のタイトルに込められた皮肉は意図されたものである。なぜなら、写真はアメリカという非有機的なシステムによって抑圧された有機的なものの価値を描き出しているからだ。ドロシー・ノーマンの記録したこの写真についてのスティーグリッツの言葉によるならば、この写真のアイディアは彼がパリの交差点で見かけた幾頭かの競走馬が「半分勃起したペニスを揺らしていた」のを目撃した時に生まれたということである。彼はノーマンにそのイメージの持つ男性的な生命力に高揚したと告げ、カメラを持参していなかったのを後悔していたという。アメリカの馬のことを考え、彼は「ニューヨークでこのようなことは許されない。町の中の馬はすべて去勢馬だ」と嘆いた。[*156] 彼は去勢されたアメリカの馬に、厳しい抑圧とピューリタン的な観念のもとにある国家の運命を見ていたのだ。

図2-22　アルフレッド・スティーグリッツ《アメリカン・プレイスの私の窓より、南西方向》, 1931.

グリーンノウとハミルトンによるならば、一九三〇年代において「スティーグリッツは失敗者であると感じていた」。この時期に撮られたほとんどの写真は「ニューヨークの寒々として非人間的な高層建築」を写したものである。[*157] ニューヨークの都市は彼の主要なモチーフの一つであり続けてきたが、一九三〇年代の作品群はその暗い現実を物語っている。汚くひびの入ったビル群は、息の詰まるような都会の生活を表現している（図2-22）。《二つのタワー——ニューヨーク》（一九一一）のような初期のニューヨーク写真は自然と高層建築の弁証法的な関係が提示されていて、前者の究極的な勝利が含意されていたのだった（図2-23）。しかし、一九三〇年代以降の写真では自然の要素は写真の枠内から意図的に排除されている。雄弁にも哀しく孤独に、これらの写真はスティーグリッツの機械文明に対する闘争の敗北を示しているのだ。

図 2-23　アルフレッド・スティーグリッツ《二つのタワー——ニューヨーク》，1911.

彼のペシミズムは少なくとも部分的にはトマス・クレイブンやトマス・ハート・ベントンのような一九三〇年代を代表する芸術家による、スティーグリッツの芸術至上主義的な作品への批判に由来していると考えられる。スティーグリッツの写真や彼のサークルの芸術家たちの作品はニューヨーク近代美術館をはじめとする権威ある場所において展示されるように正統的な芸術として受け入れられるようになっていったが、アヴァンギャルドなモダニズムはいまや一九三〇年代の社会的リアリズムや地方主義の波に圧倒されていた。スティーグリッツの現実の政治に対する無関心は厳しく批判され、彼のユダヤ人としてのアイデンティティは同時代の反ユダヤ人主義によって危機に瀕していた。[*158]

スティーグリッツの甥の娘にあたるスー・デヴィッドソン・ロウは、一九三〇年代半ば頃にスティーグリッツがアメリカに対する失望の言葉を口にしていたことを鮮やかに覚えている。彼女とスティーグリッツがドイツにおける政治状況、すなわちナチズムの脅威について話し合っていた時、スティーグリッツは突然にアメリカのことを批判し始めたのである。

それ、つまりこういうことだ！　彼は勢いよく話し始めた。見ろ、今言った通りだ。アメリカは売春婦なんだ。金が欲しい、物を所有したい、と言って世界を破滅させてしまう。一八九二年に戻ってきたときに、それが分かった。おれは腹が立つやら悲しいやらで涙を流したよ。一一年間も戻ることを夢見てたんだ。でも戻ってみたら何だ、ドルの標識ばかりだよ。金を持っている者たち、金が欲しい者たち。浅ましさ、汚れ、空虚、馬鹿デカさ、成功。ゴミだらけだ！　アメリカの最大の輸出品は何だと思う。貪欲さだよ。*159

ここでスティーグリッツは、ドイツでの長い滞在から一八九二年に故国に戻った時に感じたことを述べている。彼は、アメリカに芸術的な風土が欠落していることに深く失望し、人びとの貪欲さに怒りを感じた。しかしながら、彼の言葉は大恐慌から必死で抜け出そうとしていた一九三〇年代のアメリカの雰囲気に対しても向けられている。「アメリカは売春婦だ」という断言は、自然の「処女」というスティーグリッツによる理想化されたアメリカの崩壊を示している。一九三〇年代のアメリカは、資本主義に対する芸術による戦いというスティーグリッツの長年の試みの失敗を感じさせたのだった。オキーフとの関係も、その時代の陰鬱な雰囲気も共に、スティーグリッツの写真を通じた触覚的な感性の表現に影響を与えた。この時期のスティーグリッツによるオキーフの写真は、しばしば彼女が購入したフォードのV-8というモデルの車と共に写っている。これらの写真もまた彼のペシミズムを反映しているというのは言い過ぎかもしれないが、オキーフがスティーグリッツにとってもはや有機的なものの純粋なる具現であるとは言えなくなったことは確かである。一九二九年に撮られたオキーフが新しいフォードを背景に写っている写真は、写真家とモデルの距離感を捉えている（図2-24）。この写真において、いまや中年の女性となったオキーフは自然の側というよりは機械の側にあるように見える。《手と車輪》と題された一九三三年の写真は、オキーフと車の結びつきをより強調している（図2-25）。かつてはぶどうのような有機物と結び付けられていた彼女の手は、今は機械の一部と接触しているのである。オキーフにとって車は自由と解放のシンボルであったが、スティーグリッツの《手と車輪》はオキーフの身体を通じて触覚的な身体を表現する彼の作品の終わりを告げてい

図 2-24　アルフレッド・スティーグリッツ《ジョージア・オキーフ——ニューメキシコからの帰還》, 1929.

図 2-25　アルフレッド・スティーグリッツ《ジョージア・オキーフ——手と車輪》, 1933.

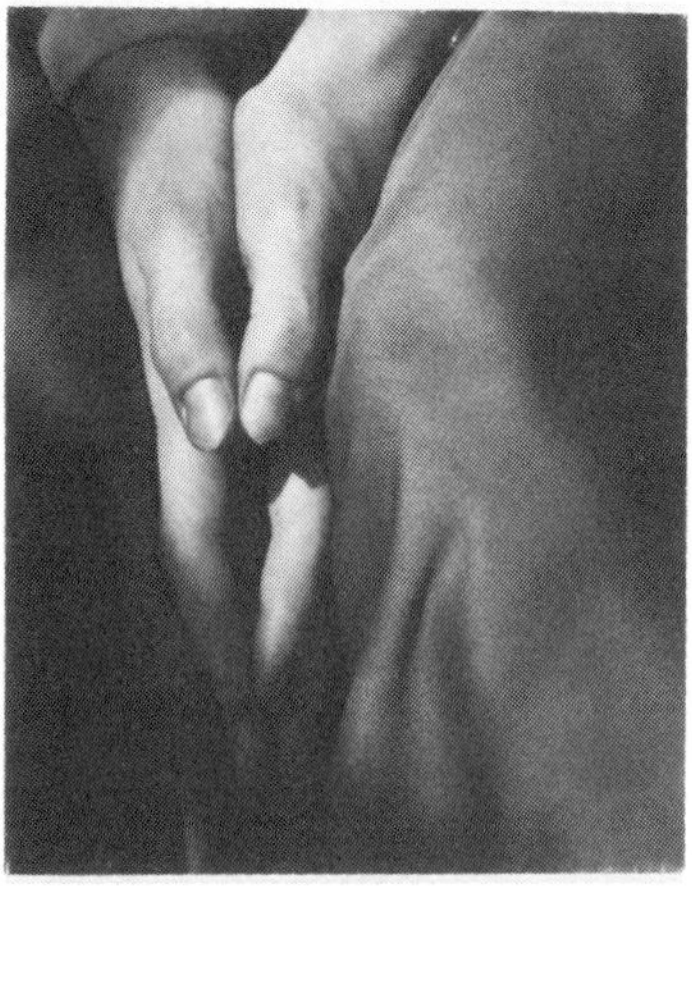

図 2-26　アルフレッド・スティーグリッツ《ドロシー・ノーマン》, 1930.

る。スティーグリッツが一九三〇年代にもドロシー・ノーマンをモデルとして身体を題材とした写真を撮っていることは確かであるが、一九三一年の彼女の手の写真からも明らかなように、ここにはオキーフの身体がかつて表現していたような柔軟性や躍動感が欠如している。オキーフの手とは異なり、ノーマンの手は上品で従順である。そこでは可塑的な身体の追究はなされていないのである（図2-26）。

一九三〇年代のスティーグリッツの写真にあるこのような悲観的なヴィジョンにもかかわらず、彼は写真芸術の中で最も価値のあるものは触覚から生じているという信念を曲げることはなかった。一九三一年に彼の写真を複製する許可を求める手紙を受け取ったスティーグリッツは次のような断りの手紙を書いている。

私の写真は複製できるようにはなっていない。複製したら写真に生命を与えている本質は完全に失われてしまうだろう。私の写真には最も深い生きた意味において触覚という本質が内在している。触覚が失われれば、写真の鼓動はなくなる。複製ではそれはなくなり——死に絶えるだろう。私の関心は生きているものにある。そのようなわけで、私の写真を複製する許可を与えるわけにはいかない。*160

写真はそれ自体が複製技術であるが、このスティーグリッツの言葉は彼が決してそのように考えてはいないことを示している。彼は、写真芸術における「触覚的本質」は「複製においては完全に失われてしまう」と信じているのだ。複製は事物の視覚的側面だけを再現するが、ルイス・マンフォードによるならば「スティーグリッツの試みは……触覚的な価値の見えない世界をそれらが性的な行為を通じてだけではなく二つの人格の全面的な関係の中で発展するがままに翻訳すること——この目に見えない触覚の世界を視覚へと翻訳し、単に見ることしか出来ない者が目を通じて感覚のレベルにまで達することのできるようにすることである*161」。「翻訳」という言葉は、実際、スティーグリッツの作品の本質を捉えている。彼の写真は触覚的なものを視覚的なものに変換する一連の試みだったのであり、根源的な身体経験の印象は手によって翻訳されたならば決して消え去ることはないとスティーグリッツは考えていたのであった。スティーグリッツもマンフォードも機械的な翻訳にはこのような次元が抜け落ちていると考えていた。しかしながら、一九三〇年代において彼らはアメリカの生活と芸術における触覚的なものの価値の下落を目にしたのだった。

スティーグリッツの芸術的な伴走者たちであるウェーバー、フランク、ローゼンフェルドやウィリアムズが、やり方こそ異なるが、一九一〇年代後半から一九二〇年代のはじめに触覚の価値を強調していたのは偶然ではない。触覚は人間の普遍的に備わった身体的機能の一つであるが、本章で検討した触覚言説はアメリカン・モダニズムのコンテクストに固有の歴史的意義を持ち、ナショナリズムとジェンダーの問題に深く関わっていた。触覚の言説やイメージを通じて、スティーグリッツ・サークルは集合的に芸術を生に結び付け、機械と機械による複製の時代に抵抗したのである。

第三章　ヴァルター・ベンヤミンにおける触覚の批評的射程

一　ベンヤミンにおける二つの触覚

ダダイズムや映画と結びついた触覚

本章では、ヴァルター・ベンヤミンの著作に現れる触覚について検討を行い、それが彼の身体、政治、歴史、記憶といったさまざまな主題についての議論とどのように関わっているかを検討する。本論に入る前に、まずベンヤミンの提示する触覚には、相容れないように見える二つの性格があることに注意を喚起しておきたい。従来の議論は、たいていそれら二つの性格のうちの一つの定義に沿ったものに限定され、ベンヤミンの触覚言説を位置付けるうえでの混乱を招いていた。本論においてはそれらを正確に識別することが議論の要となる。詳細は本章の主要部分に譲るとして、ここでは見取り図を得るために便宜上簡単な整理をしておこう。二つの触覚の性格のうちの一つは、映画に代表される二〇世紀の視覚メディアがもたらした、新しい身体の感受性のモードである。これはメディアを媒介することに起因する通常は「見ること」の変容と捉えられることに関連する。このような性格を持つ触覚は「複製技術時代の芸術作品」をはじめとする後期の著作において、メディアの時代における人間の感性の変容を示すものとしてしばしば言及されている。もう一つは、人間の本性的で古来から受け継がれた模倣の能力に根差し、伝統的な芸術作品を産み出す具体的な手の経験と結び付けられたものである。こちらは、複製技術時代以前の人間の感受性を言い表したものであり、「触覚的」という言葉が通常喚起するような事物との関係性に起因しながらも、実際の接触を必ずしも伴わない、時間的、空間的な「距離」の経験、あるいはベンヤミンの有名な概念である「アウラ」とも結びつけられている。つまり、ベンヤミンの著作に現れる触覚は全く正反対の二つの性格を持つと言ってもよく、それぞれ全く異なる文脈で現れるのである。眼前に存在する物質とも遠くにある起源とも結びついた「触覚」の二つの顔はどのように関連し、彼の著作全体において、それぞれどのような表情を見せるのだろうか。

まず、「複製技術時代の芸術作品」に現れる、ダダイズムや映画など同時代の芸術様式と結び付けられた触覚を見てみたい。[*1] 同論文は、写真や映画などの複製技術の誕生によって、芸術がそれまで持っていた「アウラ」を喪失したという主張によって、きわめて広範な分野の研究に影響を与えてきた。「触覚」という語はこのあまりにも著名な「アウラ」をめぐる議論の影に隠れて、それほど注目されることはない。しかしそれは、単に字義どおりの意味ではなく、「アウラ」という語と同様に、独特の批評的射程を備えた用語としてダダイズムや映画を論じる文脈で現れる。

ダダイストたちにおいて芸術作品は、もはや魅惑的な形姿や説得力ある響きであることをやめ、一発の銃弾となった。それは観る者に命中した。芸術作品はいまやある種の触覚的《タクティッシュ》な性質を獲得した。これによって、映画の需要が促進されることになった。映画の持つ注意散逸を引き起こす要素も、ダダの芸術作品の場合と同様、まずもって触覚的要素だからである。[*2]

「触覚的な性質《タクティッシュ》」はここでは同時代の社会を特徴付ける二つの要素と関連している。それは暴力性と大衆性である。ダダイズムは「銃弾」に比較しうるような直接的で暴力的な表現形式であり、それは鑑賞する側に「精神集中」の余地を残さない。[*3] そして、それはダダイズムが深い知性の働きによる「精神集中」を必要としない、本質的に大衆的な表現形式であることも意味している。映画もこれと同様の「注意散逸」的な効果を持っており、観客から機械的な反応を引き出す。映画は、観客とのあいだに「直接的な」関係を結ぶだけではなく、人びとの生の営みとも深い関わりがある。ベンヤミンは同論文の註において次のように言っている。

今日、人間は以前にもまして生命の危険にさらされながら生活しているが、映画はそうした生命の危険に対応する芸術形式である。映画は、人間の統覚器官の徹底的な変化に対応するものである。[*4]

この「生命の危険」という言葉は、ダダイズムの比喩として使われた「銃弾」と明らかに響きあっている。これはただ単に比喩的な偶然の連関であるだけでなく、暴力と芸術の連関の強まりが問われているのである。一九三〇年代に改稿が重ねられた「複製技術時代の芸術作品」は、同時代において猛威をふるっていたファシズムの急成長と、ダダイズムから映画へと連なる表現形式の急激な変化を重ね合わせ、それらが人間の知覚の変化をもたらすものであると主張しているのだ。

人間の知覚と映画の関係について、ベンヤミンは晩年のエッセイの一つである「ボードレールにおけるいくつかのモチーフについて」(一九四〇)においても、さらに考察を行っている。「刺激への新たな、切実な欲求に応じるものとして、映画が登場する日が到来した。映画においては、ショックのかたちをとる知覚が、形式原理として有効になる。ベルトコンベアーにおいて生産のリズムを規定するものが、映画においては受容のリズムの基盤になる」[*5]。このようにベンヤミンは、映画をショックへの欲望という人間の新たな知覚的欲求に応えるものであると考えた。映画を受容する人間は、映画の作り出す「リズム」を受け入れなければならない。このような身体の強制的な規律訓練は、明らかに同時代の社会の抑圧的な空気を反映している。「複製技術時代の芸術作品」において述べられているように、映画の視聴者への直接的なインパクトは、ナチスによる全体主義的な大衆への搾取と「呼応」しているのである。映画が登場したとたん日常に定着することになった知覚の危機は、社会におけるより大きな危機を反映している。すなわち、ファシズム政権下のドイツにおける美的なものの扇情的で心理的な操作である。ベンヤミンは映画が本来多様であるはずの感覚的経験を、触覚という西洋では長らくもっとも原始的で動物的であるとみなされてきた単一の感覚へと還元してしまうと主張している。機械的な複製は、このように人びとの知覚に直接的に働きかけ、それを機械的かつ動物的なものに変える。「**人間の生活においてほとんど日ごとにその役割が増大してきている器械装置とのかかわりは、人間の統覚および反応の新しいかたちを生み出す。映画は、人間がこのような統覚および反応を練習するのに役立つ**」[*6]。社会における映画や映画的効果の急激な広がりのため、政治が日常生活を侵すようになったとベンヤミンは考察している。一元化された感覚はファシズムによって利用されやすいのであり、触覚の重要性の高まりは「生」の政治化と同時的である。ファシズムは大衆の「気散じ」への渇きを芸術と現実の両方の領域において満たすのだ[*7]。複製技術の時代は、人間と芸術のあいだに機械的かつ知覚的な短絡を作り出したのである[*8]。

「アウラ」や手仕事と結びついた触覚

このような議論によれば、ベンヤミンにおいて触覚とモダニティは単純でカテゴリカルな結びつきを持つことになる。すなわち、「アウラ」の消失とともに現れた複製技術を前提とした芸術表現を「触覚的」と呼んでいるということに。しかし、リチャード・シフやエスター・レスリーの指摘するように、ベンヤミンの著作のうちには、身体的な近さや親密さ、あるいは習慣的な動作と結びついた触覚性も存在する。これが本章の冒頭の整理で言うところの触覚の第二の性格である。ベンヤミンの作品における手という形象、およびクラフツマンシップ（職人芸）という概念は触覚のこの側面に光を投げかける。シフは、「ベンヤミンはしばしば手の形象を用いる」と指摘し、事物における「熟練した手の痕跡」のイメージはベンヤミン後期における「手仕事」に与えられた価値と密接に結びつき、「アウラ」や「経験」といった概念の基礎となっていると主張している。そのうえで、ベンヤミンの著作における触覚的価値について次のように述べている。

テクノロジーの進歩にともなって、ベンヤミンの語っているような手は急速にその巧妙さや統御力、習慣やこつといったものを失ってしまう。言うなれば、手はもはや陶工の用いるろくろの継続的な動きに対応できなくなり、その代わりに、スイッチをつけたり、ボタンを押したりするのである。[*9]

テクノロジーが人間の手による運動を、あるいは人間らしさを疎外するという議論は、マルクス以来アーツ・アンド・クラフツ運動などに引き継がれてきた「手」の本質化に連なるアンチ・モダニティの言説である。これは、われわれの議論の文脈で見てきたロレンスやスティーグリッツ・サークルにおける触覚性とも重なり合う。エスター・レスリーはシフと同様にベンヤミンにおける「手」の役割に注目し、ベンヤミンの重要な概念である「経験」は手のイメージや触覚的な感覚と切り離すことが出来ないと主張している。

真の経験は、手の働きによる細やかで実践された知識として感受される。手は触れることで、生の実際的な経験を獲得するのだ。ベンヤミンの経験についての描写に繰り返し現れるのは tactile, tactics, the tactical といった、ラテン語の「触覚（tangere）」から英語やドイツ語に派生した言葉である。世界に触れることは、世界を知ることなのだ。[*10]

このように、語源的に tangere というラテン語と結びついた語群は、ベンヤミンの著作において「経験」の身体的な起源を構成する。シフとレスリーはともにベンヤミンの触覚は始原的な身体性を指示しており、それは時間、空間、歴史、ナラティブのような抽象概念と切り離すことができないと論じている。手のイメージと触覚は「真の経験」と芸術活動にとって基礎となるものである。レスリーは、ベンヤミンの触覚をめぐる想像力が、伝統的な「手仕事（Handwerk）」の概念と結びついていることを指摘している。

「手仕事」は、ベンヤミンが「複製技術時代の芸術作品」や他の複製技術やモダニティについての論文を書いていた時に消失の危機にあった技術であったが、そのようなイメージは文字通り手を使う仕事にのみ付与されているわけではなく、「物語作者」という論文でベンヤミンが描き出しているような「語り部」のような存在にも結び付けられている。

手仕事の――農民の、船員の、そして都市の職人たちの手仕事の――輪のなかで長く栄えている物語は、それ自体、伝達の手仕事的な形式なのである。物語は、情報や業務報告がするように、事柄を純粋に「それ自体」だけ伝えることを狙っているのではない。それは事柄を、いったん報告者の生の中に深く沈め、その後再びそこから取り出してくる。そういうわけで物語には、ちょうど陶器の皿に陶工の手の跡がついているように、語り手の痕跡がついている。[*11]

伝統的な「語り」はここでは手仕事と結び付けられ、複製技術が優勢となる社会の中で消えつつある存在であると主張されている。このような「アウラ」的なものと結びついた触覚性はベンヤミンの著作においていたるところに現れるが、それはベンヤミンが映画や写真などの複製技術に基づいた芸術に見出した触覚性とは正反対のものである。彼は一方では写真が芸術活動から「手」を解放したと主張し、他方ではダダイズムや映画のような注意を散逸させる新しい芸術の潮流やメディアを「触覚的《タクティッシュ》」と形容しているのだ。

本章の概要

このようなベンヤミンにおける相反する触覚性をどのように解釈したらいいだろうか。すでに述べたようにほとんどの研究者は、これらの二つの触覚性のうち一つを選び取り他方を無視しているが、ベンヤミンの触覚性がこの二つの相反する性質のうちの一つに限定されるなどということはありえない。この相反する二つの触覚性の振幅のうちに、彼の芸術、政治、身体、歴史についての思考が展開される様子を検討することで、触覚という身体感覚がベンヤミンの思想の根源に関わる重要性を持つことを明らかにすること――それが本章の目的である。触れるという行為は必然的に他者との関わりを含みこむのであり、シフはそのことが「経験」にとって根源的であると論じている。この章では触覚性を身体固有のメディアと考えることによって、この身体感覚がどのように彼の理論や哲学に影響を与えているかを考察したい。

ベンヤミンの触覚について考察する目的は、それが何を象徴しているかを突きとめることではなく、それが彼のモダニティについての問いのうちでどのような役割を演じているかを追究することにある。本章の構成は以下のとおりである。まず、ベンヤミンの触覚概念が、彼の思想における根源的概念であるアウラとどのような関係にあるかを、知覚についての初期の現象学的著作を検討することで考察する。次に、触覚が彼の「歴史的唯物論」、すなわち伝統的な歴史概念と根本的に訣別するような弁証法的な歴史モデルとどのように関係しているかを、後期の二つの論考「歴史の概念について」と「複製技術時代の芸術作品」を中心に論じる。ここではベンヤミンの触覚言説が多くを負っているアロイス・リーグル、それにパウル・クレーの天使の絵についての有名な断章に特に注意を払うことになるだろう。この議論は、アウラ概念や革命、歴史についての込み入った関係性をめぐるものになる。最後に、ベンヤミンの初期の論文群に立ち戻り、彼のミメーシス、模倣、翻訳、語りなど言語をめぐる議論における触覚の役割を考察する。ベンヤミンにとって、言語は単に伝達のために使われる普遍妥当な記号ではなく、身体の延長であり、触れることのヴァリエーションであると考えることが出来る。このような考察を通じて、ベンヤミンにおける触覚の重要性を検討していく。

二 「近さの魔法」とエロス

アウラ的な触覚

ベンヤミンが後期の著作において、アウラ概念と複製技術の触覚性を対立的に捉えていることは前節で見たとおりであるが、この対立は彼の時間的、空間的なイメージの議論と結び付けて考えることが出来る。現代社会において触覚が事物との「即物的な」関係を構成するのと対照的に、アウラは時間的、空間的な「距離」の体験である。すでに多くの批評家によって議論されている有名な一節だが、「写真小史」（一九三一）で述べられ、「複製技術時代の芸術作品」で繰り返されるアウラの定義をここで引用する。

そもそもアウラとは何か。空間と時間の織りなす不可思議な織物である。すなわち、どれほど近くにであれ、ある遠さが一回的に現われているものである。夏の真昼、静かに憩いながら、地平に連なる山なみを、あるいは眺めている者の上に影を投げかけている木の枝を、瞬間あるいは時間がそれらの現われ方に関わってくるまで、目で追うこと――これがこの山々のアウラを、この木の枝のアウラを呼吸することである。[*12]

ベンヤミンはここで自然の環境に没入する経験としてアウラを描いている。このような描写的な定義は語源的に考えても納得のいくものである。「アウラ」という言葉は、ラテン語で「そよ風」、「風」、「空気」を意味し、ギリシア語で「息」や「そよ風」を意味する。「アウラ」はまず何よりも動きのある空気を意味しており、オックスフォード英和辞典によるならば、「何かの物質からのかすかな発散、または呼気」を表す。ベンヤミンのこの語の使用は決してこの語源的な含意から乖離したものではない。彼にとって、アウラは第一義的には、時間と空間を絡み合わせる、目に見えず手に触れえない気体のようなものなのである。ベンヤミンはそれを「距離」と結び付けているが、アウラは安定して一定の距離を保つものではない。それは接近し、さらには身体に侵入する。そして、主体をその周囲の環境と、現在時をある持続的な時間の幅と絡み合わせるのである。

ベンヤミンは写真や映画のような複製技術の誕生とその普及はアウラに危機をもたらすと主張している。右に引用した描写的なアウラの定義は、同論文中の一節に引き継がれている。

さて、事物を自分たちに、いやむしろ大衆に〈より近づけること〉は、現代人の熱烈な傾向であるが、それと並んで、あらゆる状況に含まれる一回的なものを、その状況を複製することを通じて克服するのも、同じく彼らの熱烈な傾向である。対象をごく近くに像（Bild［絵画や直接イメージ］）で、いやむしろ模像（Abbild［写像］）

で所有したいという欲求は、日ごとにあらがいがたく妥当性をもってきつつある。[*13]

「複製技術時代の芸術作品」での議論を予期するかのように、ベンヤミンはここでオリジナルとコピーの差異の消滅を距離の消滅として描き出している。自然のアウラ的な要素を「呼吸する」ことのできる機会を待つかわりに、現代の人びとは実物かそのコピーがすぐに手に入ることを要求する。「事物をより近づける」という性急さは、事物に固有の時空間を無視し、それらに宿るアウラを真に受容する可能性を排除するのだ。この「近づける」という事物に対する触覚的な働きかけの強調は、ベンヤミンが一九三一年にこの「写真小史」を発表した時点で、触覚と複製技術を結び付けていたことを示唆している。ベンヤミンのアウラ概念は、現代のメディアと結びついた触覚性の対極にあるのである。[*14]

「心身問題の図式」における「近さ」と「遠さ」

アウラ的な「距離」と触覚的な直接性の対照性をさらに考察するために、ベンヤミンが著作活動を始めたばかりの頃に取り組んだ知覚の現象学的研究を見てみたい。一九二二年からその翌年にかけて書かれた「心身問題の図式」という未完の論文において、ベンヤミンはLeibとKörperという二つの異なる身体の様態を区別している。[*15]ベンヤミンにおいて、Leibは同定可能な部分の集合としての身体を指す。それに対し、Körperは安定した存在というよりは、形なき現象であり、それは「快楽や痛み」のような一時的な感覚を通じてのみ現出する。ベンヤミンはKörperを、身体という「限定」を一時的にせよ無化するものとして捉えている。「もし……われわれがKörperについて快感や痛みを通じてのみ――あるいは主としてそれらを通じて――知るならば、われわれはそこに何の限定も知覚しない」[*16]。Körperという概念を通じて、ベンヤミンはLeibに還元できないような流体的で一時的な身体の側面に光を当てている。「快楽や痛み」のようなつかの間の感情は、身体の統合性をかき乱し、それを関係的な場へと変容させるのだ。

Körperとしての身体概念に基づいて、ベンヤミンは主体と世界の間に存するダイナミズムを視覚と触覚という二つの感覚の機能を概念化することによって捉える。

身体的な限界によって縛られることの最も少ない感覚は、おそらくわれわれが遠心的と呼ぶことが出来る視覚であり、それはより求心的な感覚である味覚や、とりわけ触覚とは対照を成している。視覚が身体による制限を受けないというわけではないが、少なくとも変動的で形のない限定を成すだけであるから、それはKörperがどのようなものであるかを示してくれるのだ。[*17]

ベンヤミンはこのように視覚と触覚をそれぞれ「遠心的」な運動と「求心的」な運動に結びつける。これら二つの対照的な運動は、ベンヤミンの「知覚理論」において根本的である。ミリアム・ハンセンの言うようにベンヤミンの著作において「アウラ」という概念は後期の著作にのみ現れるが、この「心身問題の図式」に描かれた「遠心的な」知覚の動きがアウラ概念にとっての基礎となっていることが見てとれるだろう。[*18]「どれほど近くにであれ、ある遠さが一回的に現われているもの」という、ベンヤミンによるアウラの定義は彼の知覚と運動についての現象学的思考の内的な発展を示している。

同様に、「心身問題の図式」に描かれた触覚の「求心的」な運動は、現代の大衆の「事物をより近づける」という触覚的傾向と対応している。しかしながら、現代的触覚が主体の事物に対する関係からアウラを奪ってしまうのに対し、ベンヤミンが「心身問題の図式」において描き出している身体的な触覚は必ずしも「遠さ」の感覚を排除しない。実際、ベンヤミンは知覚の経験の独自性は視覚と触覚の絡み合った関係にあると考えていた。彼は、「近さ」と「遠さ」が排反的でない関係を「エロスとセクシュアリティー」の空間性を描き出すことで追究したのである。

近さと遠さは、身体の構造と生にとって、他の空間的カテゴリー（上下や左右など）と同様に重要な要素であるかもしれない。とりわけエロスとセクシュアリティーの生においては、この重要性は顕著である。エロス的な生は遠さのうちに燃え上がる。他方、近さとセクシュアリティーの間にも親和性がある。[*19]

ここでベンヤミンは、「近さ」と「遠さ」の両者が「エロス」にとって重要な構成要素であると述べている。このことは、ベンヤミンの著作において視覚と触覚、遠心性と求心性の単純な二項対立的関係を措定することを不可能にする。「エロス」は視覚的経験と触覚的経験の両者を内包するのである。「エロスの生」をさらに描写するために、ベンヤミンはゲーテの詩句に現れるダンテのベアトリーチェに対する愛を言い表した言葉を引用する。

完璧な愛における近さと遠さの完全なるバランス――「魅惑され　汝は飛び来る」。ダンテはベアトリーチェを星々の間に置く。しかし星々はベアトリーチェの中にあってこそ彼に近くありうるのだ。というのも、愛しき者においては遠さの力こそが男にとっては近いものに見えるのである。このように、遠さと近さはエロスの生における両極である。このために存在と別離は愛において決定的に重要なのである――その呪いは近さの魔法である。[*20]

この一節はわれわれにアウラの定義を思い出させる。ベアトリーチェは「どれほど近くにであれ、ある遠さが一回的に現われているもの」であるのだ。「完全なるバランス」において、彼女の存在は常に彼女の不在のうちに含意され、彼女の不在は彼女の存在のうちに予告されている。ここにおいて、触覚は潜在的なものにとどまる。しかしながら、潜在的なものとしては、それはダンテとベアトリーチェのあいだのアウラ的な距離のうちに存在しているのである。[*21] もし距離の経験がエロスを含意するとすれば、それは「心身的な」距離の感覚が近さと触覚を含意するからである。その意味ではプラトニックな愛の成立は、「触覚的経験」の可塑的な可能性と密接に連関しているのである。リチャード・シフが正しく指摘しているように、「アウラは人間の触覚の理解、および親密な経験への傾倒のしるしである」のだ。[*22]

クラーゲスの『宇宙生成的エロース』

「心身問題の図式」において、ベンヤミンはルートヴィヒ・クラーゲスの著作をいくつか参考文献として挙げているが、そのうちの一冊であり、この論文の書かれた一九二二年に発表された著作である『宇宙生成的エロース』の影響はとりわけ大きいと考えられる。クラーゲスはこの書物において、個人的で身体的な性欲動を宇宙的な生成運動の一環であるエロスと厳密に区別し、両者を「近さ」と「遠さ」という空間的な対比のうちにおいている。「遠いエロス」と彼が呼ぶものは、一定の輪郭のうちに収まり所有可能な「対象」となる事物とは異なり、近づきも遠ざかりもするが決して個人の所有のうちには収まらない「形象」である。「遠さは生に織りこまれた謎」であり、「生きているものの根源への問いかけ」であるとクラーゲスは自らの詩を引用しながら述べている。[*23] さらに彼は「いわゆるロマン主義は、歴史上知られているそれ以前のいかなる時代にもまして、遠いエロスの呪縛のうちにあった（現代は逆に生の呪縛のうちにある）」と述べることによって、「遠いエロス」を単に本質的なものとして論じるだけでなく、失われつつあるものとして歴史化し、生の様態の問題として提起するのである。[*24] クラーゲスは「遠さ」を端的に表すものとして、著作中において「星」に何度も言及している。星は空間的に遠いだけでなく、「その光がわれわれのところにまで届くには数年を要する」という意味で、時間的な「遠さ」を内包した形象であるということができる。[*25] それは「触れることができないもの」であるが、その形象への憧憬にこそ「遠いエロス」とクラーゲスが呼び表すものが宿っている。それは「観想者を諸天体の触れることのできない世界と結合させ、そのようにして、現在生きている者たちの地上の生活の中を脈動しながら、それを万物のリズムと結合させるのである」。[*26] このように時間的にも空間的にも「遠い」事物を結合させるようなものとして、クラーゲスは「遠いエロス」というテーゼを提出したのである。[*27] ベンヤミンの著作の中でベアトリーチェと結び付けられている星々は、このようなクラーゲス的なエロスの含意された「形象」であると考えていいだろう。ベンヤミンにとって近代的な「所有」の対極に位置しているのはこのような「宇宙的」な広がりを持った事物との絡み合いであるのだ。

「近さ」と「遠さ」が互いに交わる特権的な場を形成する「エロス」はベンヤミンの著作全体のインスピレーションであり続けた。たとえば、ベンヤミンはカール・クラウスの言語への「エロティックな」感性を賞賛している。「「ひとつの言葉を近づいて眺めれば眺めるほど、それは遠く、後を振り返る」、という洞察によってクラウスがやってのけた以上に、言語が完全に精神から切り離されたことはなかったし、またそれ以上に、言語が親密にエロスと結び付けられたことはなかった。これはプラトニックな言語愛にほかならない。しかし、言葉が逃れることのできない近さとは、ただひとつ、韻なのである。そのようにして近さと遠さというエロス的な原初の関係が、彼の言語のうちに聞こえてくる」。[*28] ここでベンヤミンが取りあげている韻の重要性については論を改めて考える必要があるだろうが、言語が不可避的に持つものがここでまた「近さ」と「遠さ」の絡み合いとしての「エロス」と結び付けられていることに注目しなければならない。ベンヤミンは「アウラ」の定義にきわめて類似した言葉によって、クラウスの言語観を言い表しているのであり、ここでの擬人化された「言語」のふるまいは、容易にダンテ

における ベアトリーチェのそれ、および彼らのプラトニックな愛に比することが出来るだろう。言語＝ベアトリーチェにあたるものは、近づこうとすれば遠のき、遠のこうとすれば近づくような対象であり、ベンヤミンにとってプラトニズムとはそのような運動を伴った関係性のうちにイメージとして体現されるものである。のちに詳しく見るように、「振り返る」という所作はアウラの最も重要な特質の一つである。ベンヤミンにおいては、フレキシブルな動性そのものがアウラ的なものに必須の条件なのである。アウラとは、したがって、「近さ」が「遠さ」と戯れる愛の「プラトニックな」形式である、と定式化することができるだろう。[*29]「完全なる愛」の中で、触覚と視覚は有機的に結び付けられており、時間と空間を紡ぎ出す。近代的な「事物をより近づける」傾向は、距離を置いたものにすら触覚が潜在性として示唆されるような「近さの魔法」を一瞬にして無効にするのである。

これらの例が示すように、機械的複製によって主要な知覚が視覚から触覚へと移行したと図式的に理解することは不適切である。むしろ、変化したのは触れるという知覚のあり方なのである。ベンヤミンが近代的な感覚を触覚と結び付けるとき、彼が強調していたのは、機械的に模造された事物が入手可能になったために、人びとが一定の距離のもとで触覚的に事物を感知する身体能力を失ったということであった。「近さ」と「遠さ」の魔術的な絡み合いが、触覚の経験から失われてしまったといってもいい。「複製技術時代の芸術作品」において、ベンヤミンは触覚的身体性のこの微妙な変化をある比喩を用いて表現している。彼は、絵画と写真を呪術師の手と外科医の手にそれぞれ比較しているのだ。

ここで私たちは、撮影技師と画家はどういう関係にあるかという問いを立てなくてはならない。この問いに答えるために、一本の補助線を引いてみたい。つまり、この操作する者《オペラトゥール》という概念を利用するのである。これは外科医学の用語[「手術者」「執刀医」]としておなじみのものである。外科医はある意味で、呪術師の対極をなしている。病人の体の上に手を置くことによって病気を治す呪術師の姿勢は、病人の体内に介入する外科医の姿勢とは異なる。呪術師は、自分と患者との自然な距離を保つ。もっと正確に言えば、その距離を――手を置くことによって――少しだけ縮め、そして――自分の権威によって――大きく拡げる。外科医のやり方は逆である。外科医は患者との距離を――患者の体内に介入することによって――大きく縮め、そして――彼の手が患者の内臓のあいだを動くときの慎重さによって――少しだけ拡大する。一言でいえば、呪術師（臨床医のなかにはまだその名残りがひそんでいるが）と違って外科医は、病人と人間対人間の関係で向き合うことを決定的な瞬間に断念し、むしろ手術という操作によって患者のなかに侵入するのである。[*30]

ここに先ほど触れたクラーゲスの「遠さ」についての議論の影響を見ることはたやすいだろう。呪術師は「自然な距離」を犠牲にすることなく患者の身体に触れるのに対し、外科医は患者の身体を解剖し、「介入する」のに医学器具に頼らなくてはならない。言い換えるならば、呪術師は患者との関係の場に自らを置き、「遠さ」を維持するのに対し、外科医にとって患者とは医学的に確立された方法を実践する「対象」に過ぎない。ベンヤミンにとって、呪術師と外科医の差異は、画家と映画撮影技師の差異に平行的である。「呪術師と外科医の関係は、画家と映画撮影技師の関係に等しい。画家はその仕事において、対象との自然な距離を観察する。それに対して映画撮影技師は、事物の組織構造に深く侵入してゆく。それぞれが獲得するイメージは、はなはだしく異なっている。画家によるイメージが全体的であるのに対し、映画撮影技師によるイメージはばらばらに寸断されたものであり、その諸部分は、のちにある新しい法則にしたがって集められる」。[*31] 画家が絵を描くという行為によって周囲の環境と自らを結び付けるのに対し、映画撮影技師は自然環境に「新しい法則」を持ち込み、風景を自分の使用目的のために切り刻む。ベンヤミンは、このような新しい方法の発明は人間の感覚に重要な歴史的転換をもたらしたと考えたのである。

この議論の基本的な枠組みは二元論的だが、呪術師と外科医は単に対極的なものではなく、それらの差異はわずかのものであるように描かれていることも重要である。実際、ベンヤミンは先の引用中においてカッコの中で呪術師の「痕跡」が「臨床医」の手に残っていると主張することで、両者の違いだけでなく、共通性や連続性も注意深く強調しているのである。しかし、連続性があるからこそ、古い形式が新しい形式によって置き換えられてしまうような事態が起きやすいのだ。「映画」の触覚性が強調されるのは、たとえばそれが「絵画」の触覚性という異質であるが類似しているものを置換する環境がベンヤミンの同時代において整いつつあったということを意味している。「エロス」と結びついた原初的な触覚が重要であるからこそ、映画や写真などが触覚を代理することの感覚論的な転回があるのだ。ここにベンヤミンにおける触覚の重要な歴史的意義があるといえるだろう。以下においては、今節で見たような触覚の空間的イメージが、ベンヤミンの芸術、歴史、政治についての論考において、どのような想像的基盤を成しているかを検証していく。

三　触覚的なものと〈原史〉

アロイス・リーグルにおける触覚

前節の問いを引き継ぎ、感覚の区分に先立つ原初的な触覚＝接触とは何かと問うことから始めたい。「原初的」と呼ばれるからには、そこにはベンヤミンの歴史認識の問題が関わっていると考えなければならない。「複製技術時代の芸術作品」の第四節において、ベンヤミンは知覚の問題と歴史への問いを明確に結び付けている。「**歴史の広大な時空のなかでは、人間集団の存在様式が総体的に変化するのにともなって、人間の知覚のあり方もまた変化する。**人間の知覚が組織されるあり方――知覚を生じさせる媒体（Medium（メディア））――は、自然の条件のみならず、歴史的な条件にも制約されている」。[*32] ハワード・ケイギルやジョエル・モリスらが指摘しているように、このような集合的な知覚の歴史性についての分析に大きな影響を与えているのは、ウィーン学派の美術史家アロイス・リーグルである。[*33] ベンヤミンは生涯を通じて、リーグルの形式主義的なアプローチに対してその影響を認めてきた。彼が作成した一九二八年の自身の「履歴書」には、『ドイツ悲劇の根源』に「アロイス・リーグルの方法上の諸理念」を応用したと書かれており、同様に一九四〇年の「履歴書」には、「決定的な刺激を受けた」書物の一つとして『末期ローマの美術工芸』(一九〇一)をあげている。[*34] 「複製技術時代の芸術作品」においては、やはりウィーン学派の美術史家であるフランツ・ヴィックホフと共にリーグルに言及し、彼らは「古典的な伝統の重みに」抗して「芸術が作られた時代における知覚の組成」を研究対象としたと指摘している。[*35] すなわち美術の様式と知覚の関係についてのベンヤミンの思索はウィーン学派の美術史家の方法に負うところが大きいのである。とくに、「複製技術時代の芸術作品」において言及される映画やダダイズムの触覚の歴史性について考えるためにはリーグルの著作をひもとくことが不可欠である。

リーグルは代表作である『末期ローマの美術工芸』において古代文明における美術の三つの段階を説明している。触覚的な直接性を中心としたエジプト文明、「ふつう」の距離を中心としたギリシア芸術、それから視覚認識を中心とした「後期ローマ芸術」である。リーグルの理論によれば、芸術は時代を下るにしたがって触覚性を失い、視覚性を増したということになっている。[*36] これは、西洋における表象システムの記号的安定性の確立の過程と考えていいだろう。リーグルの議論は知覚を芸術様式の決定因子と考えている点で構造主義的である。

リーグルは、知覚の様式の違いがいかに見る者の芸術作品に対する関係に影響するかということを説明している。「触覚的」時代においては、鑑賞者はエジプト芸術固有の性格を知るためには、作品に近づかなければならない。古代エジプトの芸術家たちは作品の堅牢さを強調し、見る者の触覚に訴えるために平面空間の外形に注意を払ったからである。古代エジプト人たちは抽象的な「空間」に対して「敵対的で」あった、とリーグルは主張している。「古代芸術は、われわれが普通狭い意味で空間次元とみなしている第三次元――奥行き――の存在を最初から根本的に否定しなければならなかった」。[*37] リーグルは古代エジプト人の空間への嫌悪が間隙を埋め尽くそうとする彼らの強迫観念に結びついたとみている。この強迫観念が最も典型的に結実したのがピラミッドであり、それは死者のための空間を設けるという墓としての機能を妨げかねないものであった。それに対して、「視覚的」時代は、鑑賞する者に芸術作品からある程度の距離を置くことを要求する。というのも、それは人が事物を環境から切り離して認識することが可能であるような均質な「空間」に置かれているからである。リーグルは、芸術の発展を段階的な空間の解放として記述している。[*38] 触覚的空間性から視覚的空間性へのパラダイムシフトは、後に遠近法による描写を可能とする均質で普遍的な空間の誕生と同時的な出来事である。

マーガレット・イヴァーセンが指摘しているように、ベンヤミンはこのリーグルの定式を適用するにあたって、触覚と視覚の年代的な順序を逆転させ、「現代的な知覚を視覚的なものではなく触覚的なもの（tactile or haptic）」と結び付けている。[*39] このような構図の転倒は、しかし、恣意的なものではない。それは、一九三三年の論文「経験と貧困」でベンヤミンが現代における「新たな未開の状態（Barbarentum）」と呼ぶ時代の転倒と呼応しているのだ。[*40] ベンヤミンはこの論文において、第一次世界大戦を歴史における一つの転換点として考えており、それを通じて「経験の相場がすっかり下落してしまった」と述べている。[*41] 彼は、この下落を人間の知覚様式の変化を説明する重大な歴史的裂け目として考えているのだ。現代芸術における触覚的なものの登場はこの「経験」の危機と呼応しており、現代における原始的なものの噴出を示している。

ベンヤミンは、アドルノやホルクハイマーのフランクフルト学派に後に引き継がれることになるこの「未開の状態」という語彙を戦略的に用いている。[*42] 彼は現代において啓蒙主義的な進歩史観が無効になっていることを、触覚から視覚へというリーグルの示した発達段階を応用させることによって示唆しているのである。触覚はこのようにベンヤミンの唯物史観と連動したアレゴリーであると考えることが出来る。現代を触覚の時代であると強調することによって、ベンヤミンは「文明」の下に隠された「野蛮」を顕わにしているのであり、それに対応する芸術の新たな表現形式の特質を記述して、その歴史的意義を強調しているのだ。古代エジプトを参照することは、普遍的に妥当すると思われた歴史記述の限界や「距離」のフィクション性を顕わにする方法である。

　歴史的な視点から見た現在が野蛮な他者性を帯びているというベンヤミンの指摘は、一九三二年にナチスが第一党となり、翌一九三三年にヒトラー内閣が成立したことを歴史的背景としている。しかし、その指摘は、「野蛮さ」をナチズムと直接的に結びつけて糾弾するために為されたわけではない。それよりは、ナチスが「例外状況」や「非常事態」を宣言することによって時間や空間を政治的に統御するのに抵抗するのを目的としているのだ。「例外状況」や「非常事態」の政治的意義については、「歴史の概念について」において議論されている。「抑圧された者たちの伝統は、私たちが生きている〈非常事態〉が実は通常の状態なのだと、私たちに教えている。この教えに適った歴史の概念を、私たちは手に入れなければならない[*43]」。ベンヤミンはナチスが「第三帝国」と名乗ることによって国家の伝統のなかに自らを位置づけ歴史を専有するだけではなく、「危機」という概念を専有するために「例外状況」を作り出しているということを指摘している。ナチズムは日常生活と危機的瞬間の区別をなくし、両者の指示作用を無化するのだ。ジョルジュ・アガンベンはベンヤミンの影響のもとに書いた『例外状態』において、「第三帝国は全体として一二年間にわたって継続した例外状態とみなすことができるのである」としたうえで、「現代の全体主義は、例外状態をつうじて、政治的反対派のみならず、なんらかの理由によって政治システムに統合不可能であることが明らかとなったさまざまなカテゴリーの市民全体の物理的除去をも可能にするような、合法的内戦を確立しようとしたものと定義することができる」と述べている。[*44]このようなナチスによる「合法的内戦」

の発明は、あらゆる形の抵抗運動をマルクスが「パスティーシュ」と呼ぶものに変えてしまうだろう。ナチズムは常に時間と空間を均質化し、それによってあらゆる抵抗の契機を奪い取ってしまう機械である。本書が第一章でローマ式敬礼とロレンスの批判を通じて検討したように、ファシズムは美の標準を作り出し、人びとが自分たちの理想をそれと同一化することを強いるのだ。全体主義政権はまた歴史をいわば「求心的に」手元へと近づけて、それを政治的な目的のために利用する。美学と歴史の画一化を通じ、ナチスは全体主義的なカテゴリーを人びとにあてはめ、そこに適合しない人びとを排除したのである。

「非常事態」と「危機の瞬間」

「歴史の概念について」において、ベンヤミンは「真の非常事態を出現させるということ」を「私たちの課題」としているが、これは政治的に構築された「緊急事態」に対抗する現実を作るためである。[*45] ベンヤミンは「歴史の連続を打ち砕いてこじあけようとする」自分の方法を「歴史的唯物論」と呼び、それをはっきりと「一般史」あるいは「普遍歴史」と彼が呼ぶものから区別している。[*46] そこで重要となるのは「現在」という還元不能な他者としての時間性である。

移行点ではない現在の概念、時間の衡《さお》が釣り合って停止に達した現在の概念を、歴史的唯物論者は放棄できない。というのも、この現在の概念こそ、ほかならぬ彼自身が歴史を書きつつある、まさにその現在を定義するものだからだ。歴史主義が過去の〈永遠の〉像を立てるのに対して、歴史的唯物論者は過去に関する経験を、それも、いまここに唯一無二のものとしてあるそれを呈示する。[*47]

ベンヤミンは歴史の「普遍的な」記述への依存を批判する。というのも、それは現在と過去の連続性を前提とし、過去のすべての時期を現在時から切り離すことが出来るものとみなすからである。歴史的唯物論は過去との弁証法的な関わりを基礎とする。それは歴史を書く行為を書かれた歴史と絡み合わせ、現在と過去の対話の空間を切り開く。それはナチスが「過去」を政治的目的のために活用するのとは本質的に異なる、他者を中心とした「遠心的」な方法であるのだ。美学的、政治的な危機の時代において、「一般史」はユートピア的すぎるとベンヤミンは主張する。「一般史はいかなる理論的武装ももってはいない。その方法は加法的である。つまり、一般史は均質で空虚な時間を埋めて満たすために、大量の事実を呼び集めるのである」[*48]。「一般史」は「触覚」が支配的な感覚である時代において出来事の特異性を捉えることは出来ない。というのも、それは視覚的に認知可能な中立的時空間を前提としているからだ。それどころか、その科学的な客観性は現在進行している暴力から人びとの目をそむけてしまう可能性がある。リーグルが空間を歴史化するのと同様、ベンヤミンは「空虚な時間」に質的差異を導入し、「差異としての時間」を創出するのである。「危機」の瞬間は、歴史の「永遠」のイメージに還元しがたいものであり、しばしば集合的かつ政治的に忘却されているものだが、ベンヤミンの歴史的方法はこの「瞬間」の把握を目指すことになる。

過ぎ去った事柄を歴史的なものとして明確に言表するとは、それを〈実際にあった通りに〉認識することではなく、危機の瞬間にひらめくような想起を捉えることを謂う。歴史的唯物論にとっては、危機の瞬間において歴史的主体に思いがけず立ち現れてくる、そのような過去のイメージ(ein Bild)を確保する(festzuhalten)ことこそが重要なのだ。[*49]

「過去のイメージを確保する」というのはベンヤミンの歴史的唯物論を象徴する触覚的イメージである。「確保する」にあたるドイツ語 festzuhalten は fest（「固い」、「堅固な」）と halten（「手に持つ」「つかむ」）を組み合わせた単語だが、これが逃げ去りゆく「過去のイメージ」を捕まえようとする動作に対応していることは容易に見てとれるだろう。また、日本語訳では「イメージ」と訳されているので素通りしてしまいそうだが、ここでのドイツ語は Bild であり、これは「複製技術時代の芸術作品」において Abbild（「模造」）と対比されていたオリジナルの「絵画」を意味する単語でもある。とすれば、右の引用において過去のイメージをつかむといった時の「イメージ」は決して間接的に過去を伝える表象であってはならず、直接的イメージでなければならない。歴史的唯物論の唯物性はこの過去の直接的なイメージに触れ、確保せんとする、ほとんど不可能に見える企図にかかっているといってもいいだろう。これは当然、愛の言語によって語られてもよく、すでに述べたようなダンテのベアトリーチェへの求愛の所作と同型である。このように、ベンヤミンの「歴史的唯物論」は始原的な触覚性に密接に関わっている。

クレーの《新しい天使》と新しい野蛮さ

ベンヤミンにとって、彼の所有していたパウル・クレーの絵画《新しい天使》（一九二〇）は、ファシズムの「非常時」言説に対抗するような「真の非常事態」を体現するイメージである（図3-1）。彼は「歴史の概念について」において、その絵画について「歴史の天使はこのような姿をしているに違いない」と述べている。[*50] クレーの天使は伝統的な天使のイメージには全く似ておらず、ただその痕跡のようなものが残っているのみである。その姿は悲劇的であるとともに滑稽だ。その大きすぎる頭、大きく見開かれた目、鳥のような短い手足。しかし何よりもその粗雑に見える身体のぎこちなく子どもっぽい線が、痛切に身体の脆弱さ、あるいは危機にある身体について語っている。ベンヤミンは言う。この絵において、天使はその顔を「過去の方に向けている」。その一方で「楽園」からの激しい嵐が「彼を、背を向けている未来の方へ引き留めがたく押し流して」ゆく。ベンヤミンはこの嵐を「私たちが進歩と呼んでいるもの」のアレゴリーであるとしている。[*51] この天使は「楽園」という本来の住処から追放されているが、それは「進歩」というドグマのためである。この天使のように、歴史的唯物論者は「未来」からの強い風にさらされながら過去に向かい合わなければならないと、ベンヤミンは考えていたのである。

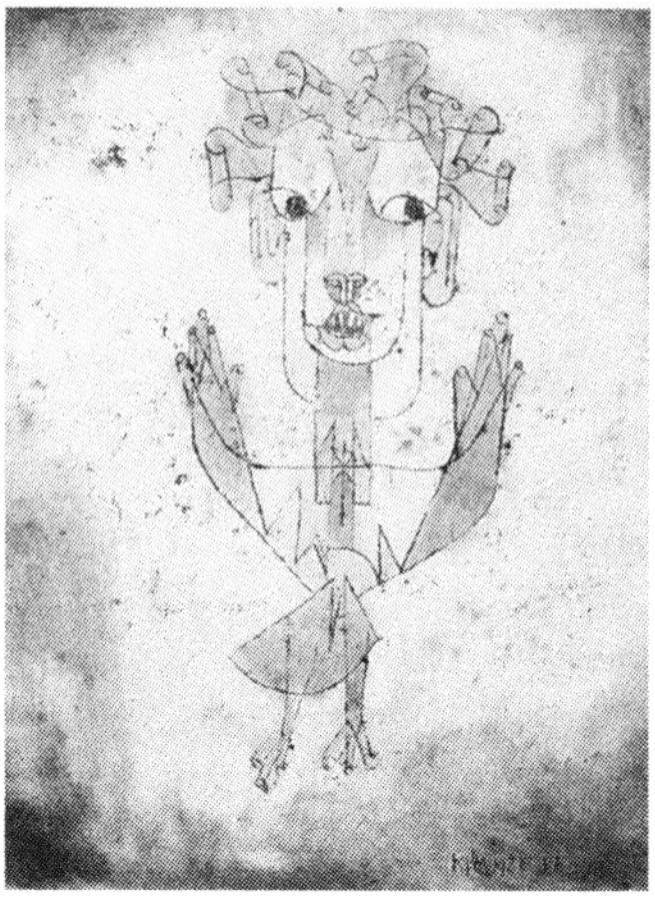

図3-1　パウル・クレー《新しい天使》, 1920.

この天使は、自然、純粋さ、美など、伝統的に天使が象徴を担っていると思われてきたものを象徴的に表しているわけではない。明らかに、この天使は自然とテクノロジー、有機と無機という紋切型の二元論の一方に立ってはいないのだ。この天使は自然が人工の衣装をまとい、人工物が自然環境と一体化している時代に適応した「新しい」形象である。そのように考えれば、やはりクレーの絵画への言及が含まれている「経験と貧困」における次のような《新しい天使》の少し奇妙な描写の意図も理解しやすくなるだろう。

> つまりクレーの例でいえば、彼が描く人物たちはいわば製図板の上でスケッチされたのであり、その顔つきの表現において、それらの人物たちは——よい自動車というものは、車体がどれほど立派でも、何よりもエンジンの必要条件に従うように——何よりも自己の内面に現にあるものに従っているのだ。内面性（Innerlichkeit）よりも、自己の内部に現にあるもの（das Innere）に従うこと、このことこそが、クレーの描く人物たちを未開人的にしているのである。[*52]

ここで触れられている「内部に現にあるもの」は、個人の本質を成す「内面性」という伝統的な概念と訣別している。実際、「新しい天使」の半透明の体は身体というよりは構造物といった方がふさわしく、内面に乏しいものに見える。中身のない天使。その身体はあまりにも脆弱で、自然の法と調和するどころか、テクノロジーや文明の法に左右されるのだ。ベンヤミンはこのような形の崩れた天使を「真の非常事態」を体現したものと見ているのである。というのも、それは天使の身体という最も神聖な領域までもがテクノロジーによる犠牲によって蹂躙されている様子を捉えているからである。クレーのプロジェクトは、ベンヤミンのそれと同様、単純に進歩的でも保守的でもない。それはテクノロジーを賞賛も批判もしていないが、アウラの危機の歴史的瞬間の証言となっているのである。

ベンヤミンは、この天使と同じように、進歩主義のドグマを批判するために後ろを振り返ろうとする。すでに言及した通り、ベンヤミンにとってエジプトが重要であったのは、それが「歴史」に先立つ時間を保有した空間＝時間と認識されていたからだ。「理論的武装」の必要性についての彼の主張を考慮するならば、ベンヤミンはエジプトという名の他者を、イタリアやドイツの全体主義的な歴史観に対抗するための媒介としていると考えることも出来るだろう。ベンヤミンによる「野蛮さ」の導入は、そのような政治的に発明され制御された歴史記述を批判的に攪乱するのだ。『パサージュ論』において、ベンヤミンは「過去の一片が［現在の］アクチュアリティに撃たれる（betroffen）ためには、両者のあいだに連続性があってはならない」と述べている。[*53] ベンヤミンが受動態で用いている動詞 betroffen は「打つ」、「撃つ」、「あてる」などの意味を持ち、ここでは「現実」が「過去」を「打つ／撃つ」という関係に置かれていることが分かる。そのような一撃を有しない「一般史」から距離を取り、彼は「歴史的唯物論」によって一見無関係に思われる過去と現実の接触の契機を作り出そうとしたのである。「野蛮さ」はこのような接触に必要な要素である。

「経験と貧困」は、このような戦略的な「野蛮さ」についての重要な一節を含んでいる。

野蛮さだと（Barbarentum）？　いかにもその通り。私たちがここでこの言葉を口にするのは、野蛮さについての新しい概念を導入するためである。というのも、経験に乏しいとき、未開人はどのような状態へと強いられるだろうか？　そのようなとき、未開人はいちばん初めの段階から事を起こさねばならない。つまり、新たにはじめること、わずかばかりのもので遣り繰りすること、そのわずかばかりのものから拵えあげること、そしてその際に、右や左をきょろきょろ見ないこと。[*54]

「経験」の価値が取り戻しようもなく下落してしまった時代において、「野蛮さ」は一つの選択である以上に、全体主義的な美学に反対するいかなる芸術作品にも必要な条件となった。「野蛮さについての新しい概念」に含意されているのは政治的に構築された美学を破壊するような潜在的他者性であり、それはロレンスが一九二〇年代にプリミティブなものを通じてイタリア・ファシズムを相対化しようとした試みに通じている。ケビン・ミクロクリンが述べているように、「野蛮さ」という言葉は「外国から来たものの言語的変形のある特殊な型」を指す。[*55]「野蛮さ（Babarentum）」という言葉はギリシア語の「バルバロイ」という語を語源として持つが、この語はギリシア人たちが自らを「ヘレネス」と指すのと対照を成す言葉で、北アフリカに住む異民族（「ベルベル人」）を指すとともに、「わけのわからない言葉を話す人びと」という意味も持つ。したがって、バーバレンタムとベルベル（Berber）は音声と政治の暗黙の結びつきを示唆している。自国の言語との音声的な標準からの逸脱は政治的、文化的な周縁性と密接に結びつくのである。

このような語源的な背景は、「野蛮さ」に肯定性を付与するというベンヤミンの戦略の意図を明らかにする。彼は標準的な語りを構成する「新しい法」、ひいては西洋的な表象システム全般を批判しているのである。歴史的なナラティブに野蛮な他者性を導入することによって、ベンヤミンの弁証法的なモデルは「一般史」がその性質上常に行っている包摂と排除のメカニズムの問題点を明らかにする。[*56] ベンヤミンが「歴史的唯物論」を「抑圧された者の伝統」の上に打ち立てたとき、彼はギリシア＝ローマを起源とする西洋の歴史観の権威を「ベルベル的なもの」によって相対化しようとしたのである。

アナクロニズムとしての歴史

ベンヤミンは「一般史」を批判するために、リーグルによる美術史の方法を援用した。リーグルが芸術の起源を視覚的なものを対象化することが可能な「空間」の成立以前に求めているのと同様、ベンヤミンは「歴史以前」や「第一の歴史」とでも直訳しうる「原史（Urgeschichte）」概念を導入することで、さまざまなものが拮抗しながら整理されずにいる「歴史」以前の場に対峙しようとする。「原史」という概念は、歴史を統一的なまとまりとしてではなく、弁証法的な相互作用の起きる独自のプロセスとして眺めた時にのみ思考可能なものとなる。ベンヤミンの歴史的唯物論という方法の性質は「エードゥアルト・フックス——蒐集家と歴史家」にもまた記述されている。

> 歴史主義は過去の永遠の像を叙述する。これに対して歴史的唯物論者は、過去に関するそのつどの経験を、それもいまここに唯一無二のものとしてあるそれを呈示する。構成的要素によって叙事的要素を脱することこそ、この経験の条件であることが明らかになる。この経験のなかで、歴史主義の〈昔々ありましたとさ〉という枠のうちに束縛されていた、強大な諸力が解放されるのである。どの現在にとっても根源的な経験である、歴史に関す

る経験を、作動させること——これが歴史的唯物論者の課題（使命）である。彼は歴史の連続を打破する現在の意識に依拠しているのだ。[*57]

「歴史の概念について」でも形を変えて登場するこの一節の示すように、歴史的唯物論の方法の重要な点は過去を連続的時間の一点とみなすのではなく、現在の状況に影響を与える時間の性質として理解することである。ベンヤミンは、歴史的唯物論の弁証法は危機にある「経験」の価値を蘇らせてくれると信じていた。過去を知り、理解し、分節化するだけでは足りない。ベンヤミンにとっては歴史とは過去と現在が絡み合った場を「経験する」ための扉となるものである。「歴史の概念について」で、ベンヤミンは「過去はある秘められた索引を伴っていて、それは過去に、救済（解放）への道を指示している」と述べ、続く箇所で「実際、また、かつて在りし人びとの周りに漂っていた空気のそよぎが、私たち自身にそっと触れて（streifen）はいないだろうか」と問うている。[*58] そよ風を媒体として軽やかに触れるイメージはすでに述べた吸い込む空気としてのアウラのイメージとも共振し、過去との主体の関わりが形成する「幸福」のあり方について教えてくれる。それは、過去の断片が現在時に突然湧き上がってくるような、ベンヤミンも好んで言及したプルースト的な幸福に他ならない。

ベンヤミンの「起源」という概念について検討した論考において小林康夫は、ベンヤミンの歴史的方法は根本的にアナクロニスティックな性質を持つと述べている。[*59] 小林は「歴史の概念について」の第一四節のはじめに引用されているカール・クラウスの言葉、「根源こそが目標だ（Ursprung ist das Ziel）」[*60] に注目し、この言葉が線的な歴史と決別し過去を現在へと投影するベンヤミンの新しい歴史的方法への「意思」を表していると主張する。ジョルジュ・ディディ＝ユベルマンの主張するように、ベンヤミンの起源という概念は「いかなる意味においても、川の水源がそこから上流へと遡るかのように、事物の「上流」に留まっている何かを指すことはない」のであって、それは歴史を弁証的な運動へと導く媒体となる[*61]。実際、『ドイツ悲劇の根源』において、ベンヤミンはこう記している。

根源（Ursprung）は、あくまで歴史的なカテゴリーではあるのだが、それにもかかわらず、生起＝発生（Entstehung）とはいかなる共通点ももたない。根源において志向されるのは、発生したものの生成ではなく、むしろ、生成と消滅から発生してくるものなのである。根源は生成の川のなかに渦としてあり、生起の材料をみずからの律動のなかへ巻き込んでしまう。事実的なものの、剝き出しのあからさまな姿のなかに、根源的なものが認識されることは決してない。……哲学的考察の指針は、根源に内在する弁証法のなかに記載されてある[*62]。

「法」と密接に結びついた聖書的な概念である「創造」とは違って、ベンヤミンの「起源」という概念は必ずしも時間的な「始まり」を指しているわけではない。ベンヤミンは「起源」がすでに時間における弁証法的運動に巻き込まれていると主張しているのだ。したがって、「起源」は「その後の発展」に先だってはおらず、「現在時が充満した過去である」。そのような「過去」は現在との関係においてのみ見出される。ベンヤミンにとって革命とは権威への抵抗であるだけではなく、「均質で空虚な時間」への抵抗であるようなアナクロニズムの力である[*63]。ベンヤミンはこのようにして、起源の絶え間ない探索のうちでアナクロニズムとしての歴史を作り出したのである。この起源（Ursprung）は過去への「跳躍（Sprung）」を必要とする、とマルクスの用語を援用しながらベンヤミンは述べている[*64]。ベンヤミンの歴史観は過去の埋もれていた地層を掘り起こし、現在時を考古学的に見ることを可能にするのだ。

ベンヤミンによるリーグルの「触覚的なもの」と「視覚的なもの」の区別の逆転した形での応用はこのような根

本的にアナクロニスティックな歴史認識に基づいている。しかしながら、ベンヤミンは古代エジプトと現代を並置することによって同じものの回帰を示唆したわけではない。「複製技術時代の芸術作品」において、ベンヤミンはフランスの映画監督であるアベル・ガンスの次のような言葉を引用している。

「そのとき私たちは、過去に存在したものへのきわめて奇妙な回帰の結果、エジプト人の表現レヴェルに再び立ち至ったのである。……イメージの言語はまだ成熟していない。なぜなら私たちの眼がまだそれに十分慣れていないのである。この言語で表現されるものへの尊敬も礼拝も、まだ十分ではない[*65]」。

ガンスは映像を「イメージの言語」と呼ぶことでその芸術がいまだ未発達な段階にあることを主張するとともに、映像による芸術がいずれは言語芸術と同様の権威を獲得するであろうことを示唆している。このようなガンスによる映画の神話化に対し、ベンヤミンは批判的である。というのも、それは古代と現代の差異を無視しているからであり、その方法は、両者を弁証法的関係におくベンヤミンのそれと決定的に異なっているからである。ベンヤミンにとって、エジプトのイメージはそれが「他者」として留まり、西洋中心的な「歴史」の限界を露呈させるとともに、「起源」の問題への思考へと導く限りにおいて有効なのである。彼にとっては、起源と現代の両者を隠ぺいする歴史の表象システムの外部を思考するということは倫理的な問題である。ガンスは直線的な進歩史観に立って、古代を単に未発達な時期と捉えており、その点がベンヤミンには不満なのである。

「複製技術時代の芸術作品」に引用されたもう一つの文章はガンスの普遍主義的な歴史観を示している。「シェイクスピア、レンブラント、ベートーヴェンが映画には登場するだろう。あらゆる伝説、あらゆる神話、あらゆる宗祖、いやあらゆる宗教が、……スクリーン上での復活を待っているし、英雄たちは門のところでひしめいている[*66]」。

ガンスの方法は、ベンヤミンが考えているような弁証法的な現在と遠い過去の弁証法ではなく、過去をそのまま再現できるという、複製技術によってのみ可能となるようなオプティミズムなのであり、それは過去を自由に引用して政治を美学化するファシズムの原理と調和する。ベンヤミンは、このような歴史の平板な理解は触覚と視覚を永遠に切り離してしまうと考えたのである。*67

すでに述べたように、ベンヤミンは、ダダイストたちの絵画や映画などの触覚的な芸術の勃興がアウラの時代の終わりを画していると主張している。しかしながら、これは「起源」をめぐる弁証法的な思考を通じて「肯定的な野蛮さ」が可能となる時代の始まりを画してもいるのだ。ベンヤミンは、原始的な過去と現在時が触覚的な芸術を通じて絡み合うときに、アウラの要素が「さっと掠め過ぎてゆく」ことを信じていた。*68 現代の触覚はアウラ的な芸術の伝統を破壊したものの、それは視覚的に構築された「一般史」が抑圧してきた原始的な触覚性へと通じる道を開いたとも言えるのである。ベンヤミンの触覚言説は危機の時代に対応している。彼は芸術と歴史記述の両者が、現代社会において深まりつつある「経験の貧困」に対応したものにならないといけないと考えたのである。ナチスが「例外状態」を「普通のもの」に転換したとすれば、ベンヤミンは芸術と歴史を通じて「緊急事態」の偏在性を明らかにしたのである。「野蛮さについての新しい概念」はここにおいて中心的な役割をはたす。D・H・ロレンスやスティーグリッツ・サークルの多くの芸術家たちと同様、ベンヤミンは原始的なものに進歩主義的なドグマを転覆する革命的な潜在性を見出していた。ベンヤミンの歴史的唯物論は原始的なものと現在時の「触覚性」によるつながりに基づいており、それを実践する者は歴史についてのパノラマ的な視点を得るのではなく、過去の「さっと掠め過ぎてゆく」イメージをつかみとろうとする。このようにして、ベンヤミンの歴史的唯物論は、過去を過去のイメージによって機械的に置き換えようとする平板な同時代の文化とナチスの全体主義に抵抗しているのである。

四　模倣と「手」というトポス

「模倣の能力」と触覚

ベンヤミンの後期の理論において、「起源」の問いはもう一つの重要な問題である複製の問題と密接に関わっている。すでに見たように、ベンヤミンは現代の複製技術が「起源」や「オリジナル」といった概念を大きく変化させたと考えていた。「オリジナル」という言葉は、無から全く新しい何ものかを作り出すということを意味しているのではない。むしろ、人間が何か「オリジナル」なものをつくり出すことが出来るのは、人が本来自らと環境を調和させる「模倣の能力」を持っているからである。ベンヤミンの幼少時代や玩具への関心は、機械的な複製とは対照的な、人間の本性としての模倣の欲望の注意深い観察に根差している。一九三三年の「模倣の能力について」という論文の冒頭を読んでみよう。

自然はもろもろの類似をつくり出す。動物の擬態のことを考えてみさえすればいい。類似を生み出す最高の能力をもっているのは、しかし人間である。類似を見てとるという人間の持つ才能は、似たものになるように、また似た振る舞いをとるように強いた、かつては強大であった力のその痕跡にほかならない。ひょっとすると人間は、模倣の能力（das mimetische Vermögen）を決定的な誘因としない、いかなる高次の機能も所有していないのかもしれない。*69

ベンヤミンはこのように模倣の能力を人間に自然に備わったものであり、引用中の最後に示唆しているようにきわめて根源的な力であるとみなしながら、「かつては」その力が強大であったと過去のこととして述べているように、今ではそれはほぼ失われており、ただ「痕跡」だけが残っていると考えている。「模倣の能力」が「アウラ」と同様に機械的な複製技術のために衰退の運命をたどっていることが見てとれるだろう。

模倣の能力を創作の根本的な起源とみなしたのはベンヤミンだけではない。アリストテレスは『詩学』のなかで、詩、演劇、音楽などはすべて「模倣」であるとみなしている。アリストテレスは「再現（模倣）することは、子どものころから人間にそなわった自然な傾向である。しかも人間は、もっとも再現を好み再現によって最初にものを学ぶという点で、他の動物と異なる」と述べている。[*70] 模倣の能力は学習と結びついており、それは喜びを与えてくれるものなのだ。アリストテレスは、芸術的創作はこの子どもの喜びを源泉としたものだと示唆しているが、ベンヤミンにとっても子どもとは自然に養われた模倣能力を備えた存在であり、「子どもの遊びには、至るところに模倣の行動様式が浸透して」いると主張している。[*71] 子どもは模倣によって世界の知識を得るのだ。模倣の対象は人間だけではない。「子どもは店のおじさんや先生の真似をするばかりでなく、風車や汽車の真似もする」のである。[*72] 子どもにとって、周囲の事物や人物になるふりをするということは周囲の環境を身体的に理解する手立てである。子どもは客観的に世界を眺めるのではなく、自分たちが参与するものとしてそれを捉えるのである。

自伝的スケッチである「一九〇〇年頃のベルリンの幼年時代」において、ベンヤミンは自分が子どもの頃に家の中のさまざまな場所に身を隠して遊んだことを回想している。「隠れ家では、私は物（Stoff（素材））の世界のなかに包み込まれていた。物の世界が途方もなく露わになり、無言のまま私に迫ってくるのだった。……戸口のカーテンの後ろに立つ子どもは、自身が風に揺らめく白いものになり、幽霊になる。食卓のしたにうずくまれば、それによって子どもは、彫刻を施された脚を四方の柱とする神殿の、木彫りの神像と化す[*73]」。生物が周囲の環境に合わせてカモフラージュしたり擬態をしたりするのと同様、子どもは簡単に自分の周りの事物に「なる」。そのとき、対象と主体を分かつ境界線は消失する。ベンヤミンは有機物と無機物の境界、自然とテクノロジーの境界をやすやすと乗り越える子どもの模倣の能力のうちに、人間よりも「モノ」を中心とする世界観を見ている。第二節で見た現象学的な用語によって整理するならば、ベンヤミンがここで描いている子どもの能力は、世界に対する「遠心的」な関わりを示しているということになるだろう。

人間の「模倣の能力」と芸術的創造には重要な連続性があるとベンヤミンは考えており、彼の複製技術論をこの観点から考えるのは重要なことである。「複製技術時代の芸術作品」において、ベンヤミンは次のように書いている。

技術的複製は……オリジナルの模像（Abbild）を、オリジナルそのものが到達できないような状況のなかへ運んでゆくことができる。とりわけ、技術的複製によってオリジナルは受容者のほうへと歩み寄ることができるようになる――写真というかたちであれ、あるいはレコードというかたちであれ。大聖堂はその場所を離れ、芸術愛好家のアトリエで受容される。ホールあるいは野外で演奏された合唱曲は、部屋の中で聴かれる。[*74]

「大聖堂はその場を離れ」という誇張された表現は、ベンヤミンが大聖堂とそれが建っている場所との取り替えがたい関係性を重視していることを示している。「写真」や「レコード」といった複製技術は、芸術とそれが創造された場所の関係を断ち切り、受容者が芸術の方へと歩み寄るのではなく、芸術が受容者の方へと歩み寄ることのできる世界を現出させたのである。ところで、「複製技術時代の芸術作品」によるならば「芸術作品はつねに複製可能であった」のであって、それどころか、われわれが見てきたように何かを模倣しそれを想像へと結びつけることは人間の自然な才能の発露である。[*75] 実際、ベンヤミンのさまざまな論文で強調される「伝統」は、抽象的な概念ではなく、「模倣」や「複製」によって伝えられてきたものに他ならない。彼にとって問題であったのは「複製」そのものではなく、「手」による複製と機械による複製の差異である。しかし、ベンヤミンは「手」による複製が技術的な複製に比べてより真正なものだったと言っているのではなく、「手」による複製はオリジナルの持つ「真正さ」を「完全に保持することができた」と述べている。[*76] 言い換えるならば、「手」による複製はオリジナルのオリジナルたる所以を傷つけることがないのである。

「物語作者」と触覚

すでに明らかなように、ベンヤミンはスティーグリッツと同様、「手」に生気論的イメージを付与しているのだ。一九三六年のエッセイである「物語作者」はこの生気論的な「手」を言語活動に結びつける。「物語作者」という「物語」を創作する作者のようなイメージを抱いてしまうかもしれないが、ドイツ語の“Der Erzähler”という言葉は「語る」という意味を持つ erzählen という動詞を元にしており、声に出して話す身体的なイメージと強く結びついている。この身体的イメージは重要である。というのも、ベンヤミンは「物語作者」を、印刷されたものではなく共同体の中で直接音声を通じて物語を語り継ぐ主体として想定しているからだ。すでに引用したが、物語る行為と職人の手仕事を類比した一節を再び引いておこう。「手仕事の――農民の、船員の、そして都市の職人たちの手仕事の――輪のなかで長く栄えている物語は、それ自体、伝達のいわば手仕事の形式なのである」[*77]。技術の伝達が人から人へと伝承される職業においては、物語もまた伝承されるのであり、したがって手仕事と物語る行為は不可分の関係に置かれる。手仕事も物語もここでは共同体の成員によって広く共有されるものであって、「手」や語る行為は身体的なメディア＝媒介物であるのだ。このようにして、語る行為は共同体における生産と神話の双方に関係する。上の引用の直後で、ベンヤミンは語り手と物語の間の触覚的なつながりを強調している。これもすでに引用した箇所であるが、もう一度見ておきたい。

物語は、情報や業務報告がするように、事柄を純粋に「それ自体」だけ伝えることを狙っているのではない。それは事柄を、いったん報告者の生のなかに深く沈め、その後再びそこから取り出してくる。そういうわけで物語には、ちょうど陶器の皿に陶工の手の跡（die Spur der Töpferhand）がついているように、語り手の痕跡（die Spur）がついている。[*78]

「情報や業務報告」は語り手による影響を受けない中立的な内容を持つのに対し、共同体の中で語り継がれる物語にはそれを語り継ぐ者たちの参与した「痕跡」が残される。このようにして語られる物語の同一性は保持されながら、それが語り継がれるという行為を通じて常に差異をはらんだものとなる。それは、機械的な複製が「同じもの」しか反復することができないことと対照を成しているのである。語る行為はまた、現在と過去の間に弁証法的な関係を作り出すのであり、そうした意味でそれはベンヤミンにとって、異なる人間だけではなく、異なる時間も束ねることのできるものであるのだ。同様に、手による複製は同一のものを源泉とし、たえずそれを参照としながらも差異を「痕跡」として複製物に刻み込むのであって、複製という作業の行われる瞬間は過去と現在のあいだの弁証法的な関係を作り出すのである。

デヴィッド・S・フェリスは、「複製技術」論文の第三稿においてベンヤミンが写真や映画などの表現手段を「手がかり＝手段（Handhaben）」と呼んでいることを指摘している。[*79] それは第五節の末尾に現れ、「以下のことはかなりはっきりしている。今日、写真、あるいは特に映画がこの理解について最も有用な手がかり（Handhaben）を与えてくれる」とある。[*80] 引用中の「この理解」とは、複製技術によって芸術が「まったく新しい機能を備えた構築物」となり、芸術的な機能が「付随的なものと見なされるようになったかもしれない」というこの直前で言われている主張を指している。ハーヴァード大学出版から出ている英訳版ではこのHandhabenというドイツ語はvehicleと訳されているが、フェリスはこれに対してhandleという直訳を提案し、ドイツ語原文に込められた触覚性を強調する。実際、「手」(Hand)」と「持つ(haben)」という二つの語をもとにするドイツ語のHandhabenという言葉は、映画や写真は触覚的メディアであるという「複製技術」論文の主張と切り離すことはできないだろう。handからhandleへ。この移行こそが技術のもたらした知覚の歴史的変化なのであり、二つの触覚的モードの差異であるのだ。このことは、われわれを「複製技術時代の芸術作品」における目と手のあいだの弁証法についての記述に差し戻すだろう。

写真とともに史上はじめて手が、イメージを複製する過程において、もっとも重要な芸術上の責務から解放されることになった。この責務はいまやひとえに目に与えられたのである。目は手が描くよりもすばやくものをとらえることができるので、イメージを複製する過程は著しく迅速化され、話すことと歩調を合わせられるようになった。[*81]

ベンヤミンにおいて、これほど明確にメディアと身体の関係が論じられた箇所はないだろう。絵画の歴史を支えてきた「手」の精細な技を、写真という技術は時代遅れなものにしてしまうのである。すでに見たように、複製に要する時間が世界と主体を結びつけるとするならば、一瞬のうちに複製を完成する写真という機械は、かつては「触覚」が担っていた複雑な機能を単純化し一挙に引き受けてしまうという点で触覚的なのである。

アウラの消失は、触覚的な体験そのものというよりは、触覚的なものの潜在性の消失と関わっている。「手」は

「ハンドル」とは違い、ある用途には限定されておらず、「触れないこと」もまた「触れること」への期待であったり、「触れる」という経験の痕跡であったりする。そこにおいては、複製の失敗はただの失敗ではなく、模索のプロセスにおいて必ず現れる副産物である。それに対し、「ハンドル」は目的を成し遂げるためだけに存在し、もしそれが不可能であれば、それは単なる失敗であるか故障である。それに、「手」は投げ捨てることは出来ないが、「ハンドル」は投げ捨てることができる。

「手」は身体の一部であるだけでなく他者や環境との関係を生み出す場であり、それは必然的に時間的、空間的な差異を生産する。ベンヤミンにおいて、他者性の経験とはつまるところこのような差異の生産なくしてありえない。リーグルが「芸術への意志（Kunstwollen）」と呼んだものは、このような手のテクネーとしての性質を指している。[*82] 芸術を鑑賞するということは、手による創造のプロセスを想像することを含むのであって、写真や映画といった複製技術はこの創造をきわめて単純なものにしてしまうだろう。「模倣の能力について」はこのように、「複製技術」論文を違う角度から読むことを可能にするのである。

五　翻訳の触覚

翻訳と〈存《なが》える生〉

ベンヤミンの「起源」と「複製」をめぐる問いのうちで最後に考えたいのは彼の言語観を強く反映した初期の翻訳論である。翻訳もまたミメーシスの一形態であると同時に「媒介」であると考えることは、彼の翻訳論の特異な性格について考察する際の重要な土台となるだろう。それは、ベンヤミンの触覚言説の最も深い部分における「触れること」の主題に関わってくる。「翻訳者の使命」は一九二一年に書かれ、一九二三年に彼が翻訳したボードレールの『悪の華』の一部、「パリの光景」の序文を成している。ここで、彼は原文と翻訳との常識的な関係性を覆している。翻訳はふつう、先に存在している原文に対してなされた二次的なものだと思われている。しかし、ベンヤミンはこのような階層的な関係性——本文の中で彼が「原作と翻訳の地位の差」と呼んでいるもの——を前提とはしない。[*83] 翻訳を何かをもとに新しいものを生成する作業であると考えるならば、それはオリジナルを単純に異なる言語に置き換えたものではありえず、言語一般に異他性を導入し、言語の根源的な性格を明らかにするプロセスであるはずである。「翻訳者の使命」は彼の歴史的唯物論についての論文よりも少なくとも一〇年は早く書かれているが、同じような「転覆」の原理に基づいている。彼は、「野蛮なもの」や「未開のもの」と現代を弁証法的な関係に置いたのと同様、翻訳とオリジナルを相互に関係しあう弁証法のうちに置いたのである。

翻訳とはひとつの形式である。翻訳をそのようなものとして理解するためには、原作へと立ち返ってみることが重要である。なぜなら、原作のなかにこそ、その翻訳可能性として、翻訳の法則が内包されているからである。[*84] 起源についての問いをめぐって第三節でわれわれが見たのと同じ論理によって、原作にはすでに翻訳との弁証法的関係性が内包されているとベンヤミンは考えている。「翻訳可能性」は実際の翻訳作品とは別個に問われるべき問題である。それは言語作品に埋め込まれたものであり、伝達の媒体としての言語の本質を成している。

翻訳可能性はある種の作品に本質的に内在する——このことは、その作品の翻訳はその作品自体にとって本質的なものだというのではなく、あくまで原作に内在するある特定の意味がその翻訳可能性として顕《あら》わになる、ということを言っている。翻訳は、それがいかに優れたものであろうと、原作にとって何かを意味しうるわけでは決してないことは明らかである。にもかかわらず、翻訳は原作とその翻訳可能性によって密接な連関のうちにある。それどころかこの連関は、原作そのものにとってもはや何も意味しないだけに、よりいっそう密接なのだ。この連関は、自然的な連関、もっと厳密にいえば生の連関と呼んでもいい。[*85]

「翻訳可能性」は「ある種の作品にとって本質的なものでなければなら」ず、それは実際に翻訳されるかどうかにかかわらず「原作」のうちに存在している。つまり、「ある種の作品」は、翻訳の到来を、実際に来るかどうかは分からないにもかかわらず待つ存在であるわけだ。実際の翻訳は「原作」の内容に影響を与えるものではないが、翻訳は原作に内在する「翻訳可能性」と「密接な連関」を持つとベンヤミンは主張している。「翻訳者の使命」とは、作品に内在的な「翻訳可能性」に適切に反応して、「翻訳」と「翻訳可能性」の「密接な連関」を築き上げていくことにある、ということも出来るだろう。ベンヤミンがここで、「生の連関」という生気論的な言葉を彼の翻訳論に導入していることは重要である。ベアトリーチェとダンテの関係性についてのベンヤミンの議論を思い出してほしい。ダンテにとってベアトリーチェは死後においてその存在の意義を増すような存在であった。このような非対称的な関係の充実が、「この連関は、原作そのものにとってもはや何も意味しないだけに、よりいっそう密接なのだ」という、いささか奇妙にも思える断言のロマン主義的な性質を明らかにするだろう。翻訳にとって大事なのも「原作の生というより、その〈存え《ながら》る生（Überleben）〉」であるとベンヤミンは論じている。[*86] 原作を生ある存在と考えるにしても、その生命は既に終わっていて、「翻訳はその作品の〈死後の生（Fortleben）〉の段階を示すものである」のだ。[*87] ダンテのベアトリーチェへの関係は「触れることなく触れる」という、対象との「密接な連関」によって定義されるものであった。「翻訳可能性」という概念は、この点でダンテのベアトリーチェへの愛に比せられるべきものである。それは身体的な限界を超えて存在する、不可視の呼応であるのだ。

これは比喩ではない。これを単なる比喩であると捉えるとベンヤミンの議論の生気論的性質の本質を捉え損ねてしまう。われわれ読者がこのような「連関」を信じるかどうかとは別に、ベンヤミンがそれを信じていたということを認識しておくことは重要である。実際、ベンヤミン自身が次のように注意を喚起している。「芸術作品の生とその死後の生という考え方は、メタファーとしてではなく、まったく文字通りに理解されねばならない。有機的な肉体性にのみ生を認めてはならないことは、思考が最も偏見にとらわれていた時代においてすらそのように考えられていた」。[*88] このようにベンヤミンは作品に「生」が文字通りに宿るということを認めているのだ。では、有機物と同一のものではない「生」は何によって定義されるのか。

「歴史」である、と彼は言う。われわれが第三節で詳細にたどった彼の歴史的唯物論と「生」のつながりはいまや明らかだろう。

歴史をなすあらゆる存在、たんに歴史の舞台であるにとどまらないあらゆる存在に生を認めるとき、はじめて、生の概念はそれにふさわしい権利を獲得することになる。なぜなら、自然によってではなく、最終的には歴史によってこそ、生の圏域は規定されるからである。そこから、あらゆる自然の生を歴史のより包括的な生から理解する、という哲学者の使命が生じる。[*89]

歴史と生とはこのように結び付けられる。ベンヤミンはこの一節を書いた時点では歴史的唯物論についての論文をまだ書いていないが、ここで「歴史」と名指されているものは、すでに年代記的なものとは異なる、現在時との緊張関係にある過去との動的な関係性を指していると考えていいだろう。こうした意味で翻訳は、歴史を構成する生を辿り直し、死後の生と対話する営為だと言っていい。ベンヤミンにとって、翻訳とは、ほとんど成立しえない奇跡的な行為であるのだ。すべてのものが翻訳しうるという考えは、アベル・ガンスのようにすべての歴史的な出来事が映像化しうるという楽天的な考えに近いだろう。

翻訳とは異なる言語という容器において原作の複製を作り出す行為である。そしてそれが成し遂げられるためには、原作の言語を頼りに、それらの言葉が成立した地点へと遡行するという想像的な試みがなされなければならない。ここでもまた「起源こそが目標である」のだ。しかしこの試みは、どこかの地点で成し遂げられ終わりを迎えるような種類のものではない。それどころか、ベンヤミンにおいては、言語は人間の力を借りずとも他の言語と呼応する関係のうちにある。起源はどこか特定の場所にあるものではなく、現在時を挑発し続けるものとして存在するのである。

すべての言語は媒体である以上、それは時間や空間を超え、可塑的に変質させるアウラ的な性質を潜在的に持っている。だが、人間はいつも言語を本質的に用いているわけではない。ベンヤミンは最も初期の論文の一つであり一九一六年に書かれた「言語一般および人間の言語について」において、言語の二つのレベルを峻別している。「一言でいえば、精神的内容のどのような伝達もすべて言語にほかならない。その際、言葉（Wort）による伝達は、たんに、人間の言語が行う伝達という一特殊ケースにすぎない」[*90]。人間という「有機物」の媒介は言語の生にとって必須のものではなく、「生ある自然のうちにも生なき自然のなかにも、ある一定の仕方で言語に関与していない出来事や事物は存在しない」[*91]。これは驚くべき主張である。言語は人間か、せいぜい高度な知能を持つ哺乳類の専有物だと考えられるのがふつうであるからだ。しかし、ベンヤミンは無機物にも言語のはたらきを見出そうとする。そして、彼は翻訳論においてと同様、「このように用いられた〈言語〉という言葉は、決してメタファーなのではない」と読者にわざわざ注意している。[*92]「言語はすべて、最も純粋な意味で伝達の〈媒質〉（Medium）なの」であり、ベンヤミンにとって媒質とは生に他ならないのである。[*93]「言語一般」と「人間の言語」の区別は、「翻訳可能性」と「翻訳」の差異に対応し、これは実のところハイデガーがのちに存在論的差異と呼んだものと類似しているが、決定的な違いはベンヤミンが人間を中心にすえて「存在」を理解していないということである。ベンヤミンにとって、言語は人間によるその使用に先立って、自然のうちに存在する。「言語一般」や「翻訳可能性」といった概念を可能としているのは、個々の現象に先立つ本質が存在するという前提である。それらの本質は道具的な目的によってその性質を定められる以前にあり、それ自体が多方向的な緊張のうちに存在するものである。ベンヤミンにとって、言語とは他者との関わりを潜在的に可能とする媒質なのである。

このような言語観に基づき、ベンヤミンは次のように明記している。「翻訳は二つの死滅した言語のむなしい等質化などではなく、他言語〔原作の言語〕の後熟に注意をはらい、自身の言語〔翻訳の言語〕の生みの陣痛に配慮することが、あらゆる表現形式のうちでまさに翻訳という形式に、最も固有な特性として与えられているのだ」[*94]。この表現は再び翻訳と原作の生気論的関係性、および持続的な時間の媒介を強調している。翻訳によって見出される二つの言語のあいだの「親縁性」をベンヤミンは「純粋言語」と呼んでいるが、これが先ほど「言語一般および人間の言語について」を通じて見た言語の生という本質に他ならず、これは一つの統一された言語によっては十全に表出されることがないにも関わらず、すべての言語の基盤となっているものである。このような始原的な「純粋言語」は「諸言語が互いに補完しあうもろもろの志向（Intention）の総体によってのみ到達しうるもの」であり、翻訳はそのような可能性を開く異他的なものの邂逅である[*95]。ベンヤミンは、「純粋言語」を完結した言語システムとしてではなく、言語の複数性の中で形を変えながらさまざまな持続的運動にさらされた生ある存在として描いている。それは「絶えざる変容の中にある」のだ[*96]。また、ベンヤミンは「純粋言語」は「もはや何も意味せず、また何も表現しない、表現なき創造的な言葉であり、すべての言語において目指されている」ものであると述べている[*97]。この表現に、第一章でも参照したドゥルーズによるロレンスの「象徴」の説明と同質のものを聞き取らなくてはならない。「ロレンスが象徴と呼ぶもの」は、ドゥルーズにとって「打ち震えかつ広がっていき、何も意味しないが、われわれを旋回させてあらゆる方向にあり得べき諸力――その一つひとつが他との関係に入ることによって新たな意味を受け取る――の最大値を補捉させるに至らせる、そんな複合体」であった[*98]。ベンヤミンの「純粋言語」にせよ、ドゥルーズの読み取ったロレンスの「象徴」にせよ、言語の純粋化の極致において見出されたこれらの概念は、意味そのものからは自由な伝達の原初的な媒質として他なるものと結びつき、差異を生産する生命体のように想像されている。

このように考えるならば、翻訳者は二つの言語に関わり、言葉の変容を自らの手によって生成するので、原作者よりも「すべての言語において目指されている」という「純粋言語」の本質的特徴に接近しやすいということは理解できる。原作者の「創作の志向は決して言語そのもの、言語の全体性に向かうのではなく、もっぱら直接的に、言語に関わる特定の内実の連関へと向かうからだ[*99]」。言い換えれば、原作者は常に特定の事物や現象、状況について、ある特定の言語の内側においていかに記述するかという具体的な表現の問題に取り組まなければならない。それに対し、翻訳者は「異質な言語の内部に呪縛されているあの純粋言語を自らの言語のなかで救済する」のである[*100]。すなわちベンヤミンは「純粋言語」を単一の言語システムのうちに閉じ込めておいては死滅していってしまうものと考えているのだ。ある言語から別の言語へと移し替えることはよく言われるように多くの意味内容を失う過程ではある。しかし、ベンヤミンにとって、それはある言語のうちにおいて死にかけていたものを生きながらえさせる手段でもあるのだ。また、これと同時に翻訳者はもう一つのことを成し遂げる。すなわち、「自身の言語の朽ちた柵を打ち破る」のである[*101]。翻訳者は、自らの翻訳言語によって、訳された言語の意味連関を革新するのだ。このように翻訳者は「救済」と「破壊」を同時に成し遂げることによって、「純粋言語」という言語の「生」にあたるものに最も近づく。

原作者より後に到来する翻訳者は、原作の中にある始原的な層に反応し、言葉そのものの起源に肉薄する。「翻訳者の使命」において、ベンヤミンはルドルフ・パンヴィッツの「翻訳者は、とりわけはるか縁遠い言語から翻訳する場合には、語と像と音がひとつに結びつく言語そのものの究極の要素《エレメント》にまで遡らなければならない」という一文を引用している。[*102] このようにして、翻訳者は原作者が使用した言語を通じて、原作者の立っていた地点よりもさらに起源へと遡行するのである。このような翻訳者と原作者のあいだの階層的な関係の転覆は、われわれがすでに第三節で見たように、ベンヤミンが後年論じる「野蛮なもの」と「歴史的唯物論」の関係に近い。実際、翻訳の「純粋言語」に対する関係は、「野蛮なもの」の「歴史的唯物論」に対する関係と平行的である。翻訳の生気論的な接触は、「野蛮なもの」の接触と同様、表象の統一的なシステムを攪乱し、媒介という言語の最も基盤的な役割を明らかにするのである。

原作の翻訳への接触

「翻訳の接触――ヴァルター・ベンヤミンの「翻訳者の使命」について」という論文において、サミュエル・ウェーバーは原作と翻訳のあいだの触覚的な関係について論じ、「翻訳の使命は「取ること」なしに「触れること」として定義される」と述べている。[*103] 翻訳は原作そのものに決して影響を与えることはないが、翻訳にのみ可能な親密さによって、原作に「束の間」触れるのだ。その触れ方について、ベンヤミンは円と接線という幾何学的なイメージを用いて説明している。「接線が円に接するのはほんの束の間、ただ一点においてだけであるように、そして、接線がさらに無限へとその直線軌道をたどる法則を規定しているのは、この接触であって接点でないように、翻訳は、言語運動の自由のなかで忠実の法則に従いながらその最も固有の軌道をたどるために、束の間、意味という無限に小さな点において原作に接触するにすぎない」[*104]。ここにおいて接線は翻訳作品、円は原作を指している。

両者は束の間、一点において触れ合うことが許されているが、その無限に小さな一点を除いては別々の経路をたどっていく。にもかかわらず、この一点が接線の方向性を「規定」している。すでにこの章において繰り返し言及したダンテとベアトリーチェの原型的な関係を再び登場させるならば、ダンテによるベアトリーチェへの接触は無限に後退する後者への無限の接近という運動のうちに成されるのであって、ダンテとはここでは翻訳者である。言うまでもなく、この論文における「触れる」という言葉は、ベンヤミンが他の部分で描き出したようなアウラ的接触と同じ運動性を有している。翻訳の不可能性は愛の不可能性と同じ構造を持っているのだ。

「翻訳者の使命」において、「触れる」という言葉は原作と翻訳の関係を表すものとして再び現れる。

> 翻訳がこの形式の本質にどれだけ応えられるかは、客観的には、原作の翻訳可能性によって決定される。原作の言語のもつ価値と尊厳が少なければ少ないほど、原作が伝達を事とするものであればあるほど、翻訳にとって資するところはますます少なくなり、ついにはあの意味の完全なる優位が、あくまで形式からなる翻訳の梃子《てこ》（Hebel）となるどころか、翻訳を無に帰してしまう。作品は、高度なものであればあるほどそれだけいっそう、その意味にほんの束の間触れる（flüchtigster Berührung）だけでも翻訳可能なのである。言うまでもなくこれは原作についてのみ妥当する。それに対して、翻訳は、自身に付着している意味の重さゆえにではなく、その付着の仕方があまりにも束の間のものであるがゆえに、翻訳不可能なのだと分かる。*105

すでにわれわれにとってなじみの深いやり方によって、ベンヤミンはここでも二つの翻訳のあり方を区別している。一つは伝達を目的とした、「価値と尊厳」の少ない原作の翻訳であり、そのような翻訳は容易に可能であるがゆえに、異なる二つの言語には何らの影響も与えることがない。ここで「梃子」のイメージが、結局は否定されるにせよ、現れることは興味深い。それは、われわれが前節で見たような、近代以前の触覚性とは対をなすような道具的触覚性を示唆しているからである。二つの言語がそれぞれの持ち場を離れることなく、梃子のようなものの力によって伝達内容が一方から他方へと移されるというのが、ここでの翻訳のあり方であって、それはベンヤミンにとっては「翻訳を無に帰してしまう」非本来的なものである。興味深いことに、伝達を目的とした文章の翻訳は完全に伝達の内容を翻訳することができてしまうがゆえに、その意義は低いのである。

これに対して、原作に対する優れた翻訳は両言語における「意味という無限に小さな点」における束の間の接触のみを可能とし、常に「翻訳不可能」性に向かい合わなければならない。ここで時間的な「束の間」という言葉が用いられていることに注意したい。ベンヤミンのイメージにおいては、翻訳による原作への接触は一瞬のうちになされ、そしてまた離れてしまう現象的なものなのだ。後年のベンヤミンであれば、この「束の間の接触」の「痕跡」が翻訳の側に残ると主張するかもしれない。いずれにせよ、逆説的ながらこのようなほとんど不可能に思える翻訳こそが真の翻訳であり、翻訳者は「束の間」の「生の連関」という接触的出来事を作り出すために途方もない努力を強いられることになる。「純粋言語」のみが持つ言語の生の作用をベンヤミンは文字通り信じていたし、したがって、繰り返しになるが「接触」は比喩ではないと考えることが重要である。「触れる」という言葉は、先の引用に続く次の箇所で最後にもう一度現れる。

他のあらゆる本質的な点と同様にこの点においても、ヘルダーリンの翻訳、とくにソフォクレスの二つの悲劇の翻訳がその証しとなっている。この翻訳のなかでは、二つの言語がきわめて深く調和しているので、（原作の）意味は風に触れてなる風琴のようにかろうじて翻訳の言語に触れられている（berührt）にすぎない。ヘルダーリンの翻訳は、翻訳という形式の原像（Urbild）である。*106

ヘルダーリンの翻訳したソフォクレスの二つの悲劇というのは、『オイディプス王』と『アンティゴネー』である。ヘルダーリンはこの二作を一八〇四年にドイツ語に翻訳しているが、ベンヤミンが上で述べているような賞賛とは逆に、当時はそれらの翻訳が主観的な解釈にゆがめられた「不自然」なものであるばかりか、語学的誤りや印刷上の誤植の多い失敗作として同時代のシェリングやハインリヒ・フォスなどに批判され、嘲笑された。[*107] ヘルダーリンのギリシア悲劇翻訳の評価を一八〇度変えたのはノルベルト・フォン・ヘリングラートによる一九一一年の博士論文であり、ベンヤミンはそこから直接影響を受けている。ヘリングラートは、翻訳された文章の自然さを重視するあまり原作の文の構造や韻律を軽視することの「浮薄さ」を批判しており、不明瞭さを恐れず「原作の芸術としての性格を再現しようと」したヘルダーリンの逐語訳を「古典古代の詩文の真の再生」として高く評価したのである。[*108] ヘリングラートは言う。「ある言語を文法的に使いこなすことと、その本質に親しむこととは別物である。時間をかけたひたむきな接触によって、彼にはギリシア語が余人の及びえぬほど親密なものとなってしまっていた」。[*109] ここでの「接触」と訳されている語はドイツ語ではVerkehr（「交通」や「交際」の意）であり触覚的なものが原文に示されているわけではない。しかし、ヘリングラートが古代ギリシアの言語にある本質性を見出しており、それに対して忠実であるためには、ドイツ語のうちにもその痕跡が見出せるような翻訳を施さねばならないと考えていたことは重要である。

このような姿勢のうちにギリシア語をドイツ語へと移し替えてしまうのとは異なる、他なるものへの志向を見出すことは可能であろう。ベンヤミンの歴史的唯物論が年代記的な記述に亀裂を導入したように、ヘルダーリンの翻訳はドイツ語のなかに他者性を導入していると言うことができる。同様に、本章の前半部分で触れた「心身問題の図式」で現れた「遠心的」と「求心的」というベンヤミン的現象学の対立項を再導入して、ヘルダーリンの翻訳の

「遠心性」を論じることも出来るだろう。ドイツ語の方へと引き寄せる「求心的な」翻訳とは違って、ヘルダーリンはギリシア語を翻訳しながら、「オリジナル」から「遠心的」に離れていく過程においてその痕跡をドイツ語の翻訳の内に保持したのである。右に引用した部分における「風琴」はロマン派の詩人たちが好んで用いたイメージだが、翻訳が原作に対してなす接触が、ベンヤミンがのちに練り上げる「アウラ」的なものの原型となっていることを示している。ヘルダーリンはソフォクレスから大きな距離によって隔てられているが、束の間の接点を通じて、原作に「死後の生」を与えたのだ。

翻訳は「意味という無限に小さな点において原作に接触する」が、それは運命的にそこから離れて行ってしまう。サミュエル・ウェーバーは「原作から離れていくなかで、翻訳は習慣的に与えられた意味から言葉を引き離すことによって意味作用のあり方を明らかにする」と述べている。[*110] 遠心的に原作から離れていく中で、翻訳はもっとも根源的に純粋言語の性質を開示するのである。この動きは、われわれに「進歩」の風の強さに吹き飛ばされ後退しながら過去を見つめるクレーの《新しい天使》を思い出させる。このような起源や原典からの不可避の後退は、歴史や翻訳をめぐる思考の条件である。

ベンヤミンが映画の触覚性の議論の中で問題視しているのはアウラの消滅だけではなく、人間の知覚が可能とする繊細な触覚的体験の衰退であり、その根底には具体的かつ身体的な生と抽象的な思弁を決して切り離すことなく、遠い過去と眼前に展開する現実の両者を弁証法的に把握しようとした彼の姿勢がある。本章で論じたように、ベンヤミンにおける触覚的なものは、物と物、生命と生命の連関のあり方、歴史認識の方法、翻訳と言語の問題など、さまざまな問題系と密接に関わっているのである。ベンヤミンは著作において触覚を正面からテーマとしたことはなかったが、彼の著作は至るところにおいて触覚的なものへの想像力に浸されていた。同時代において大きな変遷の途上にあった感覚のモードであった触覚の変性にベンヤミンは生そのものの変性を見ていたのであり、そのような変性に対応した批評の言語をつくり出すことに力を傾注したのである。

第四章　触覚的な時間と空間——モーリス・メルロ＝ポンティのキアスム

本章の導入として

本章の目的は、メルロ＝ポンティにおける触覚の現象学的言説を検討することである。モダニズムを扱う本研究にメルロ＝ポンティを含めることは奇異に思えるかもしれないが、身体についての彼の思想は、二〇世紀前半におけるヨーロッパの美術および文学と密接な関係を持っている。彼はしばしば論文や著書にポール・ヴァレリー、マルセル・プルースト、アンドレ・ジッドといったフランスのモダニストたちの文学作品を引用したし、セザンヌやクレーなどの近代画家に触れてもいるが、それらは単に哲学的な議論を説明するための例として持ち出されているわけではなく、彼の現象学的、存在論的洞察の重要な源泉となっているのだ。文学的リアリズムと遠近画法は、モダニズムの勃興とともに終焉をむかえた。メルロ＝ポンティの身体についての理論は、芸術表現におけるこれらの根本的な変化のうえに打ち立てられているのである。

本章は三つの部分からなる。第一に、主として『知覚の現象学』（一九四五）ならびに死後出版の著作である『見えるものと見えざるもの』（一九六四）においてメルロ＝ポンティが発展させた触覚的キアスムの概念を検討する。その際、肉体、可逆性、否定性といった概念の弁証法的枠組みにとりわけ注意したい。彼は接触という身体的経験の重要性を強調しながら、それを同時に他者に触れることの不可能性という問題と結び付ける。ヴァルター・ベンヤミンと同様、彼もまた、真の接触経験はその不在との不断の弁証法的な関係にあると論ずるわけである。われわれはここでメルロ＝ポンティの思想における接触と美的経験の構造的関係を考察することになる。後の二つのセクションでは、それぞれ彼のセザンヌおよびプルースト解釈における触覚的キアスムの役割を論じることになるだろう。セザンヌのセクションにおいては、「奥行」という空間的概念を検討し、それが幾何学的な空間とどのように質的に異なるのかを説明する。そこでは、メルロ＝ポンティの「奥行」に関する議論が、彼のセザンヌの絵画に関する考察とどのように関係しているかを考えることになるだろう。プルーストのセクションにおいては、過去と現在のキアスム的な関係について論じる。そこでとりわけ注目したいのは、プルースト一流の記憶の表現における触覚的含意、すなわち無意志的記憶であり、またそれが彼のキアスムならびに「原初的」時間という哲学的概念をいかに規定しているかということである。メルロ＝ポンティによるモダニスト作品の哲学的読解を通じて、われわれは彼を接触に関するモダニスト的言説への偉大な貢献者の一人として考えることができるはずである。

一　接触、可逆性、否定性

触覚的キアスム

メルロ＝ポンティの触覚的身体の理論において中心的なイメージとなるのは、ひとつの手が別の手に触れるというものである。触れるほうの手は、触れられる方の手にとっては触れる対象でもあるわけだから、「触れる - 触れられる」という能動と受動の関係は対称的なものであり、反転しうる。そのとき、片方の手だけが触れているのであって、もう片方の手は触れられているにすぎないと主張することは出来ない。たしかに「ひとつの手が別の手に触れる」というように言葉にしてみれば、どちらが主体でどちらが客体かははっきりする。しかしそうしてみたところで、ふたつの手がたがいに触れ合うことの現象としての曖昧さを十分に表現することはできない。主体としての身体と客体としての身体、または能動的な身体と受動的な身体のあいだの区別は、接触という行為において乗り越えられてしまうのだ。触れるという行為はある程度触れられる経験でもあるのであって、この計量化しえない「ある程度」が身体に内在する多義性を支えている。

触れるという行為はまた、世界と自我との区別を攪乱するものでもある。スー・L・カタルディが述べているように、「われわれは触覚的経験において、いかに身体的な肉というものが世界内的な肉体というものの中に埋め込まれているか、あるいはいかに世界内的な肉体というものがわれわれの中に埋め込まれているか、ということを嫌でも認識せざるをえない[*1]」。身体と世界は切り離せない関係にあり、互いの関数となっている。このような主張は、メルロ＝ポンティにおいて触覚的経験についての議論においてのみ現れるものではなく、彼の身体観、世界観の基礎を成すものであり、そのような環境と常に結びついて変化する身体を彼は「肉（la chair）」と呼んでいる。これから見てゆくように、「肉」は経験的に現れる、人体の非人称的な側面を指す言葉である。彼にとって、「触れる‐触れられる」という関係は、物理的な身体とは区別された「肉」という具体的な現象を考察するためのカギとなるものであり、それは彼の空間論、時間論とも深く結びついている。この結びつきこそが、メルロ＝ポンティのモダニストたる所以であるのだが、それについては後の議論で明らかにしていくことになるだろう。

触れるという行為を通じて主体と客体の区別が崩壊するのであれば、「触れる‐触れられる」関係は本質的に反転可能なものである、とメルロ＝ポンティは基本的には主張する。この触覚的な反転可能性については、『見えるものと見えざるもの』で最も詳しく展開されることになるのだが、『知覚の現象学』においてメルロ＝ポンティは古典心理学の議論を紹介しながら「触れること」の曖昧さについて述べている。「両手ともども同時に互いに他に対して、触れるものであり触れられるものであるということは決してない。したがって私が両手を互いに押しつけあうときに、ちょうど二つのあい並んだ対象を知覚するように二つの感覚を同時に体験するであろうということではなくて、「触れる手」と「触れられる手」という二つの機能において両方の手が交替しあうことができるという両義的な組織が、ここでは問題なのである」[*2]。右手で左手に触れるという経験は、ただちに右手が左手に触れられるという経験に転化されうる。「触れる」というのは、このようにいつでも主客の入れ替わる身体経験なのである。

この反転は、触覚的キアスムにおいてのみならず、知覚一般に当てはまるものである。メルロ＝ポンティは、今引用した部分の直後において、この身体的両義性を現象学的身体性の中心的な謎の一つである「二重感覚(sensations doubles)」の問題として一般化し、古典心理学を参照しながら次のように述べている。「「二重感覚」という場合に人びとの意味していたことは、一方の機能から他方の機能への移行において、私はいま触れられている手を、やがては触れる手となるその同じ手として認知することができる、ということである」[*3]。一見すると、触れる手と触れられる手という例を用いて説明された「二重感覚」という概念は、身体における特殊な状況を指しているように感じられるかもしれない。しかし、メルロ＝ポンティにとって、「二重感覚」こそが身体を身体たらしめる性質である。彼はこう言っている。「私の身体は私に「二重感覚」を与えるという点でまさに私の身体として認知される」[*4]。すなわち、触覚の特徴が「二重感覚」であるというよりは、「二重感覚」という身体の根源的な性質がもっとも特徴的に現れるのが触覚であると考えていいだろう。

今引用した原文に付された註において自ら断っているように、「二重感覚」はメルロ＝ポンティのオリジナルのアイディアではない。彼は当時未刊であったフッサールの遺稿、のちに『イデーンII』(一九五二)になるものの、とりわけフッサールが「二重感覚」を触覚特有の経験として論じた第三六、三七パラグラフを参照しているのである。フッサールいわく、もし接触が「身体の別の部分によって加えられる場合、われわれはそのような感覚を二重に、すなわち双方の身体部分で感じることになる」[5]。彼は続けて、視覚とは異なり、触覚はわれわれが身体的な感覚を受け取る、身体における特定の場所と切り離せないと論じる。そうした局地的な性格ゆえに、触覚は最も具体的な感覚であると結論づけられることになる。

局在化された諸感覚は物理的な事物としての身体の諸性質ではないが、しかし他方それらは身体という事物の諸性質であり、しかも効果性質（Wirkungseigenschaften）である。このような諸感覚が発現するのは、身体が触られたり、圧されたり、刺されたりする場合であり、しかも身体がそれらの刺激をうける箇所で、その刺激を受けている時点においてである。そうした接触がなくなったあとでも、それらの感覚が長く持続するとすれば、それは特別な状況の場合に限られる。ここでいう接触とは物理的な出来事のことであるから、二つの無生物も接触し合うが、しかし身体と接触する場合には、身体の表面や内部に感覚を生じさせる。[6]

フッサールによれば、接触は身体の二つの側面を明らかにする。すなわち、物理的存在としての身体と、感覚の領域としての身体である。「無生物」どうしの単なる物質的接触と、人間の身体による接触の経験とを区別することで、フッサールは「二重感覚」という彼の理論における「生」の重要性を示唆している。生命体のみが「二重の感覚」を持ちうるのであり、逆もしかりなのだ。アリストテレスの『霊魂論』が触覚を「それなしには生物が生きて行けないような知覚」と定義していたことを思い起こしたい。いま引いた箇所でフッサールが主張しているように、身体は接触というものを、その表面ならびにそのたびごとに形成される「内部」において受容する。ダニエル・ヘラー＝ローゼンがその著書『内的接触』全体を通じて主張しているように、この内的な接触は、西洋文明においてはしばしば生のもっとも根本的な要素であると考えられてきたのである。[7]

こうした触覚的二元性に関するフッサールの現象学的研究は、接触と生との密接な関係に立脚している。現象学が知覚の諸々の特性を研究することによって「生」の具体的な有限性を分析する方法なのだとすれば、触覚は、現象学の潜在的な力だけでなくその限界をも明らかにするだろう。つまり、触覚の反転的な性質は、意識はつねに対象を持つという「志向性」の概念に疑問を投げかけるのだ。しかしながら、フッサールは接触の両義性を、それが彼自身の現象学的方法を自壊させるところまで追究することはしなかった。彼の現象学にあって触覚は恒常的ではない感覚として特権的な位置を占め、分析的に検討されることがなかった。その絶対性はちょうど、フロイトとラカンの理論においてファルス、すなわち身体の絶対的シニフィアンが占めている位置に比すことができるものである。

後期メルロ＝ポンティにおいて、触覚に関する考察が、現象学的存在論とも呼ぶべきものへの転回とかかわるのはこの地点においてである。『知覚の現象学』にはフッサールからの影響が色濃くあり、その考察の範囲は非時間的な志向性や意識の環境世界との図式的関係に概ねとどまっている。しかし、『見えるものと見えざるもの』は、人間の知覚のあらゆる機能に先立ち、世界とつねにすでに絡み合っているものとして肉体を捉えており、志向性というフッサール的な現象学概念も、身体と切りはなされた所与としての世界ももはや成立しない。メルロ＝ポンティは「肉」という概念を、身体のあらゆる客観的な分節化に先立つ匿名的な身体性のモードを指し示すのに用いており、「肉の世界」という概念によってそれが世界と切り離せないことを強調している。[*8] 肉体と世界の相互依存的で不可分な「絡み合った」関係性をメルロ＝ポンティは「キアスム」と呼んでいるが、このような「肉」の匿名性や「キアスム（絡み合い）」に特徴づけられる彼の身体の哲学は、現象学の伝統的方法から逸脱している。ときにそれは現象学的厳密さを失い、ある種の神秘主義へと傾くリスクを冒してはいるが、そのようなものにこそ、本書が一貫して探究している歴史的言説としての触覚性がよく表出しているのである。

『見えるものと見えざるもの』におけるメルロ＝ポンティの触覚の扱いの問題点を整理するにあたっては、フランソワーズ・ダステュールの批評が有益である。彼女の主張によれば、メルロ＝ポンティはフッサールが『イデーンII』で打ち立てた「見える範囲と触れる範囲との「決定的な」差異」を見落としている。すなわち、「もし仮に、触れる‐触れられるという二重接触の経験というものが……あるとしても、視覚には同様の「再帰的関係性」も、見る‐見られる関係も存在しない。それゆえ、視線がモノに「触れる」と「比喩的に」表現することによって見ることと触れることとを同じものとして扱うことはできないのだ」[*9]。たしかに『見えるものと見えざるもの』の触覚は比喩的・換喩的であり、メルロ＝ポンティは触覚に固有の現象であるはずの再帰的関係性をしばしば視覚と触覚とに等しく当てはめてしまっている[*10]。現象学的にメルロ＝ポンティの触覚と視覚の混同に問題があるのは、ダステュールが述べているように、「純粋に視覚的な主体というものがあるならば、それは自らの身体を物質的なものとしてしか見ないため、もはや現象学的身体を持ちえない」からである[*11]。自分の身体の全体を外部から眺めることはできないのに対して、自分の身体に触れることは、触れると同時に触れられるという独特の経験として成立するのであり、両者の自他関係は全く異なる制限の範囲によって特徴づけられている。『見えるものと見えざるもの』のメルロ＝ポンティは、これら二つの感覚の違いについてはっきりとした差異を意識していないように思われる。

しかし、『見えるものと見えざるもの』はもともと厳密な意味で現象学的な正確さが追究された書物ではない。しばしば科学的な言説も援用していた初期のメルロ＝ポンティの現象学とはちがって、この書物においてメルロ＝ポンティの関心は個々の諸感覚の特徴にあるのではなく、「感性的なものの果肉そのもの」の二層的な構造へと向けられている[*12]。フッサールにおいて、触覚は他の感覚とは異なる特殊性を有するとはいえ、身体の感覚の一つでしかない。しかし、メルロ＝ポンティは、触覚の反転可能性という性質は間‐身体的構造一般に当てはめることができる普遍性を有していると主張するのだ。メルロ＝ポンティはしばしば視覚的現象を触覚と結び付けて記述している。たとえば『見えるものと見えざるもの』において、彼は「まなざし（le regard）は、見えるものを包み込み、それに触れ、それに身を添わせる」[13]とし、また「視覚はまなざしによる触知」であると表現している。[14] ここでは身体的経験の記述は単に比喩的なものにとどまらないように思われる。ある種の視覚的経験は、メルロ＝ポンティにおいては、ただちに触覚的でもありうるのだ。したがって、ダステュールの指摘にもかかわらず、後期のメルロ＝ポンティにあっては見ることと触れることとは相互依存的であるばかりでなく、構造的に等しいのである。実際、彼は「見えるものはすべて触れられうるものから切り取られたものであり、触れられるいかなる存在も、いわば可視性を約束されている、という考えに習熟しなければならない」と主張しているが、これは視覚的領域と触覚的領域とが不可分の関係にあることを示唆している。[15] 生前に出版された最後の著作となった『眼と精神』では、「〈見る〉ということは〈離れて持つ〉ということ」であるとも言っており、ここにいたっては、「見る」ことは触覚的な経験の一つのヴァリエーションとして解釈されているように思われる。[16] このように、晩年のメルロ＝ポンティは視覚と触覚という二つの知覚を厳密に区別することよりも、むしろ諸感覚の分離に先立つような知覚の原初的機能に関心があったのだ。実のところ、『知覚の現象学』において「もろもろの感官は互いに連絡しあっている」と述べたときから彼はすでに諸感覚の分離を疑問視していたと言ってもよい。[17] 彼によれば、「別れ別れになった諸「感官」の経験は、きわめて特殊な態度において初めて起ることで、直接的意識の分析には役立たない」のである。[18] したがってメルロ＝ポンティにとって、ある特定の感覚の独立的な特徴を記述しようとする試みは、すべて形而上学的すぎるのであり、諸感覚同士の「合体《コミュニオン》」あるいは「交信《コミュニカシオン》」は、個々の感覚に先立つものなのである。[19]

根本的受動性

メルロ＝ポンティは「触れる‐触れられる」関係の反転可能性のモデルを通じて「見る‐見られる」関係の構造

を分析するのだが、そうすることで、彼はあらゆる知覚活動における根本的な受動性という問題へと接近してゆく。この点で、反転可能性という彼の概念はヴァルター・ベンヤミンによるアウラの規定に近い。つまり、モノの「見返す」能力ということである。[*20] モノの持つこうした遠心的機能を感じ取る力は、知覚の間‐身体的な構造についての問いを開くものである。そしてこの問題はメルロ＝ポンティにとって、「世界‐内‐存在」というハイデガーの提唱した存在論の基盤となるものにほかならなかった。[*21] メルロ＝ポンティがこのハイデガー的問題に「感覚」や「反転可能性」という現象学的枠組みを用いて取り組んだことが重要なのは、それが現象学的領域ならびに存在論的領域の拡張だからである。それは経験論と観念論の二項対立だけでなく、肉体と精神の二項対立をも脱構築する試みである。一九六〇年五月の手稿において、メルロ＝ポンティはこう書きつけている。「「感覚的なもの」そのものが超越的であることを示すべし。アクセス不可能なものへのアクセス可能性ということ」。[*22] この断片が端的に証しているように、『見えるものと見えざるもの』の主眼は肯定的なものと否定的なものの、能動と受動の、そして可能性と不可能性の——すなわち永らく弁証法の定式を形作ってきた諸々の対立的概念の——可逆的な関係を考察することにあった。

メルロ＝ポンティは『知覚の現象学』ですでに考察した「二重感覚」と可逆性の概念を用いてはいるが、『見えるものと見えざるもの』において身体の二元性について再考する際、その力点は大きく異なっている。メルロ＝ポンティはデカルト的な「コギト自体」を前提とする単一的な身体を再検討することを提案し、認識的な身体と感性的な身体の二重性を強調する。

われわれは、身体は二枚の葉層からなる一つの存在である、つまり、一方では事物中の事物であり、他方ではそうした事物を見たり触れたりするものである、と言うのである。また、われわれの身体はおのれのうちにこれら二つの特性を統合しており、「客観」の秩序と「主観」の秩序とへのその二重の帰属という事態は、二つの秩序の間にあるきわめて思いがけない諸関係を顕わにしてくれる、と言おう。[*23]

この一節において身体の二元性は不可欠なものであるが、メルロ＝ポンティの触覚への関心はかつての『知覚の現象学』におけるそれに比べれば非現象学的である。明らかに彼の関心は、接触に特有の性格よりも二元性そのもののほうにある。二元性、あるいは二‐性は、その見かけの単純さにかかわらず、この著作においてきわめて重要である。『見えるものと見えざるもの』の研究ノートには次のようにある。「二ということ、対(paire)ということについて反省すること、これは二つの作用、二つの総合ではない、それは存在の分割であり、偏差《エカール》の可能性である……。これは……差異の到来である」[*24]。ここで、「二」はふたつの「一」に分解されうる数ではなく、対としてのみ意味を持つのである。「二」を考えるというのはふたつの個を考えることではなく、キアスム的な可逆性を考えること、個の可分性を考えることなのだ。個の内部に存在する「二」の絡みあった構造は、他性の効果を生むことで個の自己充足的な統一を遅延させ続けるのである。

二つの要素が完全に可逆的な関係にあるとすれば、それら二つは、もはや一つのペアとして機能することはできない。『見えるものと見えざるもの』所収の研究ノートにおいて「可逆性とは触れるものと触れられるものとの、現勢的な同一性ではない」と書くとき、メルロ＝ポンティは「二」という数字の問題を意識していることは明らかである[*25]。彼がフッサールを起点として可逆性という概念を練り上げたのは、存在論的差異という問題を身体論に結びつけるためなのだ。メルロ＝ポンティは、差異が生じ、それが反転する可能性を持つ場としての身体を存在の生成と結び付けて捉えているのである。『見えるものと見えざるもの』においてメルロ＝ポンティは、触れることと触れられることとは同時には起こらないとして、この質的／時間的な差異を触覚的キアスムのモデルへと導入する。

たとえ私の左手が右手に触れ、しかも突然、触れつつある左手の作業を、私の右手で捉えようと欲したとしても、身体の自己自身に対するこの反省はいつでも土壇場で失敗する。なぜなら私が左手を右手で触知する利那に、まさにその限りにおいて、私は左手で右手に触れるということを中止するからである。[*26]

可逆性は生じると同時に失われる。したがって、それは決して実現されることのない出来事なのである。左手の持つ独自性は、その機能と、その機能を性格づけるところの関係とが、もう一方の手、すなわち右手へと伝達されるときにも消えることはない。可逆性はいわば、左手は左手に留まり、右手は右手に留まるという当然の事実性と衝突し、完全には成し遂げられることのないまま終わるのである。同書の別の箇所で、メルロ＝ポンティはこの可逆性の破綻に言及している。

物体および精神という実体から出発して肉を考えてはならない、そんなことをすれば肉は互いに矛盾するもの同士の統合となってしまうからだ。そうではなくて肉を原質《エレメント》として、すなわちある一般的（類属的）なあり方の具体的な象徴（emblème）として考えるべきだと、われわれは述べておいた。最初にわれわれは見る者と見えるものとの可逆性、触れる者と触れられるものとの可逆性について、手短に語った。今や、つねに間近に迫ってはいるが実際には決して実現することのない、可逆性が問題なのだという点を強調すべき時である。私の左手は、事物に触れている最中の私の右手にいつでも触れんばかりの状態なのだが、しかし私は両者の合致に決して達することはない。この合致は生ずる瞬間に姿を消してしまう。[*27]

「肉」は個別的であると同時に一般的である。このメルロ＝ポンティの身体的概念は、ハイデガー哲学における「存在」の概念に対応している。「肉」という概念に関してはすぐあとで論じるが、その交換不可能な個別性を強調することで、メルロ＝ポンティは彼の現象学と存在論とを接続しているのである。触れることと触れられることとが最後の最後で「同時に」起こることに失敗するという事実は、ハイデガー的な「存在」の持つ独特な性質に呼応している。ハイデガーの言う「存在」は個別的なものに埋め込まれた一般性であり、「ある」ものとして名指された時にはその独自性は失われるのであり、それに対するわれわれの認識は限定的なものにとどまる。身体はしかし、このような認識によって確定されないような関係性のうちにすでにあるのであり、それこそが「世界‐内‐存在」概念の内実である。そしてまた、時間が重要な関数として生起するのも、メルロ＝ポンティが有限なものである身体を起点として存在を思考しているからに他ならない。今引いた引用のどちらにおいても、同時に生起することに失敗する決定的な「瞬間」をメルロ＝ポンティは強調している。「瞬間」とはある安定した関係性の破綻そのものなのだが、それこそがまさに関係性を生成する一点でもある。失敗と成功が等価となるこの「瞬間」こそ、メルロ＝ポンティの哲学が特権性を付与する一点であって、デリダ以降の哲学であればその形而上学性を脱構築することも可能だろう。不可能性はこの「瞬間」においてのみ可能性に転じるのであり、それが恒常的な不可能性を乗り越えてしまうからだ。

しかしながら、われわれはそのような「瞬間の形而上学」とでもいうべき構築性の批判へと赴く前に、「触れる‐触れられる」という可逆性の文脈における「存在論的差異」の、メルロ＝ポンティによる身体的な解釈をさらに詳しく検討せねばならない。「この土壇場での失敗は、触知する私自身を触知できるという、私が抱いていたかの予感から、すべての真理性を奪うものではない」と彼は書いている。[*28] この失敗は、試みることのプロセスを帳消しにすることはない。むしろ、感じる身体と感じられる身体との「合致（coincidence）」の失敗によってこそ、身体が関係の領域となるのだ。この身体の定義は、キェルケゴールが「自己」を「自己自身に関係するところの関係」と定義することで「自己同一性」の理性的な理解を否定したのと似ているところがある。[*29] ダグラス・ロウが正確に書いているように、「身体の二つのアスペクトが……合致もせず完全に分離もしないことによって、人間の経験というものは可能になる。経験（あるいは知覚）とは、距離をおいた接触なのである」。[*30] この触覚的暗示に満ちた空間性は、前の章で論じたベンヤミンのアウラの空間性との連関を喚起しもするだろう。メルロ＝ポンティとベンヤミンの両者にとって、真の経験とは失敗の経験、あるいは不可能なものの経験なのである。メルロ＝ポンティにおいて「瞬間」というものは客観的に存在しうる時間の長さとはいささかの関係もなく、それ自体が持続的な時間に突如穿たれた不可能な一点といっていい。ベンヤミンにせよ、メルロ＝ポンティにせよ、彼らが触覚性を通じて考察しているのは、このような不可能の経験の可能性という屈折した隘路なのである。

「肉」の存在論

実際メルロ＝ポンティは、哲学において何かが成立するということ自体の可能性を疑わしく思っているが、それは触覚的キアスムの失敗とまったく同じ構造を持つ。後期の未完のエッセイ「ヘーゲル以後の哲学と反哲学」において彼が繰り返し「哲学はそれが実現されるとすれば破壊される」と主張していることは注目に値する。[*31] この主張は、止揚を不可能にする触覚的キアスムという概念の構成を明らかにしてくれる。触れることと触れられることとの合致が不可能であるという事実は、存在のうちに潜在し実践においてのみ浮上する「二重の帰属関係」というものの時間的性質を証立てているのだ。[*32]

私は、こうした諸経験の一方から他方への推移と変容という体験をするし、望めば何度でもその体験をすることができる。そしてただ、あたかもそうした諸経験の間の、確固として揺らぐことのない蝶番が私には隠されたままであって、どうしようもないかのような有様だ、というだけのことである。しかし、私の触れられる右手と触れる右手との間にある隙間、……私の触覚的生のある瞬間と後続する瞬間との間にある隙間は、存在論的空虚、非存在というわけではない。それは、私の身体という全体的存在および世界という全体的存在によって跨ぎ越されている。この隙間は、「いわば」二つの固体の間にあってそれらを互いに密着させる気圧ゼロ「のようなもの」である。したがって私の肉と世界の肉は、明晰な地帯、明るみを含んでおり、その周囲をそれらの不透明な地帯が巡っているのである。そして第一の可視性、すなわち諸性質（quale）と諸事物の可視性は、第二の可視性、すなわちさまざまな力線と諸次元の可視性なしにはありえない。どっしりとした肉は微妙な肉なしにはありえず、束の間の身体は栄光の身体を伴わずにはいないのである。[*33]

「触れる‐触れられる」関係の可逆性は、このように独特の差異を生じさせ、メルロ＝ポンティはそれを「蝶番」、「隙間」、「隔たり（écart）」、あるいはハイデガー的な「開け＝明るみ（Lichtung）」のイメージといった空間的メタファーで名指しているのだが、引用中の「ある瞬間」と「後続する瞬間」の間の差異が示しているように、その含意は時間の問題へと広がってゆく。メルロ＝ポンティは、身体には、時間と空間の外部にありながらも、時間ならびに空間の二つの異なるレベルを接続する要素があると考えていた。キャスリン・ヴァセルーの言うように、メルロ＝ポンティにおいて「身体は……蝶番、世界の関節、中間部（entre-deux）である」のだ。[*34] これこそメルロ＝ポンティが「肉」と呼ぶ身体なのであり、これが「私」や「世界」のはっきりとした分節化に先立って人間を世界へと接続する目に見えない身体性である。よりラディカルに、自我を獲得する以前の子どもが持っている創造的空間性を念頭において、メルロ＝ポンティは「世界は包括的な肉である」とも述べている。[*35] したがって、肉という概念は、「世界」のうちにのみ定置される存在論的な時間ならびに空間と切り離すことができない。「世界の肉」や「時間の肉」といった奇妙な諸概念は、肉は世界であると同時に時間である、という意味において理解されるべきである。

この引用箇所はさらに、ちょうどハイデガーにおける本来的な「存在」がそれ自身を日常的＝非本来的存在の内に隠すのと同じように、「蝶番」として理解される「肉」は「私には隠されたまま」だということも示している。[*36] メルロ＝ポンティは触れ合う二つの手の間の物理的には存在しない領域を、「隠蔽されたものの次元」と同一視している。[*37]「隠蔽されていること」はもちろん、肉あるいは「蝶番」が存在しないということを意味しているわけではなく、それはむしろ、存在の多次元的かつ時間的な構造を示している。メルロ＝ポンティは、彼の議論における「空間的な「暗喩」」は「存在と無との不分割性として、理解され」るべきであるとしている。[*38] これはサルトルの『存在と無』に対する明確な、しかし否定的な言及である。実際、『見えるものと見えざるもの』において、メルロ＝ポンティは彼の「蝶番」の概念とサルトルの「無」との違いを強調し、サルトルの「上空飛翔的思惟」としての「純粋な否定」を批判して、「「存在」と「無」とは区別されえない」と主張している。[*39] サルトルの無が安定した超越論的な概念で、すべての個々の存在に先立ちそれを支配するのに対し、メルロ＝ポンティの考えでは、否定性は「存在」という肯定的な要素がないと存在しえない。それゆえ「純粋な否定というものは原理的なものにすぎず」、「純粋な存在というものもまた、見出されえない」。[*40] メルロ＝ポンティは後期の著作において「純粋性」という概念は形而上学的であるとして繰り返し批判している。[*41] 彼にとって「ゼロ度」という空間は、それを取り囲んでいる事物へ影響するがゆえに純粋なものではありえない。メルロ＝ポンティは注意深く、「否定的なものが真に存する唯一の場所」、「深さ」という概念と密接に結びついた曖昧な場所、内部と外部の区別が崩壊する場所、とそれを定義する。[*42] 否定性とは諸存在の関係がなす差異のシステム（すなわち存在論的差異の源）を媒介する空間‐時間的作用なのである。隠蔽されているものは一時的に隠蔽されているにすぎない。したがって、サルトルが「無は、論理的にいって、存在よりもよりあとにくるものである」としてあくまで存在に付随するものとして無を位置づけるのに対し[*43]、メルロ＝ポンティは両者の還元不可能な関係性を保持し、「無と存在とはつねに絶対的に他者であり、それらを結び付けるのは、まさしく両者の孤立性である。存在と無とは、真実に結びついているのではなくて、思惟の門前でただいっそう速く互いに継起しあうだけなのである」と述べる[*44]。存在と無の関係の定義は、ここでは「触れる‐触れられる」関係の可逆性とパラレルである。どちらにおいても、二つの要素はそれぞれの孤立に基づいた結びつきを有しており、差異の空間や時間的効果との関連において現勢化するものである。

したがって、「不可視性」や「無」がどこに隠されているのか、と問うことは不適切である。無は何らかの具体的な空間を占めているわけでも、何らかの同一性を有しているわけでもないのだ。それは抽象的な概念であるわけではなく、「生起」し、ちょうど触覚がそうするように、出来事を構成するのである。

まさに「存在」と「無」とが、「ウイ」と「ノン」とが、二つの成分のように混合されえないからこそ、われわれが存在をみるとき、無は即座にそこにあるのであり、そしてそれも、われわれの視野のまわりの非‐視覚の圏域として、欄外にあるのではなくて、われわれの見るものに座を占め、それをわれわれの前に光景として立て配置するものとして、その全延長にわたって存するのである[*45]。

「無」は、それが「間」という領域で生じる現象であるがゆえに、彼のエッセイのタイトルを借りれば、「どこにもありどこにもない」[*46]。不可視のものが「光景」を作り出すという表現は不合理なものに思えるかもしれない。しかしメルロ＝ポンティにあって「光景」とは、認識の構造の中の裂開、すなわち純粋に可視的でも不可視的でもないけれども時間的で状況特殊的な出来事なのである。「光景」は、目に見えるものの想定のリミットを超える。それは、見えるものと触れられるものの領域に挑戦するものなのだ。

こうした「感性的なもの」の露呈のうちに、メルロ＝ポンティは美的経験の可能性を見ている。「感性世界は、超越性の空間、共可能的ならざるものどもの空間、炸裂の、裂開の空間として記述さるべきで、客観的‐内在的空間としてではない」[*47]。彼は「炸裂」という強い言葉を用いることで、単一の存在内において諸原質が共約不可能であることを言おうとしている。彼にとって芸術は知覚の構造的裂開と対応しており、それはひるがえって美的なものの独特の潜在力を構成する。彼は「『感性的なもの』における絶対的なもの、この安定した爆発、すなわち復帰を許容する」と主張する[*48]。存在と無、見えるものと見えざるもの、触れられるものと触れられないもの、といった正反対の二つのものが接触する瞬間の裂開の感覚は、爆発的であると同時に美的なものである。メルロ＝ポンティにとって、セザンヌとプルーストはこの裂開の感覚を作品を通じて十全に表現することのできる二人のモダニストであった。実際、この二人の芸術家を検討するなかで、メルロ＝ポンティは、人間という存在のうちにある破壊不可能な非人称性、すなわち知覚的可逆性を通じて生じる絶対的な「否定性（négativité）」というものを認識するに至ったのである。メルロ＝ポンティ的「光景」は、必ずしも視覚的に劇的なものであるわけではない。むしろそれは、「内部」と「外部」の一時的な統合、つまり裂開という効果を不可避的にともなう「自己の自己との接触」という出来事を必要とするという点において、根本的に構造的なものなのである[*49]。

第三項としての「触れえざるもの」

いまや、「感性的なもの」に否定性が内在しているのと同様に、触覚的キアスムが構造的な他者を伴うということは明らかだろう。「接合がおこなわれるためには、身体とは別の何かあるものが必要である、つまり接合が生ずるのは、触れえざるものにおいてである。私が未来永劫、触れることのない他人のそれ（触れえざるもの）」とメルロ＝ポンティは書いている。[50] 矛盾しているようだが、触れられるということにおいて真に本質的なことは、その否定的対応物、すなわち「触れえざるもの」の存在なのである。続けて、彼は以下のように述べる。

触れるということに宿る否定性（私はこれを矮小化すべきではない、それというのも、身体が経験的事実ではなくて存在論的意義を有するのも、これによるからである）、触れる働きに存する触れえざるもの、視覚作用に存する不可視なるもの、意識に存する無意識なるもの（意識の中心をなす ***punctum caecum***〈盲点〉、意識をまさに意識たらしめるこの盲目性、すなわち意識をあらゆる物の間接的で逆さの把握たらしめるところのこの盲目性）それは感性的「存在」の別の側面あるいは裏側（もしくは他の次元性）である。[51]

アプリオリに触れえざるものなど存在しない。知覚の経験における不可触性という否定的な要素は、触れるという経験と共に生起するのだ。触れられなさは通常「隠蔽され」ていて独立的には浮上することがないのだが、この破壊不可能で非人称的な要素は個人的な反省意識に先立つばかりか、「他所ということの起源をなすもの（**un originaire de l'ailleur**）」、一個の「他者」・「空洞」であるところの Selbst（自己）」としての「生」の基盤を構成するものなのである。[52] 触れるという経験は、感性的なものから非感性的なものへの、また非感性的なものから感性的なものへの通路を開示し、そうすることによって「「我」自身に生来そなわるこの匿名的なるもの」の存在を明かすことになるのだ。[53] 後期メルロ＝ポンティの触覚的二元性を「自伝」のモードであると解釈して、ジュディス・バトラーは以下のように書いている。

触れられることとは、もちろん、自己の同一性に対するいかなる主張も不確かなものとするような、外部からやってくる何かを経験させるものである。「私」は他者性を基盤にして生じるのであり、その基盤は「私」にとって不可欠な、そして「私」を賦活する構造として存続しつづける。実際、自己‐表象というものがありうるとすれば、つまり私が「私は」という言葉を発しうるとすれば、この自伝的言及はどこか別の場所から可能にされたものであり、それ自身でないものをくぐり抜けたものである、ということになる。「私」はこうしたくぐり抜けから生じたものなのだ。[*54]

使っている用語は違っても、バトラーがここで指摘していることも主体内の「二重感覚」の問題であり、不可視の「蝶番」の問題である。強靭な他者性が身体の「不可視」で「触れえざる」領域の核を形成し、差異の時間的効果を通じて「私」という現象を形づくる。自己言及というものが可能であるためには、シニフィアンとシニフィエの関係の外部にある第三の要素が必要となる。だがもし「どこか別の場所」が超越性を言い換えたものでないなら、この場所なき場所はいかにして自我の構成へと入り込むのだろうか？ そしてそれは、美的なものの問題といかに関わるのか？ これらの問いに取り組むために、われわれは、メルロ＝ポンティが後期の著作において美術と文学の研究を通じて考察した裂開の空間的・時間的性質を検討しなくてはならない。

二　奥行、垂直性、原初性――セザンヌと接触

「奥行」と存在論的空間

「否定性の問題とは、とりも直さず、奥行の問題である」――メルロ＝ポンティは『見えるものと見えざるもの』の研究ノートでそのように主張している。[*55] 否定的なものは、幾何学的、光学的な距離によっては測ることのできない「奥行」を構成する。この日常的な言葉によって表現された現象学的な空間概念は『知覚の現象学』ではじめて登場する。そこでメルロ＝ポンティは「奥行」は「横から見られた幅」であるというバークリーの主張を批判し、「奥行を側面から見られた幅と見なすためには、換言すれば等方的空間に到達するためには、主体はその位置する場所、それが世界に挑む視点を離れて、自己をいわば遍在的なものと考えなくてはならない」と言っている。[*56] つまり、幾何学的空間は神の視点から構成されているということだ。メルロ＝ポンティは、「奥行」という概念を人体の有限性という条件と切り離せないものとして提示する。『知覚の現象学』で彼は盲目から回復したばかりの患者の観察を紹介して、「視覚的空間の分節構造に対して類同的な関係を今も将来も決してもたない、独自の分節構造をもった厳格に触覚的な空間が存在する」と述べている。[*57] メルロ＝ポンティはここで「奥行」という語を使ってはいないが、この盲目者の生きる非光学的空間性はその概念と関連している。この概念を用いてメルロ＝ポンティは人間の空間把握における別の「媒介」を提示するのだ。[*58] メルロ＝ポンティの言う「奥行」は、ハイデガーによって人間の根源的受動性と定義された「被投性」という実存的状態を採用しており、「世界に関する先入見を退け、世界がたち現れる原初的経験を再発見するように、われわれを強いる。それは、いわば、あらゆる次元のうちで最も「実存的」なものである」。[*59] 「奥行」の概念を用いることで、メルロ＝ポンティは幾何学的に捉えられた空間の概念

を存在論化するのである。

メルロ＝ポンティは、幾何学的空間と知覚された空間の差異について、次のように移動する物体をモデルとして考察している。

遠ざかりつつある対象も接近しつつある対象も、私の網膜上の物理的映像ほどには、私の知覚にとって急に小さくなったり大きくなったりしない。映画のなかでわれわれの方に近づいてくる列車の大きくなり方が、実際よりもずっと甚だしいのは、こうした理由に基づくのである。[*60]

これはニュートン的真実と心理学的真実との違いを示している。メルロ＝ポンティはここでリュミエール兄弟の『ラ・シオタ駅への列車の到着』に関して、自分の方へ向かってくる列車の像を見て人びとがパニックに陥ったという有名な逸話に言及している。これは、映画に本来備わっている劇的な性質、ならびに初期の映画視聴者のナイーヴさを証明する逸話として、しばしば引用されるものである。この神話が歴史的に正しいものであるかどうかはさておき、メルロ＝ポンティのポイントは、二次元スクリーンは「奥行」の効果、すなわち移動する物体がそれを見る者に与える印象を、作り出しえないということである。移動する物体を人間の目によって捉えることは、カメラの目を通じてそれを見ることとは異なる。メルロ＝ポンティは「われわれは遠ざかりつつある対象を「もつ」のであり、それを「保持し」つづけ、それに対する手掛り（prise）をもちつづけるのである。そして、増大しつつある距離とは幅がそう見えるように、増大しつつある相互外在性ではない。それは、ただ、物がわれわれのまなざしの把握（prise）からのがれ始め、それとの結びつきが弛むということとの表現にすぎない」と述べる。[*61]ここでの彼の言葉の選び方が明らかにしているように、メルロ＝ポンティは動く物体は身体に触覚的反応を引き起こすと示唆している。このことに関して、スー・L・カタルディは「触覚性の達成とは、感じている「ここ」と、感じられている「そこ」のあいだに何らかの最適化された近接性が打ち立てられることを意味する。この触覚的近接性は、単に空間的に近くにある静的なものとは異なる。それは身体の探査的な運動を通じて打ち立てられるものなのだ」と述べている。[*62] このように、人が動く物体を知覚したり行動に従事したりしているとき、触覚は視覚と一緒に働くのだが、映画は身体からこの視覚と触覚の柔軟な相互作用を奪うのである。

「奥行」とセザンヌ

メルロ゠ポンティが「奥行」という非幾何学的概念を検討しているのは、絵画に関する三つのエッセイ「セザンヌの疑惑」(一九四五)、「間接的言語と沈黙の声」(一九五二)、「眼と精神」(一九六〇)、さらには『知覚の現象学』ならびに『見えるものと見えざるもの』のいくつかの箇所においてである。後期の著作において、彼は徐々に存在論的現象学とモダニズム画家の方法を結び付けることが多くなっていった。彼は現象学と近代絵画はともに「現実の身体、つまり……視覚と運動との縒糸であるような身体」を扱う点において共通すると考えていた。[*63] この箇所に言及して、ジャック・タミニオーは「見るということは、まず何よりも、見られるものの近くに来ることが出来るということであり、手の届く範囲に保持し、より近くの領域へと入っていくこと」であると書いている。[*64] メルロ゠ポンティは、モダニズム画家、とりわけセザンヌが、運動によって作動するこの原初的な触覚的空間というものを表現しようとしていたと述べるのだ。

メルロ゠ポンティにとって、セザンヌ、マティス、クレーといったモダニスト画家たちの最も重要な達成は、遠近法という古典的な方法と決別し、「空間」や「物体」を、それが持つ客観的な外見を超えて、その実存的土台、すなわち運動している空間と物体とをその運動のさなかにおいて捉えようとしたことにある。メルロ゠ポンティはドイツ語圏における二〇世紀初頭の美術史家、たとえばアロイス・リーグル、ハインリッヒ・ヴェルフリン、フリッツ・ノヴォトニー、そして誰よりもエルヴィン・パノフスキーと、遠近法に対する批判的態度を共有している。パノフスキーの一九二八年の研究である『〈象徴形式《シンボル》〉としての遠近法』は、空間性を非‐知化するというメルロ＝ポンティのプロジェクトに重要な影響を及ぼした。この著作でパノフスキーは、西洋的な世界の「ヴィジョン」と遠近法との間に平行性を見出し、「近代的な空間観」を批判的に分析している。[*65] パノフスキーにとって、等質的な空間を前提とした遠近法という方法の消滅は西洋文明の歴史におけるある時代の終焉の兆候である。これはメルロ＝ポンティの近代絵画ならびに空間の現象学に関する意見と一致している。彼は一九五四年から五五年にかけてのコレージュ・ド・フランスでの「制度化」に関する講義において、「ルネサンスの遠近法」は「真のテロスではなく」、また「芸術作品の価値にとって必要条件でも十分条件でもない」と主張している。[*66] こうした遠近法に対する批判的な態度は、ルノー・バルバラスが書いているように、彼を「表現と知覚の、そして真実と経験の統合という様式」へと導くことになった。[*67] 幾何学的空間が機械的にこの統合の様式を切断するのに対し、彼の「奥行」の概念はこの統合性に根ざしており、また知覚の原初的状態と密接に関連している。

　モダニズムの画家たちのなかでも、ポール・セザンヌこそは絵画空間の重要な革新者としてメルロ＝ポンティが最も熱烈に支持した画家であった。[*68] 彼は、セザンヌの非遠近法的な画法を「物や顔の感覚的形態の全体的復元によって、それらの相貌を捉えようとする試み」として評価している。[*69] メルロ＝ポンティは、セザンヌの異化の方法は自然の真の姿を暴き出すが、それは永らく遠近法が抑圧してきたものなのだと主張する。ジョワシャン・ガスケが回想しているように、これこそまさにセザンヌが追究していたものであった。若い画家に自然を描く方法を訊かれて、セザンヌは「円筒、球体、円錐をつかって処理すること」と答えた。[*70] そうした異化効果によって世界の「垂直的」な側面が明かされるのだ。「奥行」はセザンヌ自身が自然の本質ということを言うために好んで用いた言葉であった。ガスケによれば、セザンヌは「人間にとって自然は、表面よりは奥行に在るのだ」と言ったとのことである。[*71] メルロ＝ポンティが「奥行」という言葉を、彼が好んで引用したこのガスケによるセザンヌの回想録から採った可能性は高い。

セザンヌが「奥行」という言葉で意味していたことは、メルロ＝ポンティが同じ言葉によって言おうとしていたことと正確には一致しないかも知れない。が、メルロ＝ポンティはセザンヌの努力と彼自身の「奥行」の哲学的考察とのあいだに密接な関係を見出していた。論文「眼と精神」においてメルロ＝ポンティはセザンヌ特有の空間表現を、デカルト的形而上学に則った空間の遠近法的表象と対比している。

> 「私の思うに、セザンヌは生涯奥行を追究し続けたのだ」とジャコメッティは言っているし、ロベール・ドゥローネー（Robert Delaunay）は「奥行は新しい霊感《インスピレーション》だ」と言っている。ルネサンスのさまざまな「解決」から四世紀、デカルトから三世紀たつが、奥行はまだ新しい。そしてそれは、「一生に一度」ではなく、一生涯追究することを要求する。[*72]

メルロ＝ポンティがここで言っているように、「奥行」は実際に多くのセザンヌの批評家にとってのキーワードであった。最も顕著な例として、メルロ＝ポンティが『知覚の現象学』ならびに「眼と精神」で言及しているフリッツ・ノヴォトニーの古典的なセザンヌ研究『セザンヌと科学的遠近法の終焉』（一九三八）は、セザンヌの絵画の細部を緻密に読み解き、セザンヌがいかにして感覚的空間と奥行の感覚とを通じて光学的・体系的「表象」に挑戦するのかを説いている。

表面と輪郭を注意深く繋げること、たえず変化し続けるそれらの輪郭の強度、不安定に見えながらも根本的には堅固である絵画の全般的な枠組み——それらは直線的遠近法の基礎となるシステムを徹底的に揺るがす手段なのだ。いわば、どう見ても反駁の余地のまったくないシステム、別の扱い方ではその空間描写の正確さにいっさいの疑義を呈しえないようなシステムを最深部まで揺るがすのである。[73]

このセザンヌの絵画的空間についての説得力ある解釈を通じて、ノヴォトニーは、セザンヌの絵画は「古い意味での遠近法の死」に対する一種の弔鐘であると解釈するに至る。[74] この洞察はメルロ＝ポンティによるセザンヌならびに他のモダニストの画家たちの解釈と一致している。メルロ＝ポンティにとって科学的視点から見た「奥行」はほとんど実存的な重要性を有しており、デカルト的（光学的）空間の死を証すものなのだ。「セザンヌの疑惑」は、幾何学的空間ならびに自らの画家としての力量に対するセザンヌの関心を記述しており、絵画に対するそうした根源的な疑念がいかにして彼を自分の想像するものの真の実現という果てしない苦闘へと投げ入れたかを明らかにしている。セザンヌの絵画は「風景の誕生」との一連の対決であるとメルロ＝ポンティは主張する。[75] セザンヌにとって風景は世界の中にある対象ではなくて、風景を見ながらもその風景の中にいるという見る者の主体的な経験と切り離せない生きられた空間としてあった。メルロ＝ポンティは次のように強調する。「近代絵画の諸対象は「血を流し」、われわれの眼前でその実体を発散し、われわれの視線に直接問いかけ」る。[76] こうして彼は、ロレンス、スティーグリッツ、そしてベンヤミンと同様に、生気論的なイメージを芸術表現に見出すことになる。

セザンヌにとって、生は描く行為と不可分であった。メルロ＝ポンティはセザンヌの作品が「生の或る瞬間の署名」を持っており、またそれは画家の創作への苦闘を示すものなのだと述べる。[77] セザンヌの絵画は「模倣」ではなく「表現作用」なのだ。[78] リチャード・シフが述べるところによれば、セザンヌの絵画によって絵画のプロセスは

「見ることではなく触れること」によって構成されている、という単純な事実にわれわれは向き合うことになる。[*79]遠近法という古典的手法を採用するのでもなく印象主義的画風を採用するのでもなく、触覚的経験から始めようとセザンヌは主張する。そうすることによってのみ、自然と感性的なものの本源、すなわち彼が絵画の真の対象であると考えた不可視の要素へと接近することができるのだ。セザンヌはモン・サント・ヴィクトワールを六〇回以上にわたって描いているが、そのそれぞれが彼にとってはまったく新しい経験だったのであり、その意味で彼は一度も同じものを対象として描かなかったのである。

したがって、メルロ＝ポンティは「画家の視覚は絶えざる誕生なのだ」と主張することになる。[*80]再びリチャード・シフの言葉を借りるならば、セザンヌの「接触は視覚を直接的な身体接触の原初的経験へと、そしておそらくは身体が物から切り離される以前、構築された現実に対処するために言語や象徴的秩序を必要とするようになる以前へと差し戻す」ということになる。[*81]シフはセザンヌの絵画を原初的な時間と空間の両方へと結びつけるが、このように理解されるとき、セザンヌは現象学的還元の実践者であったと言ってよい。彼の絵画は、人が視覚的表象に期待するものを超えて対象の真の姿というものを探求すべく、社会的・文化的・環境的現実を括弧に入れる。それゆえセザンヌの絵画を見る者は、人体のうちに存在する「根源的な知覚」、つまり「触覚と視覚との区別が知られていない」ような知覚のモードを思い出すことになる。[*82]イヴ＝アラン・ボワが言うように、「セザンヌが試みたかったのは、視覚と触覚とを、その二つの感覚領域が分離してゆくプロセスにあるまさにその瞬間において継ぎ合わせること、すなわち何らかの形で触覚的視覚を発明することだったのだ」。[*83]セザンヌの作品を眺めることはこうして、視覚と触覚とが分離する以前へと回帰する経験となる。

セザンヌの絵画と自然の環境とのあいだの奇妙な関係を考察するなかで、メルロ＝ポンティは原初性の実存的重要性を強調する。セザンヌの描画の過程における「困難」を「最初の言葉がもつ困難」に喩えつつ、彼は次のように主張する。

「セザンヌ」はおのれを無能と思いこんだが、それというのは、彼が全能ではなく、神ではなく、にもかかわらず、世界を描き、世界をあますところなく眺めに変え、それがどんなふうにしてわれわれに触れるかを見させようと望んだからなのである。[*84]

メルロ＝ポンティはセザンヌの絵画作品を、触覚的経験から視覚的表現への一種の翻訳として描写している。触覚が原初性と結びついているのならば、画家の仕事は原初的接触を視覚的表現へと翻訳することだ。メルロ＝ポンティにとっては触覚による知覚と視覚的表現との順序が何よりも重要だったので、「セザンヌは、形と奥行とを示すべき触感を、色彩によって暗示しようとなどとはしない」と彼は主張せねばならなかった。[*85]〈自然〉に触れられることは視覚的表象に先立つ経験であり、したがって、触覚を通じて知覚されるものは色使いによって「暗示」されるものではありえないのだ。言い換えれば、触覚的なものは前‐光学的なのである。[*86]ここで重要なのはアナロジーではなく、触覚的経験を視覚的形式へと翻訳することの効果である。[*87]遠近法によるシステマティックな現実の表象とは異なり、身体的な翻訳には、絵を描くという行為に画家が身体的に関わることが必要となる。メルロ＝ポンティは「セザンヌが描こうとしたのは、このような根源的世界にほかならぬ。そして、まさしくそれゆえに、セザンヌの絵は、その根源においてとらえられた自然という印象を与えるのであり、一方、その同じ風景の写真は、人間による加工や、人間にとっての便宜性や、人間が間近に存在していることを思わせるのである」と主張する。[*88]この一文は、われわれが第一章において検討したロレンスによるセザンヌ読解を思い起こさせる。メルロ＝ポンティもロレンスも、セザンヌの絵画は写真では決して捉えられない物質的現実と「原初的世界」に対する深い理解を示していると主張した。写真による風景の複製とは異なり、セザンヌの絵画は自然と身体との翻訳的関係を確立すると彼らはともに考えたのだ。

「眼と精神」で、メルロ＝ポンティはこの点をポール・ヴァレリーのアフォリズムを引用することで強調している。「画家は「その身体を携えている」とヴァレリーが言っている。実際のところ、〈精神〉が絵を描くなどということは考えてみようもないことだ。画家はその身体を世界に貸すことによって、世界を絵に変える」[*89]。描画のプロセスを通じて、画家の身体は世界を芸術へ変形させる「媒体」となる。メルロ＝ポンティは、セザンヌが身体的な「奥行」を追究した触覚的な努力の痕跡を彼の絵画のうちに見出しているのだ。

セザンヌや他のモダニスト画家の考察を通じて、メルロ＝ポンティは彼の「触れる‐触れられる」関係の可逆性という概念を緻密化していく。「眼と精神」で彼は「奥行は、……次元の換位可能性の経験そのものなのだ」と述べている[*90]。彼は描画行為を通じて画家の身体が〈自然〉と絡みあうということを示唆するのだ[*91]。片方の手がもう片方の手に触ることがある種の出来事を構成するように、真の描画行為は、メルロ＝ポンティが「スペクタクル」と呼ぶものへと至るような、自然との一時的な相互関係へと画家を投げ入れるのである。ルノー・バルバラスが適切に表現しているように、こうした「原初的空間（lieu）は」、「区別しがたく場所（place）であり出来事」なのである[*92]。もちろん、このような解釈には「場所を持つ＝起きる（avoir lieu）」というフランス語の熟語が響いている。空間と出来事の重なり合いにおいては、自然あるいは「世界」は静的な対象とはならず、それはむしろすでに引用した箇所でメルロ＝ポンティが言っているように、「われわれに触れる」。メルロ＝ポンティは、絵画あるいは芸術表現活動一般は、決してこの原初的・触覚的経験から乖離してはならないと考えたのである。

であるならば「奥行」は、究極的には「触れる‐触れられる」関係のキアスムにおける「間隙」と同義であり、画家と世界との接触の圏域において不可避的に生ずるものだということになる。「奥行は、主体と空間との絆を直接顕わにする」のであるから、それは間主体的な関係の起源となる。[*93] ゆえにメルロ＝ポンティは、「奥行」を「感性的なものに向かっての否定的なものの超越」と定義し、「遠近画法的存在のモデル」であるに過ぎないがゆえに「超越」を欠いているユークリッド的空間と対照させるのである。[*94] 幾何学的空間が身体の位置を確定的に与えられた各点の範囲として捉えるとすれば、「奥行」は人体と世界とを活性化し、「肉」という連続体においてそれらを結合するのである。別の言い方をすれば、主体の理論を構築するにあたってカントばかりでなくフッサールも措定していた「超越論的自我」などというものは、メルロ＝ポンティにとっては存在しないということだ。「哲学者とその影」で、メルロ＝ポンティは「他人の「出現以前」にはわれわれは一人きりだと言うことは、すでにこのわれわれを他人の幻と関係せしめていることであるし、少なくとも、他人たちもそこに存在しうるような一つの環境を考えていることであろう」と主張している。[*95]

「奥行」と存在論的なもの

個人の意図に先立つこの否定的な媒体は、存在論と超越性との関係に関するメルロ＝ポンティの考えの基礎をなす。『見えるものと見えざるもの』の研究ノートで、メルロ＝ポンティは「もし、存在がおのれを開示すべきであるなら、それは何らかの超越性の前においてであって、志向性の前においてではないであろう、すなわち埋没したなまのままの存在が、自己自身へと立ち帰るのであり、感性的なものがおのれを穿つ（se creuse）、ということであろう」と書いている。[*96] この一節は、とくにハイデガーの強い影響を感じさせる。とりわけ、「存在の開示」という概念は、ハイデガーにおける隠されていないものとしての真実という意味でのアレーテイア（aletheia）の概念を思い起こさせる。『見えるものと見えざるもの』に取り掛かっていた時期のメルロ＝ポンティは、コレージュ・ド・フランスでフッサールとハイデガーを中心とした現代哲学の連続講義を行っていた。講義の草稿において彼は、サルトルとは異なり、ハイデガーは存在と無とは分かちがたく結びついていると考えていたということを強調している。ハイデガーの現存在という概念における根源的否定性は、メルロ＝ポンティによれば、「「裂け目」としての存在」であり、「裂け目の底」であるのだ。[*97]「裂け目」という否定的空間は、現存在の内に裂開を作り出すが、現存在が存在するための基盤ともなっている。この「存在」の空間的イメージがメルロ＝ポンティの奥行という存在論的概念に影響を及ぼしたことは疑いがない。ガレン・A・ジョンソンが記しているように、「眼と精神」は「ハイデガーとのきわめて共感的な対話として書かれた」[*98]。ハイデガーが哲学的研究という形でアプローチした存在論的真実を、セザンヌは絵画を通じて探求していたとメルロ＝ポンティは捉えていたのだ。

実際、メルロ＝ポンティの記述におけるハイデガーとセザンヌの間の類似は単なる偶然ではない。ハイデガー自身が大いに絵画の愛好家であった。彼は一九五〇年代半ばにエクス・アン・プロヴァンス周辺の地域にあるセザンヌの故郷を訪ねており、そこで「セザンヌの故郷で過ごした日々は哲学書で埋まった図書館まるごとひとつ分よりも価値がある。セザンヌが描いたぐらい直《じか》にもの考えることができるなら」と言ったと伝えられている。[*99]彼はセザンヌの絵画の示す直接性のうちに、存在論的差異の超克を見出そうとしたのである。ハイデガーは晩年の一九七一年に「セザンヌ」と題された哲学的な詩さえ書いていて、一九七四年に改稿している。そこで彼は自分の存在論とセザンヌの絵画との類似性を表明し、それらは「「現在時」の二重性」を体現するものだとする。[*100]彼は、セザンヌの語彙を自らの哲学的言語へと翻訳して、セザンヌは独自に存在論的洞察へと到達していたのだと解釈する。この詩でハイデガーは、「開け」という存在論的空間の発生を時間的な質的変化を生む出来事として記述している。メルロ＝ポンティと同様、ハイデガーはセザンヌの絵画的表現の中に「誕生」という現象を見出す。この二人の哲学者はともに、アレーテイア（aletheia）が芸術ならびに芸術活動にとっての基盤であると捉えている。そして彼らにとってセザンヌは、遠近法という慣習と決別することによって芸術にアレーテイアの持つ有機的な意味を復権した画家なのである。

だが否定的媒体という点に関しては、メルロ＝ポンティとハイデガーの間には重要な違いがある。ハイデガーにとっては、「奥行」あるいは〈存在〉の否定性を構成するものは究極的には死である。「死へ臨む存在」は、死が単なる潜在的可能性にすぎない時でさえ、生の真実を構成する。[*101] 前‐人称的条件が個々の存在の個別性に先立つという考えに関してはメルロ＝ポンティも共有しているのであるが、彼は「死」ではなく「粗暴な存在」とか「野生の存在」といった言い回しで「生」の重要性を強調するのである。メルロ＝ポンティにとって死とは、つねにいまだ訪れぬものであり、したがって人の経験の埒外にある。彼にとって、無は存在に先立ちそれを規定するとしても、生と切り離されたものでは決してなく、死と同一視されるようなものでもない。匿名的な超越性が生のうちに存在しうるというメルロ＝ポンティの強調は、内在性と超越性の二分法をハイデガーよりもラディカルに揺るがすと言えるかもしれない。これがメルロ＝ポンティの思想におけるユニークな点である。コレージュ・ド・フランスでの一九五六―五七年の〈自然〉についての講義において、彼がベルクソンの跳躍（élan）という概念を検討しつつ「生は一般的に言って運動そのものである」という定式を引用していることは思い出しておくべきだろう。[*102] 生の原初的運動性というベルクソンの概念を引き継いで、メルロ＝ポンティは超越性を運動・差異であると考える。彼の「奥行」ならびに「裂開（écart）」という概念は、内在的なものの内部におけるこうした質的差異といったものを指しているのである。知覚の働きは「決して完成されることのない差異化」である。[*103] したがってメルロ＝ポンティは、「見えるものの見えざるもの」や「触れられるものの触れられないもの」といった矛盾を含みこんだ言葉によって、肯定的知覚に内在する否定的知覚というものの重要性を強調することになるのだ。彼にとって知覚の経験は、生の二元性を開示するものであって、それは創作行為や発生という現象にとって根源的なものなのである。有機的空間の絶え間ない奥行は生に触れるパルス的なリズムであり、それ自身を間歇的に差異化するものである。

運動は、「「合致」を問題視する」のだ。[*104]

三　時間・記憶・忘却の触覚性

触覚的時間

以上のような「奥行」の性格は、空間と時間の区別をほとんど無化してしまう。「奥行」は時間的差異化にかかわるがゆえ、空間的な中間だけでなく時間的な中間をも示すことになる。実際、メルロ＝ポンティの接触の理論は、独自の身体的な方法で時間性を問題に付す。ベルクソンにならってメルロ＝ポンティも時計によって計測可能な時間というものを偽りの装置であると見做し、肉体的感覚と真の時間体験というもののあいだの関係を探ろうとする。しかしメルロ＝ポンティは、ある点においてベルクソンと袂を分かっており、またそれは彼にとって決定的なものである。『知覚の現象学』の註の一つで、彼はベルクソンの時間概念の発想は一元論的であるとして批判している。

概してベルクソンは、身体と精神とが時間を媒介として通じあうということ、精神であるということは、時間の経過を支配することであり、身体をもつことは現在をもつことであるという点を、いみじくも洞察した。身体とは意識の生成における瞬間的な切断面であると、彼はいっている。しかし身体は彼にとって、われわれのいわゆる客観的身体にとどまっている。意識は認識であり、時間は依然として「今」の系列であって、たとえ時間が「それ自身のうえに雪だるまのように」積み重なろうとも、空間化された時間のなかに自己を繰り広げようとも、この点にかわりはない。それゆえベルクソンは、「今」の系列を緊張させたり弛緩させたりすることができるにすぎない。つまり彼は時間の三次元が自己を構成する統一的な運動にまでは決して思い至らない。したがって、なぜ持続が現在に集結し、意識が身体と世界のなかに自己を拘束するのか、その理由が不明である。[*105]

この一節はいくつかの点においてベルクソンの哲学を単純化してはいるのだが、メルロ＝ポンティが時間という現象のなかに存する「統一的な運動」を強調すべく、時間の同質性モデルを批判していることは注目に値する。[*106] ベルクソン的な流動的モデル、つまり時間の一方向的な流れを採用するのではなく、メルロ＝ポンティは時間の概念に過去と現在を結ぶ二つの方向性を導入する。二つの異なる時間の枠組みが出会い交信することで「出来事」が生まれるが、それは「有限の観察者によって、客観的世界の空間‐時間的全体のなかから切り抜かれたものなのである」。[*107] 「出来事」という概念は、時間に対する主体的な関係の偶発性と有限性の両方に関わっており、奥行という概念との親和性をうかがわせる。[*108] こうしてメルロ＝ポンティは、「時間は諸事物に対する私の関係から生ずる」と主張することになる。[*109] 言い換えれば、環境との主体的な関係を抜きにして時間を純粋な現象として語ることは不可能だということだ。したがって、メルロ＝ポンティの現象学的時間は、世界、ならびに過去と未来に対する身体的関係の発生と共起的なのである。彼が講義ノートで言っているように、時間と身体の真の関係を打ち立てるためには、ひとは「表象の用語を使って問題を立てることを断念」せねばならない。[*110]

メルロ＝ポンティにとって過去と現在、そして現在と未来の関係は、身体という媒体を介してキアスム的に構造化されている――「なるほど私の身体は時間をわがものとする。それは現在のために過去と未来を存在せしめる。それは一個の物ではない。それは時間に服するのではなく時間をつくりだす」。[*111] かくして身体は時間的関係の源泉となり、この時間性の原初的領域において触覚は重要な役割を果たす。結果としてメルロ＝ポンティは、彼の時間哲学へ身体性を導入することで、時計的時間の絶対的な支配ならびにベルクソン的な流れる時のイメージから逃れ、時間を関係性として考察する道を開いているのだ。

メルロ＝ポンティは「私は過ぎ去れる一日を「まだ掌中に」（encore en main）たずさえている」と『知覚の現象学』に書くとき、時間概念における触覚的な含意をほのめかしている。[*112] 彼は「過ぎ去れる一日」は客観化された時間から構成されているのではなく、それに隣接した過去と未来とを包含する「私の臨在の領野」から構成されているのだと主張する。直近の過去と未来は、時間がすぐ近くに在る、という幻想を抱かせる。

時間におけるパースペクティヴ、遠い過去の不明瞭性、忘却を極限とする過去のこうした「萎縮」（ratatinement）は、記憶に生ずる偶然的な出来事ではない。それらは、原理的には完全であるはずの時間意識が、経験的に存在する際の褪落現象を表わすものではない。時間意識の出発点における両義性を、つまり把持する（retenir）ことは掌握する（tenir）ことであるが、ただし距離を隔てて掌握することである。[*113]

フランス語原文ではこの引用の最後の部分（"retenir, c'est tenir, mais à distance"）において二つの動詞（tenir と retenir）が同根であることを強調している。「retenir（把持する）」という語は「記憶に留める」ということを意味するから、この言い回しは触覚性と記憶との語源学的な関連を示している。過去に起きた出来事を自らの記憶のうちに留めておくことは、意識の内で触れることの可能な圏域の内に過去を置いておくということなのだ。触覚的メタファーを頻用することで、メルロ＝ポンティは身体的感覚と時間の関係を示唆している。すなわち、「臨在の領野」において「私が時間に接触」するのである。[*114]

プルースト的記憶＝忘却と接触

時間との触覚的「接触」はメルロ＝ポンティの記憶に関する考えを示している。彼は時間の分断を意識的に総合することと、受動的または自然な総合とを区別している。

過去と未来を所有するためには、われわれは知的作用によって一連の射映を結合する必要はない。もろもろの射映それ自身がいわば自然的な、原初的な統一をもっているのであり、それらを通じて現われるのは、まさに過去あるいは未来そのものなのである。これは、フッサール的に時間の「受動的総合」と呼んでもよさそうな現象のパラドックスである。*[115]

メルロ＝ポンティはこのように、能動的な過去の回想を時間の「受動的総合」と区別する。前者の記憶のパターンが意識的な知的操作であるのに対して、後者のタイプの想起においては、積極的な役割を果たすのは過去のほうで、それ自身が身体へ影響をおよぼすのである。メルロ＝ポンティが注目するのは後者の回想の経験で、それはわれわれに「自然的な、原初的な統一」を知覚するようにさせるものである。このような時間性の「受動的総合」を検討することで、彼は身体性と記憶の機能との関係を考えるようになる。

記憶というものが過去に関する構成的意識ではなくて、現在の含蓄から出発して時間を再び開こうとする努力であり、また身体というものが、「さまざまな態度をとり」、こうして擬似現在をつくりだすわれわれの恒久的な手段であって、したがってわれわれが空間のみならず時間とも交わる手段である場合に初めて、記憶における身体の役割が理解されるのである。*[116]

ここにおいてメルロ＝ポンティの時間に関する考えは、前章で論じたベンヤミンの歴史の弁証法的モデルに非常に接近している。ベンヤミンもメルロ＝ポンティもともに、意識的な回想によっては決して過去を真に回想することはできないと主張している。彼らにとって過去とは一種の霊的存在であって、自ら自分自身を構成し、現在に再び出現するものなのだ。「歴史の概念について」においてベンヤミンは「過去はある秘められた索引を伴っていて、それは過去に、救済（解放）への道を指示している」と主張している。[*117] 同様にメルロ＝ポンティもまた人間の記憶の機能というものは「現在の含蓄から出発して時間を再び開こうとする努力」にあると考えているのだ。かくして彼は「現在」の概念の中に複数性を導入することになる。「間接的言語と沈黙の声」においても同様に、彼はフッサールの「設立（Stiftung）」という概念における「現在のひとつひとつがはらむ限りない実り多さ」に言及している。

フッサールが、Stiftung――設立ないし確立――というたくみな語を用いて言いあらわそうとしたのは、まず第一に、現在のひとつひとつがはらむ限りない実り多さである。現在は、まさしくそれが特殊なものであり過ぎゆくものであるがゆえに、けっして、すでに存在したという事実を断ち切りえないのであり、普遍的なかたちで存在することをとどめえないのである。――だが、彼が言いあらわそうとしたのは、何よりもまず文化の産物のもつ実り多さである。それらの産物は、それらが出現したあとも価値をもち続けるのであり、それらがたえずよみがえるような探求の場を切り開くのである。[*118]

これと同じ主題についてのベンヤミンの言葉を思い出しておこう――「過去の真のイメージはさっと掠め過ぎてゆく。過去は、それが認識可能となる利那に一瞬ひらめきもう二度と立ち現われはしない。そうしたイメージとしてしか確保することができない」。[*119] ベンヤミンとメルロ＝ポンティにとって「現在のひとつひとつがはらむ限りない実り多さ」は、それが過去の束の間の像をよみがえらせることが出来るかどうかにかかっている。彼らはともに過去と未来とが出会う点を、時間のうちにある「生」の具現化であると考えている。このような類似した言明が生じている理由は、彼らがある霊感源を共有しているからである。それはマルセル・プルーストの『失われた時を求めて』である。

右に引用したフッサールについての一節の註において、メルロ＝ポンティは、『失われた時を求めて』の冒頭にほど近い長いパッセージを引用して、彼の哲学をプルーストの時間のテーマと接続している。ベッドで目覚めるも自分がどこにいるかわからない若きマルセルを描写する小説冒頭の有名な一節である。ゆっくりと目覚めてゆく過程で、マルセルは徐々に壁や家具といった周囲のものを認識してゆく。プルーストによる記憶の身体性に関する観察がそれに続く。

身体にやどる記憶が、肋骨や、膝や、肩にやどる記憶が、かつて寝たことのある部屋をつぎつぎに提示してくれるのだが、そのあいだも身体のまわりでは、さまざまな目に見えない壁が、想いうかべた部屋のかたちに合わせて位置を変えつつ、暗闇のなかを渦のように旋回する。……すると私の身体、いや、下になっていた脇腹が、私の精神が忘却してはならなかった過去の忠実な番人として、天井から鎖で吊りさげられていた壺形のボヘミア・ガラスの常夜灯の炎や、シエナの大理石でできた暖炉などを想い出させてくれた。それはコンブレーの祖父母の家で私にあてがわれた寝室にあったもので、目を覚ました瞬間には遠い日々のことなのに現在のことと想いこみ、正確に想い描けなかったが、あとで完全に目覚めたときにもっとはっきり目に浮かぶはずであった。[*120]

「正確に想い描けなかったが」と語り手はここで述べているが、この小説においてはしばしば断片的な記憶がさまざまな場所と「私の身体」の連想のネットワークを生みだすのである。この一節はマルセルが彼を取り囲む物との関係をゆっくりと構築してゆくにつれて彼の「臨在の領野」が部屋の中へ徐々に広がってゆくさまを描いている。この過程において「私の身体」と「私の部屋」は見分けがつかなくなる。触覚が視覚と同期してここで明確に重要な役割をはたす。ベッドに押し付けられた脇腹は、子どもの頃に彼が抱いた前‐言語的な印象を保存している。ここで記憶しているのは「私」ではなく身体である。『失われた時を求めて』の別の箇所でプルーストが書いているように、「われわれが過去を想いうかべようとしても無駄で、知性はいくら努力しても無力」なのであって、「過去は、知性の領域や、その力のおよぶ範囲の埒外に」ある。[*121] すでに論じたように、「ボードレールにおけるいくつかのモチーフについて」でベンヤミンは無意志的記憶（la mémoire involontaire）における記憶の痕跡を、「陶器の皿」に残存する「陶工の手の痕跡」に喩えている。[*122] ベンヤミンの唯物史観においては、「陶器の皿」のような物体は過去の断片を包含しており、それは職人の触覚による創造行為を保存しうるものなのだった。

　プルーストの小説においても、触覚は記憶の非知的な側面と関連付けられている。無意志的記憶が形成されるのは、触覚が重要な役割を果たしている場面においてである——タオルの感触、マドレーヌの味、敷石の硬さ、スプーンが皿に触れる音。これらの出来事や現象はすべて、マルセルが意図せずして過去と出会うような機会をもたらす接触の瞬間を捉えている。ものに触れることで、知的精神からは抜け落ちてしまっていても身体に保管されていた物事が一時的に呼び戻されるのだ。こうしたエピファニー的瞬間にあっては、過去と現在の区別は消失する。「感性的なるもの、「自然」は、過去・現在の区別を超越し、一方から他方へと内部からの移行を実現する」とメルロ＝ポンティが書くとき、彼の念頭にあるのはこのような時間の可逆性なのだ。[*123]『知覚の現象学』で彼が、哲学的努力は「世界との、この素朴な触れあいを再発見」することに傾注されると述べていたことを思い出そう。[*124] プルースト的接触はきわめて個人的なものに思えるが、過去や自然環境との時間的な関わりが示しているのは、メルロ＝

ポンティが自らの現象学を通して探求しようとしていた原初的な知覚なのである。『見えるものと見えざるもの』の研究ノートで、メルロ＝ポンティは「時間」を「キアスム」の時間的形式として考える事の必要性を説いている。[*125] 過去と現在の関係は、それが無数の連関を形づくるときにのみ意味をもつのだ。そして、「触れるもの」と「触れられるもの」の関係のように、過去との出会いはほとんど「現在」とのあいだに可逆的に見える一点を形成するが、「最後の瞬間」において二つの時間はそれぞれの持ち場を主張し、それらの交換は失敗するのである。

すでに見たように、メルロ＝ポンティにおいては二項対立的に置かれた二者は互いに依存的な関係のうちにある。『見えるものと見えざるもの』でメルロ＝ポンティは、「見えざるものは、見えるものの秘められた相手方（contrepartie 補完物）」であると述べている。[*126] 否定的なものと肯定的なものとのこの構造的関係は、プルーストでは忘却という概念が記憶の「秘められた」ものを構成しているということに対応している。この長い小説も半ばを過ぎた『ソドムとゴモラ』の巻の「心の間歇」に現れるエピソードを例にとろう。そこでは彼の亡き祖母が予期せぬ形で想い起こされる。この挿話でマルセルはかつて家族でひと夏を過ごしたバルベックのホテルをひとりで再訪する。ホテルの部屋で靴を脱ぐと、すでに亡くなっている祖母の記憶が一挙によみがえる。ほかならぬこの場所で靴に触れることによって、かつて脱がすのを手伝ってくれた祖母の記憶が戻ってくるのだ。彼の接触と祖母の接触というふたつの異なる時間に属する接触が、触覚と、それに付随する意図せざる記憶とのあいだの一時的なつながりを通じて絡みあう。[*127] 過去との触覚的遭遇を通して、忘れられ身体に埋め込まれていたものが意識の表面に浮上してくるのだ。メルロ＝ポンティはこの場面に言及していないが、彼の時間の現象学は身体性と時間性のつながりを探求するプルーストに多くを負っており、それは無意志的記憶の効果を描く諸場面において体現されている。記憶と忘却とは切り離せる現象なのではなく、身体と精神において相互作用的に働く同一の現象のふたつの側面なのだ、という点でメルロ＝ポンティはプルーストに同意する。実際、コレージュ・ド・フランスでの講義で彼は「記憶は忘却の反対物ではなくなり、真の記憶が両者の交点、つまり忘れられていると同時に忘却によって保持されてもいる記憶がよみがえる瞬間にあるということ……も、見てとられることになろう」と主張している。[*128]「プルーストについての覚書」では、さらに簡潔に「過去は忘却の様態において存在している」と書いている。[*129] ふつう過去は「記憶」のなかに存在していると思われがちだが、『失われた時を求めて』の読書を通じて、メルロ＝ポンティは過去との関わりにおいて決定的に重要な役割をはたすのは「忘却」であるという結論に至った。この言明は、空間の現象学において彼が「奥行」を強調していたのとパラレルになっている。

これに関連して重要なのは、存在に意味を与える否定的媒体としての「不在」である。他者の存在の時間論的ヴァリエーションとして他者の不在を理解することは、人間の身体の空間－時間的単一性を前提とする伝統的な西欧哲学における「延長」概念に挑戦することになる。無意志的記憶が主体の世界観を捉える場面を描くことで、プルーストがこの不在と存在の曖昧な反転関係を捉えていたことは疑いがない。たとえば先に言及した「心の間歇」の場面で、マルセルの想起において祖母がすでに亡くなっているという事実は重要な要素である。彼女を見ることも触ることもできないという事実によって、マルセルは彼女の不在を強く感じる。偶発的な不在の他者との邂逅の機会を描くことで、プルーストは存在にとって根源的に重要であるのはその不在であるという興味深いねじれを提示しているのである。

実際、コレージュ・ド・フランスの講義でプルーストの愛の問題を取り上げるとき、メルロ＝ポンティは『失われた時を求めて』における愛はつねに失われてしまっているものであるという事実に注意を促している。欠如と欲望の関係がこの上なく精緻に描かれたものとして、メルロ＝ポンティはプルーストの小説を「愛の批評」と呼んでいる。[*130] 彼はスワンの愛を取り上げ、それが「オデットに届かない」ことに注目する。「スワンがオデットを所有するのは、彼がそれを欲望するからではなく、ヴェルデュラン家においてたまたま彼女を懐かしむからなのだ。……

自己愛の喜びは、こうした「興奮」の、欠如の、不安の——つまり否定的現実の——機会にすぎないのだ」[*131]。欠如が欲望の原因であるという考えは、他者への欲望が主体の構成の基礎をなすというラカンの定式を予見している。女性は「存在」しないというラカンの欲望の定式化と同じ意味で、オデットは存在していない。「スワンがオデットを所有する」とき、彼が所有しているのは無であり、その行為は不可避的に失敗に終わる。メルロ＝ポンティは愛と不在の関係を次のように定式化する。「ひとは不在しか愛することはない。愛とはわれわれの内部の空白であり、他者の存在なのではない。愛は「実現不可能」で、「人生の構想の外部」なのだ」[*132]。マルセルはアルベルチーヌとの関係においても同様に愛の不可能性に直面する。彼女は「ある音のなかの短いフレーズのように遠くにある存在であり、そこから切り離せないがしかし触れられないもの（noli me tangere）である」[*133]。したがって欲望とは触れられないものに触れる欲望である。マルセルに対するアルベルチーヌの返答にはたしかに「私に触れるな（noli me tangere）」という否定的命令文が見出されるが、その言葉は意図された機能を遂行することはなく、ダンテに対するベアトリーチェと同様、逆にマルセルの欲望を刺激することになる。メルロ＝ポンティは、その存在を請い求めていたマルセルにとってアルベルチーヌの出現は「欠如や不在の抑圧」であると倒錯的に主張しさえする[*134]。つまり、「不在」こそが恒常的な事態であり、マルセルは主としてそれを恋として生きているのであって、恋する相手の出現はむしろ彼を一時的に恋から引き離すのだ。こうして、マルセルは愛の探求を通じて、存在と不在の関係を転倒させる。彼にとって不在は存在に対する否定的な対応物なのではなく、愛と生の根源なのである。

愛は時間的な現象であるとメルロ＝ポンティは考えている。『失われた時を求めて』では、愛という感情は人やものの存在にではなく、そのイメージへと向けられている。したがって、「所有は欲望を満足させることにはならない、というのは享楽は他者としての他者、「驚異」としての他者を必要とするからである」[*135]。愛という感情は意図せぬ記憶に触れられるエピファニー的な瞬間を必然的にともなう。なぜなら、それは現勢化の「驚異」としての瞬間を形成するからである。こうした時間のアナクロニスティックな形態としての「記憶」はメルロ＝ポンティにとってもベンヤミンにとっても同様に重要なものとなる。過去と現在の関係の「可逆性」は、身体と精神の各々にとって差異を含んだ形で登録された不可視の索引として、生を待ち構えているのである。

「破壊不可能」な過去と触覚的身体

忘却や不在といった否定的媒介は、過去と現在とをキアスム的に撚り合わせる。だが、触れる手と触れられる手に裂開が存在していたように、思い出された過去は過去そのものと完全に一致することは決してない。非意志的想起には、過去に起こった出来事が先行しているが、それは「臨在の領野」の外部にあって、原初的・非人称的な過去を構成していなければならないのだ。『知覚の現象学』の「感覚すること」という章の最後の一文で、メルロ＝ポンティはすでに原初的過去に言及しており、それを「根源的な過去であり、かつて現在であったことのない過去」と呼んでいる。[*136] だが彼はこの著作の中でこの概念を発展させることはなかった。原初的過去という概念が重要なものとなるのは、知覚の超越性、つまり人間のなかの非人間的なものについての後期の考察においてである。『制度と受動性』における受動性についての講義でメルロ＝ポンティはフロイトの精神分析に言及し、「トラウマ的出来事」が原初的で遡行不可能な過去を生じさせるのだと主張している。「無意識の本質は、中立の平衡状態のうちにある他者の意識ではなく、突起物や裂開から成っている出来事の痕跡であるところの意味作用の結節点であるがゆえ、バロックのシステムを形成する」。[*137] 彼が「バロックのシステム」という表現で言おうとしているのは、ルネサンス的な遠近法が発明される以前の世界像ということである。前遠近法的な世界像とフロイトのトラウマの解釈によって生じた「原初的な過去」とのあいだにメルロ＝ポンティは平行性を見出していたのだ。このシステムの内部では、遠近法モデルにしたがって構築された世界とは異なり、現在はつねに過去に開かれ、かつ過去と相互に作用するものとなる。過去は決してその単一的な時間性を失うことはない。したがって、それは「過去の過去としての……重圧。破壊されず、それ自体として保存されているもの」と表現される。[*138] この原初的過去は、それが保存されている物質的なものを通してわれわれに触れるのである。

メルロ＝ポンティは『見えるものと見えざるもの』のとりわけ綿密な研究ノートにおいてフロイトの「破壊不可能」な過去という概念を再考しており、それを「「Erlebnisse（諸体験）の蓄積」としての時間というありふれた観念」と対照させている。[*139] この原初的な「時間以前の時間」が回帰することで、現在と過去の相互作用が阻害される。同じ断片で彼が「過去の守護者としてのプルースト的身体性」に言及していることからも明らかなように、メルロ＝ポンティはここで、過去と現在の慣習的な対比から成る二元的な時間性ではなく、意識的に知覚された時間と「破壊不可能な時間」よりなる、「肉」を構成する二つの時間性を提唱しているのである。[*140] 子どもの心理に関するメルロ＝ポンティの一連の論文は、生における「破壊不可能」な、ものごころがつく前の時間へのアプローチの軌跡として読むことができるが、彼が書いているように、そうした期間において人は「自分自身の身体について、運動感覚的あるいは体感的触感に比べて非常に僅かの視覚的経験しかもっていない」。[*141] 同時代の児童心理学に依拠しつつ、メルロ＝ポンティは視覚的補助なしに他人の真似をする幼児の共感的な模倣の能力を研究し、「最初は、他人の志向が言わば私の身体を通して働き、また私の志向が他人の身体を通して活動するといった、「前交通」（précommunication）（マックス・シェーラー）の状態がある」と主張している。[*142] 前交通は他者との意志的な関わりではなくて、他者に対する自らの身体のアプリオリな開示であり、人はそれを意志によって統御することは一切できない。世界は遠近法的な秩序のうちに収まっておらず、さまざまな空間的、時間的な突起や陥没によって構成された触覚的な環境が自己の身体との境界を明瞭にせぬままに存在しているのである。ベンヤミンと同じく、メルロ＝ポンティもまた、ミメーシスは個体化に先立つふたつの身体の間‐身体的な関係にもとづいていると考えた。別の言い方をすれば、ミメーシスとは身体と身体の間-身体的な関係の結果としてある。メルロ=ポンティにとって、触覚的な前交通が存在するということは、「触れる-触れられる」関係の「蝶番」の存在を証すものであった。「裂開」をまたぐ「蝶番」は、有機体の持つ「破壊不可能」な要素であり、そこでは触覚が第一次的なものとなる。

空間における「奥行」の感覚にせよ、時計的時間に先行する「原初的な過去」にせよ、メルロ=ポンティの哲学において中心的なのは人間の知覚におけるこうした「破壊不可能」な要素を擁護することなのである。そしてこの擁護は、デカルト的形而上学、すなわち啓蒙思想の中心的原理に対する反論としてあった。彼の肉の概念は客観化可能な身体とは異なる。それは原初的な時間と空間の貯蔵庫であり、触覚的キアスムが生じるのは、そこにおいてなのだ。メルロ=ポンティは人間の非人称性というこの洞察に、セザンヌとプルーストをはじめとするモダニストたちを研究することで到達した。『見えるものと見えざるもの』の研究ノートで彼が主張しているように、もし「感性的な物そのものが、ある超越に担われている」のだとすれば、否定的媒介の検討を通じて「感性的なものの果肉そのもの」へとアプローチすることが哲学者の仕事である。[*143] したがって、具体的な身体的現象というものに内在する抽象的な概念こそが客体を主体から分離し、見えるものを見えざるものから分離し、触れられるものを触れられないものから分離するデカルト的形而上学に対抗するメルロ=ポンティの基盤なのだ。「触れる-触れられる」関係の可逆性は、〈存在〉の条件である。それは「破壊不可能」であると同時に根本的なものであり、メルロ=ポンティの触覚的身体に関する現象学的・存在論的考察の基礎をなしているのである。

結論

二〇世紀は技術と情報の時代であると同時に、身体に関する言説で満ちていた世紀でもあった。技術が驚くべきスピードで発展し、人間の生活の精神的・物質的側面を条件付けてゆくにつれて、身体は「生」の固有な根拠として繰り返し「再発見」されるようになった。本研究を通じて示してきたように、触覚についてのモダニストの言説は身体と技術、あるいは有機的なものと無機的なものの境界を揺るがしてきた。ロレンスやスティーグリッツ・サークルの芸術家たちは、触覚を科学的事実に還元され得ない不可視で原初的な「真実」として捉えていた。ベンヤミンとメルロ＝ポンティは人間の触覚に、人称的なものを越えた超越性を見出していた。触覚のイメージや構想はそれぞれに異なるが、彼らはひとしく触覚性のうちに媒介的なもの――個人と共同体、現在と過去とを絡み合わせる「蝶番」とメルロ＝ポンティが呼んだもの――を見出そうとしていた。モダニストの触覚に関する言説は、二〇世紀における芸術・文学・哲学の形式の革命と密接な関係を持っている。それは非‐遠近法的空間や前‐歴史的過去といったものを扱うことで、伝統的な時間観や空間観の限界を暴いたのだ。

序論で述べたように、本研究はモダニストの触覚に関する言説を包括的に論じるものではなかった。この結論部では、私が今回のプロジェクトで選び得たいくつかの潜在的な方向性について考察し、本研究をさらなる踏査へと開いておきたい。この研究をさらに包括的なものにするとなれば、私は間違いなくレヴィナスの、哲学的比喩表現である「愛撫」、さらにはそれに対するリュス・イリガライやジャック・デリダの応答を扱ったであろう。[*1] この方向性の指し示す倫理と他者性の問題を深めるためには、共同体の理論において同様に触覚と近接性を強調したジョルジュ・バタイユやモーリス・ブランショといったレヴィナスと同時代のフランスの思想家を検討することが重要になるだろう。*2

本研究にとってテーマ的に関係するものとしては、未来派で有名なフィリッポ・トンマーゾ・マリネッティの一九二一年のマニフェスト、「触覚主義」が挙げられる。彼はそのテクストの中で、「とても大胆な接触」や「ほとんど苛立つほどの接触」といったような接触のさまざまな「カテゴリー」を列挙し、さらに触覚的な対象や環境を「触覚的なソファ」、「触覚的な部屋」、「触覚的な街路」などとリスト化した。*3 ここに挙げたマリネッティによるカテゴリーを見るだけで、ロレンスやスティーグリッツとは異なり、彼にとって触覚という概念は都市生活と近代文化に根ざしていたということがわかるだろう。実際、マリネッティはマニフェストで「機械化の芸術的感性」を称揚し、スピードを礼賛している。ヴァルター・ベンヤミンは未来派にはごくわずかしか言及していないが、マリネッティの「触覚主義」は本研究で論じたようなモダニティと触覚性を繋げる霊感源の一つであったのかもしれない。だが一方で、マリネッティの技術礼賛は彼の生気論的な傾向と矛盾しないということにも注意しておく必要がある。私が論じてきたモダニストたちと同様に、彼は「生」の究極的な価値というものに賛同している――「人類のコミュニケーションとフュージョンとを強化せよ。愛と友愛のうちにある人びとを分離する距離と障害を破壊せよ。生の本質的なあらわれである二つのものに十全さと完全な美を与えよ――愛と友愛とに」*4。コミュニケーションとフュージョンという二つの接続のあり方を肯定するこのような言葉は、インターネットを可能にした欲望に呼応しているようにも思われる。

本研究では対象の範囲を西洋のモダニズムに絞ったが、しかしそのことによって接触のイメージと言説が西洋に限定されたものだと示唆したかったわけではまったくない。日本のモダニズムにおいても触覚の研究にふさわしい例は容易に見つけることが出来るだろう。たとえば谷崎潤一郎の作品は触覚的なイメージに満ちている。[*5] 初期の短編「刺青」（一九一〇）は刺青に魅了されながらもそれを怖れる人物が活写されているし、『春琴抄』（一九三三）は盲目の春琴が自らの周囲を触覚的に把握し、丁稚の佐助との間に強い絆を築くさまが描かれている。しかしながら、谷崎と西洋モダニズムにおける触覚言説を単純に併置すると、谷崎自身がきわめて意識的だった西洋と東洋の文化的、宗教的差異を閑却してしまいかねない。谷崎は『陰影礼賛』（一九三三－三四）で、西洋人がピカピカした清潔さを好むのに対して、中国人と日本人が「長い年月の間に、人の手が触って、一つ所をつるつる撫でているうちに、自然と油が沁み込んで来る」結果できる「手垢の光」をいかに好むかを述べ、「西洋人は垢を根こそぎ発き立てて取り除こうとするのに反し、東洋人はそれを大切に保存して、そのまま美化する」と主張している。[*6] 東洋は汚穢というものに強い恐怖感を抱かないのに対し、西洋は「不純な」物を排除しようとする傾向にあると谷崎は考えていた。この汚穢に対する感じ方の違いが、東洋と西洋の接触に対する態度の文化的差異を生み出している。日本のモダニズムにおける接触の研究は、西欧の身体論の中立性と普遍性とを疑問に付すに違いない。しかしそのような試みのためには本稿のイントロダクションで提示したものとは異なる文化的・歴史的前提を導入することが必要になるであろう。[*7]

本研究では、触覚に関する言説をモダニストによる議論に限定した。ではモダニズム以後の触覚にはどのようなことが起こっているだろうか。モダニストたちは触覚を技術的・視覚的文化に対するアンチテーゼとして特権化していたが、ポストモダンの時代になると、触覚が徐々に技術の領域へと取り込まれてゆくことになる。ヴァルター・ベンヤミンの映画的触覚性という概念は、ポストモダンの時代における知覚の技術的条件というものを的確に予見していた。メディア論者のマーシャル・マクルーハンは、テレビは「触覚的」メディアであるとして、新たなメディアにおける諸感覚の相互作用を強調しながら、「テレビ映像は、……触覚の拡張である」と述べている。[*8]

『メディアはマッサージである』（一九六七）というタイトルは「メディアはメッセージである」という自分が過去の著作で表明したテーゼのセルフ・パロディであり、新たなメディアにおける肉体的側面を挑発的に示唆している。[*9]一九六〇年代に書かれたメディアに関する記念碑的な数々の仕事において、彼は科学技術によって登場したメディアを人間の知覚の延長として分析したのだった。

二一世紀において、マクルーハンが「ニュー・メディア」と呼んだものはもはや新しくはない。近年の触覚技術（ハプティック・テクノロジー）の発展は、接触を情報に変換し、その道具的な使用を可能にしている。精神医学を含む医学や看護学の分野では、患者に真の変化をもたらすものとして「手あて」の再評価が進められているが、[*10]その一方で、近年の触覚技術の発達は医療・介護分野でのロボットの適用可能な範囲を急激に広げ、高度な技術を用いた医療器具による治療可能性の回路を増やしつつある。また、スマートフォンの普及は触覚とメディアの結びつきを決定的なものとし、われわれの世界とのつながりは根源的に変容した。「触覚技術」はヴァーチャル・リアリティをよりいっそうリアルで物質的なものへ近付け、究極的にはヴァーチャルとリアルの境界を崩壊させようとしている。本稿を書いている二〇一六年には「ポケモンGO」というスマートフォン向けのゲームが世界的な人気を博しており、スマートフォンを指先で操作しながらゲームのフィールドと化した街路を歩く人びとが日常的に見られるようになった。こうしたゲームのプレイヤーは全く個別に自分の世界を生きているのであり、町を徘徊するそのゾンビ的な姿は人間的なものの風景を決定的に変容させている。こうしたヴァーチャル・リアリティは触覚だけの問題ではないが、世界の「手触り」を確実に変えてしまったし、今後も変え続けることは確実である。

しかし、触覚的なものに対する科学的研究や技術装置は、触覚の現象学的曖昧さを放逐することはできないだろう。近年のジャン＝リュック・ナンシーの触覚に関する粘り強い哲学的探究が示すのは、この感覚のモードはいまださらなる哲学的・文学的検討に開かれているという事実である。ナンシーにとって接触を吟味することは、倫理と美学を十分に熟慮するにあたっての――とりわけ境界と限界という観点における――基盤である。「触れることは限界にあることであり、触れていることは限界に存在しているということなのだ――そしてこれこそが存在そのもの、絶対的な存在である。もし「無」以外のものがあるとしたら、この限界が身体を形成するからであり、これらの身体が限界を作り、限界によってさらされるからだ。まさしく。思想はこれに触れなくてはならない」[*11]。もちろん、これは大仰な断言である。しかし、たとえ身体が全面的に科学技術によって媒介される日が来るとしても、どのような「限界」が身体を構成しているのか、それへの接触が愛撫となるのか侵犯となるのか、それがどのように生を形成するのかを問うことは必要であり、心理的、倫理的、哲学的な問いであり続ける。

実際、触覚に関する思想はさまざまなレベルにおいて倫理的な問いを誘発する。親密な接触とエロティックな接触を区別するものは何か？　いかにして他者に優しく、そして共感的に触れることが可能なのか？　どのような接触が相手を当惑させ、苛つかせるのか？　いかにして接触は文化的・歴史的にコード化・非コード化されるのか？　ジェンダー、人種、階級などは触れるという行為とどのようにかかわるか？　握手、キス、ハグといった行為がある国ではボディーランゲージに過ぎないのに、ほかの国では個人の領域の深刻な侵犯とみなされるのはなぜなのか？　誰が接触可能で誰がそうでないのか？　誰が何の資格において触れることが許されるのか？　触れる仕方を規制する要素は何であり、どのように規制が実施されているのか？　他者に触れることを誰が許されて誰が禁じられているのか？　こうした問いには一義的に答えることはできない。触れることの意味は、文化・社会・国家・ジェンダー・人種・階級といったさまざまな要素によって重層的に決定されているのだ。

最後に問わねばならないのは、触れることを社会的・文化的コードに還元できるのかという問いである。触れる経験においても触れられる経験においても、偶発的な要素はつねに介入してくるように思われる。「偶発性（contingency）」という言葉は、ラテン語の contingere から派生したもので、これは「起きる（to happen）」という意味である。一方で、「contact（接触）」という英単語もまた同じcontingereというラテン語から派生したものである。これは西洋における「触れること」と「生起すること」との本質的な親近性を示唆している。接触は出来事を構成し、真の出来事はわれわれに触れる。プルーストがいくつかの有名な場面で描いているように、記憶の隠されたひそみに主人公のマルセルが意図せず触れるのは、偶然によってのみであった。握手のような慣例化された接触とは異なり、偶然による接触は現実感覚と肉体的境界の概念とを生産的なかたちで撹乱する。あるいは、われわれはこう問わなければならないのかもしれない――すべての触覚的な出来事が偶然の余地なく統御される世界において身体的な経験はありうるのだろうか、と。

本稿が検討したモダニストたちの多くはこの接触のエピファニー的な性質に言及していた。彼らは触覚＝接触が西洋の伝統的な時間・空間概念、ならびに主体と世界との静的な関係に挑戦すると考えたのだ。モダニストたちによる原初性、女性性、幼児性といった概念が、少なくとも今日的な視点から見ればしばしば政治的に正しいとは言えないやり方で触覚と結び付けられていたことは確かであるが、モダニストによる触覚の言説やイメージは、歴史的に重要であるだけでなく、技術や情報に全面的に媒介された世界における身体の条件というものを考察する方法を示唆してくれるのである。本研究がモダニズムの時代における身体性の無視されてきた側面に光をあて、触覚的身体のさらなる研究に資することを願ってやまない。

あとがき

本書は二〇一一年にイリノイ大学大学院比較世界文学科に提出された博士論文、*Tactility and Modernity: The Sense of Touch in D. H. Lawrence, Alfred Stieglitz, Walter Benjamin, and Maurice Merleau-Ponty* をもとにしている（この英語版はインターネット上で公開されている）。英語で書かれたものを日本語に直しただけではなく大幅な改稿と増補を施してあるが、本書に英語文献への参照が目立って多いのはこれがアメリカのアカデミズムにおいて着手された研究であったことに起因している。研究書として万全を期すためには、日本語、フランス語、ドイツ語文献へのより網羅的な参照が必要であるのだろうが、著者にとってはこのプロジェクトをひとまず形にするのが精一杯であった。読者の寛恕を請うより他はない。特に本書の第三章、第四章で展開したような議論がベンヤミンやメルロ＝ポンティの専門家の目にどう映るのかは自分としてはまったく不明であり、厳しい批判を待つ次第である。

とはいえ、本性的に比較文学とは野心的かつ楽観的なものであるという開き直りの気持ちもある。厳密さや完全性、網羅性を目指すさまざまな学問分野の間隙を縫いながら、比較文学はあるユニークなパースペクティヴを切り開く。卓越した比較文学者であったエドワード・サイードは『知識人とは何か』のなかで、知識人が専門的観点にとらわれることなくアマチュアリズムを発揮することの重要性を説いた。もちろん自分をサイードのような大知識人と比べるわけではないが、常に動きつつ、前提のない場所から、その都度、思考＝試行を開始するというアマチュア的精神を保持することは心がけてきたつもりである。着実な研究の積み重ねが重要なものであるのはもちろんであるが、文学、哲学、美学といった分野の研究がその内部において閉じるようなものであってはならない。一つの分野を他の分野に「応用する」という態度ではなく、領域を横断する一つの解放的な線を引くことをイメージしながら、本研究は進められてきたのである。

この研究が、見渡す限り平らな土地が続く、言ってみれば時間的にも空間的にも「手がかり」のないイリノイ州のアーバナ・シャンペーンという田舎の大学町で構想され、英語という外国語によって執筆されたことは、本書の性質とおそらく無関係ではない。別にイリノイに限らずアメリカの田舎ではどこでもそうだが、住民は自分たちの住む場所を自嘲気味に「どこでもない場所の真ん中（Middle of Nowhere）」と形容していた。この「どこでもない場所」においては何をする必然性もない代わりに、どんなことをする必然性も構築できる。大学図書館に通って書物に没頭しているうちに、ちょっとずつ手繰り寄せるようにして、ロレンス、スティーグリッツ、ベンヤミン、メルロ＝ポンティという四人の固有名をテーブルの上に集めたのである。自分は留学する前まではこれらの人物たちについてはいくつかの代表的なものを読んだ（見た）ことがある程度で、まさに「手がかり」のない場所から論文は作られていったのだ。しかし、書物の完成した今となっては、あちらこちらの箇所が記憶のインデックスとして機能し、回想へと誘うのである。

「触覚」というテーマは、この研究を始めた当時には思いもよらなかったような意義を現在獲得しつつある。最先端のテクノロジーは触覚をメディアのツールとして包含し、われわれの認知の働きや、身体観、現実世界と仮想世界のつながりにまで大きな影響を与えている。最近では、本当に小さな子どもでも、何かが起きることを期待して画面に手を触れるのであって、それは彼や彼女にとって画面というものが触覚的なメディアでもあることを示している。もちろん、本書はこのような最先端の知見からは独立して営まれた研究であり、そのような現状を肯定も否定もしていない。しかし歴史的な過去を対象とした研究とはいえ、触覚の揺らぎという同時代的現象からの影響はないわけではないだろう。新たな意味を獲得しつつある「触覚」は、今後われわれの生をどのように形成していくのだろうか。文字通りの「アマチュア」として動向を注視していくよりほかない。

本書のいくつかの部分は、以下の研究誌に発表されたものと重複しているが、いずれも大幅な改稿や増補を経ている。

- 「感覚の分割——D・H・ロレンスとモーリス・メルロ゠ポンティのセザンヌ論を交叉的（キアスミック）に読む」『D・H・ロレンス研究』日本ロレンス協会、23号、一六-二九頁、二〇一三年
- 「触覚的な暗がりの方へ——D・H・ロレンスの *Sketches of Etruscan Places* における古代エトルリアとイタリア・ファシズム」『英文学研究』日本英文学会、和文92号、一-一九頁、二〇一五年
- 「スティーグリッツ・サークルと機械の時代における「手」の表象」『れにくさ』東京大学人文社会系研究科現代文芸論研究室、第5号第1巻、二二九-四二頁、二〇一四年

本書は私にとっての初めての著書であり、お世話になった先生方や研究仲間に多くのものを負っている。学部から大学院にかけて在籍していた東京大学文学部英文学科では、平石貴樹先生、柴田元幸先生、阿部公彦先生のクラスに参加し、英語文学を読み、論じることの基礎を徹底して教えていただいた。特に学部時代、大学院時代を通じての指導教官である平石先生のもとでは、ウィリアム・フォークナーについての卒業論文、修士論文を書き、テクストの細部を丁寧に精読する技術を厳しく指導していただいた。哲学や美学の分野にも踏み込んだ本書になお文学の精読の要素が色濃いとすれば、それは平石先生の指導のもとで身につけたものが私のなかに生きていることの証左である。フォークナーについて全くうまく書くことが出来ず、すっかり方向転換してしまった私の書物を先生が

どのように思われるか不安であるが、心よりの感謝をささげたい。

すでに書いたように本書のもととなった部分は、イリノイ大学に提出されたものであり、そこでお世話になった先生方のほとんどは日本語を解しない。しかし、紹介もかねて名前をあげておきたい。ラカン派の研究者であるとともに仏文学、映画について幅広く書くナンシー・ブレイク先生は主査として論文の議論や構成について的確なアドバイスをしてくれた。アメリカの女性文学を専門とするディル・バウアー先生、仏米の文学の関わりを専門とするジャン＝フィリップ・マシー先生、現代日本文学を専門とするロバート・ティアニー先生のお三方には副査として、論文に対する重要なアドバイスをいくつも頂いた。日本語を解するティアニー先生にはこの書物は届くかもしれない。プルーストの『失われた時を求めて』を読んだロレンス・シャー先生の授業、日本演劇の専門家である故デヴィッド・グッドマン先生の授業や授業時間外のお話も本書の重要な基礎となっている。感謝申し上げたい。

本書を日本語の書物として仕上げていく段階では、多くの友人たちのお世話になった。東京大学の博士課程に在籍中の阿部幸大氏には第四章と結論の下訳にあたる作業をしてもらった。自分の書いた英語をわざわざ人に頼んで日本語に翻訳してもらうのも変な話だが、自分の文章を客観的に見直す機会にもなり、またその過程で議論の矛盾点も発見することができた。最終原稿を整える過程では、学友である小路ハーン恭子さんや坂根隆広さん、勤務校の同僚である久保田翠さん、それに関西の若手研究者や大学院生である矢倉喬士さん、津村真衣さん、石倉綾乃さん、安保夏絵さん、谷絢美さん、ならびに独立研究者の逆巻しとね氏に原稿を読んでもらい、さまざまな指摘を頂いた。ここで発見された重大な問題点も少なくなく、書き手としての未熟さを反省するばかりであった。編集を担当してくださった以文社の勝股光政氏からは長きにわたってさまざまな助言をいただくと共に、読者を念頭に置くことの大切さを教えていただいた。また、研究を理解し、生活を支えてくれた家族にも感謝したい。なお、本書のための研究はＪＳＰＳ科研費（15K16706）および松下幸之助記念財団研究助成（11-018）の支援を受けており、出版にあたっては神戸女学院大学研究所による出版助成を受けている。

最後に、これはこの書物の着想を得るよりもはるか昔から決まっていた約束事のように自分には思えてならないのだが、本書は亡くなった祖父である高村芳次に捧げられる。祖父は婦人洋装店を営む一介の商売人であったが、同時に歴史や哲学に通じた読書人でもあった。大学では哲学を専攻していたが、生活のために研究の道を諦めたのである。老年になってから卒業論文を『ハイデッガーの実存哲学』として新潮社より自費出版している。家が近いこともあって自分は小さいころからよくお世話になっていたのだが、特に高校生から大学院生のころにかけては交流が深まり、夜通し学問や政治の議論に熱中することが何度もあった。自分の哲学への関心は彼に負うところが大きいのであって、この書物もまた彼の星のもとにあるのである。二〇一一年の初夏に癌が見つかり、その夏にイリノイ大学に提出された博士論文の謝辞には快気を願う言葉を添えた。その後、秋に私が帰国してからはまだ専任の職についていなかったこともあって、少しうら寂しい感じもする病院に通って、静かな時間を多く共有したのだった。トケイソウの花が咲いていたのを鮮明に覚えている。彼はその年の大晦日に亡くなった。本書は学問的な研究書であるが自伝的でもある。そのことが何らの矛盾でもなかったということは、自分にとって大いなる幸福であったと言うよりほかはない。

二〇一六年一二月

高村峰生

註

序論

＊1　William Carlos Williams, *The Autobiography of William Carlos Williams*, New York: Random House, 1951, p.380.（ウィリアム・カーロス・ウィリアムズ『ウィリアム・カーロス・ウィリアムズ自叙伝』アスフォデルの会訳、思潮社、二〇〇八年、四三六頁）。

＊2　この方向性の延長線上に、絵画の物質性や、視覚表象の限界について探究を続ける美術史家ジェイムズ・エルキンスの仕事を位置づけることが出来るだろう。たとえば彼は以下の書物において「見る」ことが不可避的に死角を生むような選択的な行為であることを強調し、イメージの記号論的読解に抗している。イメージの物質性はこのような「見る」ことの不可能性と同時に立ち現れるのだ。James Elkins, *The Object Stares Back: On the Nature of Seeing*, New York: Simon & Schuster, 1996.

＊3　本書においては「接触」と「触覚」という、どちらもtouchの訳語として成立する言葉は厳密に区別されて使用されているわけではない。基本的には文脈によって相対的に適切なほうの言葉を選択しているが、両方の意味を持たせたい文脈においては「接触＝触覚」と表記する。

＊4　「モダニズム」という語が指す内容は自明のものではない。この用語はそれを使う者の学問的出自を露わにする傾向があり、フランス文学者はボードレールやマラルメ、ランボーといった一九世紀の前衛的な詩人たちのことを思い浮かべ、ドイツ文学者はウィーンの世紀末文学を思い起こすことがしばしばである。英米文学においては、この語は二〇世紀以降、特に一九一〇年代から三〇年代のジョイス、ウルフ、フォークナーといった著作者たちと結びついている。また、絵画や建築において

はモダニズムという言葉は第二次世界大戦後の様式も含めて指すこともある。しかしいずれにせよ、この語がそれ以前の表象システムを打ち破るような形式的な実験と結びついていることは間違いなく、「新しさ」が表現内容の一部をなすか、表現方法に影響を与えるような芸術の潮流を指す言葉として理解されるだろう。本書はおそらく英米的な定義にもっとも色濃く影響を受けているが、モダニズム／モダニティという語をかなり広義に考えており、基本的にはポストモダン的な相対主義が支配的になるまではモダニズムの範疇であると捉えている。また、文脈に応じて、「モダン」という語を「近代」、「現代」、「近現代」といった和語で表現していることも記しておく。

*5 古代ギリシア哲学に起源を持つ生気論の伝統は、触覚論の基礎となるような生命本質主義であり、後に本文中で触れるジャック・デリダの『触覚、——ジャン＝リュック・ナンシーに触れる』という著作は、ギリシア哲学が生命の源とみなした「プシュケー」を第一章のタイトルとしている。Jacques Derrida, *Le toucher, Jean-Luc Nancy*, Paris: Galilée, 1998.（ジャック・デリダ『触覚、——ジャン＝リュック・ナンシーに触れる』松葉祥一・加國尚志・榊原達哉訳、青土社、二〇〇六年）。

*6 Frederick Jameson, *A Singular Modernity: Essays on the Ontology of the Present*, New York: Verso, 2002, p.40.（フレドリック・ジェイムソン『近代という不思議——現在の存在論についての試論』久我和巳ほか訳、こぶし書房、二〇〇五年、五一頁）。

*7 Sara Danius, *The Senses of Modernism: Technology, Perception, and Aesthetics*, Ithaca: Cornell UP, 2002, p.5.

*8 ミシェル・フーコーは「作者とは何か」において「《だれが話そうとかまわないではないか》——この無関心のなかに、今日のエクリチュールの倫理的原則、おそらくもっとも根本的な倫理的原則が明確な姿を見せている」と述べていた。ミシェル・フーコー「作者とは何か」『フーコー・コレクション2　文学・侵犯』清水徹・根本美作子訳、ちくま学芸文庫、二〇〇六年、三七二頁。文学的・哲学的な作家主義と決別し、「人と作品」を主題とする研究を疑問に付すことは、いまなおアカデミズムにおいて「倫理的」と呼べるような価値を有しているのではないか。

*9 Hannah Arendt, *The Life of the Mind*, New York: Harcourt, 1981, p.110.（ハンナ・アーレント『精神の生活・上——第一部思考』佐藤和夫訳、岩波書店、一九九四年、一二九頁）。

*10 啓蒙思想と光のイメージの結びつきは多くの研究者が論じてきたが、たとえば次の二篇を参考。Hans Blumenberg, "Light as a Metaphor for Truth: At the Preliminary Stage of Philosophical Concept Formation," Ed. David Michael Levin,

Modernity and the Hegemony of Vision, pp.30-62. Rolf Reichardt and Deborah Louise Cohen, "Light against Darkness: The Visual Representations of a Central Enlightenment Concept," *Representations* 61 (1998), pp.95-148.

＊11　ルネ・デカルト「屈折光学」『デカルト著作集1』青木靖三・水野和久訳、白水社、二〇〇一年、一一三頁。

＊12　西洋哲学、文化、文学における視覚の優位性を分析した研究は数多いが、視覚を歴史化する理論的な分析は一九九〇年前後において最も盛んであったように思われる。Hal Foster, *Vision and Visuality*, Seattle: Bay Press, 1988.（『視覚論』榑沼範久訳、平凡社、二〇〇七年）を皮切りに、Susan Buck-Morss, *The Dialectics of Seeing: Walter Benjamin and the Arcades Project*, Cambridge, MA: MIT P, 1991.（スーザン・バック＝モース『ベンヤミンとパサージュ論：見ることの弁証法』高井宏子訳、勁草書房、二〇一四年）、Jonathan Crary, *Techniques of Observer: On Vision and Modernity in the 19th Century*, Cambridge, MA: MIT P, 1992.（ジョナサン・クレーリー『観察者の系譜』遠藤知巳訳、以文社、二〇〇五年）、David Michael Levin, *Modernity and the Hegemony of Vision*, Berkley: U of California P, 1993. Rosalind Krauss, *The Optical Unconscious*, Cambridge, MA: MIT P, 1993. Kaja Silverman, *The Threshold of the Visible World*, New York: Routledge, 1996. などがあげられる。

＊13　Tim Armstrong, *Modernism, Technology, and the Body: A Cultural Study*, Cambridge: Cambridge UP, 1998.

＊14　Krauss, *The Optical Unconscious*, p.15. ティム・アームストロングは既に引用したのとは別の著作において、「ベルクソンの『物質と記憶』には、物質主義と観念論の対立という観点から、表象に内在的な問題として人間の視覚と技術の分裂が現れている」と指摘し、近代の技術によって「視覚性」が「視覚」から分離したと述べている。Tim Armstrong, *Modernism: A Cultural History*, Cambridge: Polity, 2005, p.100. この差異は監視カメラなどの人工的な視覚装置の発達した現代においては、いっそう顕著なものとなっている。

＊15　Enda Duffy, *Speed Handbook: Velocity, Pleasure, Modernism*, Durham: Duke UP, 2009, p.59.

＊16　Armstrong, *Modernism, Technology, and the Body*, p.2.

＊17　P. Adams Sitney, *Modernist Montage: The Obscurity of Vision in Cinema and Literature*, New York: Columbia UP, 1990, p.2.

＊18　Sara Danius, *The Senses of Modernism*, p.22.

＊19　Karen Jacobs, *The Eye's Mind: Literary Modernism and Visual Culture*, Ithaca: Cornell UP, 2001, p.8.

＊20 Martin Jay, *Downcast Eyes: The Denigration of Vision in Twentieth-century French Thought*, Berkley: U of California P, 1993, p.14.

＊21 Jay, *Downcast Eyes*, p.301. ヴァルター・ベンヤミン『ベンヤミン・コレクション1 近代の意味』浅井健二郎訳、ちくま学芸文庫、一九九五年、四六九頁。

＊22 アリストテレス『アリストテレス全集12 形而上学』出隆訳、岩波書店、一九六八年、三頁。

＊23 アリストテレス『魂について』中畑正志訳、京都大学学術出版会、二〇〇一年、一八〇頁。

＊24 Hugh Lawson-Tancred, Commentary, in Aristotle, *De Anima (On the Soul)*, New York: Penguin, 1986, p.240n.

＊25 アリストテレス『魂について』一八三頁。

＊26 中世の哲学者であり神学者であったトマス・アクィナスは、アリストテレスの『魂について』へのくわしい註解において、「第一に、触れることは感覚全体の基礎である。というのも、明らかに触覚器官と触覚そのものによって感覚を持つものとしての存在が形成されているからだ」と述べている（以下の英訳版から訳出）。*Aristotle's* De Anima *in the Version of William of Moerbeke and the Commentary of St. Thomas Aquinas*, Trans. Kenelm Foster and Silvester Humphries, New Haven: Yale UP, 1959, p.304.

＊27 アリストテレス『魂について』一八五頁。

＊28 アリストテレス『魂について』一八五頁。

＊29 この点において、「手」という器官による接触は例外を成すと言わなければならない。ジャン・ブランの『手と精神』は、人間を動物から区別するものとして「手」の重要性を考察しているし、ジャック・デリダはカント、フッサール、ハイデガーなどの哲学者における「手」というトポスの特権化について脱構築的に言及している。本書においても、第二章において手のイメージを検討することになる。ジャン・ブラン『手と精神』中村文郎訳、法政大学出版局、一九九〇年、二八四頁。

＊30 ジャック・デリダは、『獣と主権者I』に収録された二〇〇一年から二〇〇二年にかけてのセミナー、特に一三番目のセッションにおいて、人間と動物を分断することの「ロゴセントリック」な構造を批判的に検討している。ジャック・デリダ『獣と主権者I』西山雄二ほか訳、白水社、二〇一四年、四一三－三〇頁。

＊31 『アリストテレス全集15　政治学・経済学』山本光雄・村上堅太郎訳、岩波書店、一九六九年、七頁。

＊32 このようにアリストテレスの視覚と触覚についての議論を二分法的に理解することは単純すぎるかもしれない。S・H・ローゼンは、「アリストテレスは、思惟を視覚の一種とみなすプラトン的な解釈を拒否した」と論じ、『魂について』における「思考と触覚」の関係の重要性を強調している。S. H. Rosen, "Thought and Touch: A Note on Aristotle's 'De Anima,'" *Phronesis* 6.2 (1961), p.129. この点については、以下の論文に詳しい。Cynthia Freeland, "Aristotle on the Sense of Touch," *Essays on Aristotle's "De Anima,"* Ed. Martha C. Nussbaum and Amelie Oksenberg Rorty, Oxford: Clarendon P, 1992, pp.227-48.

＊33 Carrie Rohman, *Stalking the Subject: Modernism and the Animal*, New York: Columbia UP, 2009, p.1.

＊34 Marianna Torgovnick, *Gone Primitive: Savage Intellects, Modern Lives*, Chicago: U of Chicago P, 1990. および *Primitive Passions: Men, Women, and the Quest for Ecstasy*, New York: Knopf, 1997.

＊35 Michael Bell, *Primitivism*, London: Methuen, 1972, p.80.

＊36 ジークムント・フロイト『幻想の未来・文化への不満』中山元訳、光文社古典新訳文庫、二〇〇七年、一七一頁。

＊37 精神分析と考古学や人類学、およびその歴史的背景となる植民地主義の関係については Ranjana Khanna, *Dark Continents: Psychoanalysis and Colonialism*, Durham: Duke UP, 2003. および岡田温司『フロイトのイタリア——旅・芸術・精神分析』平凡社、二〇〇八年を参照。これらの著作はフロイトの古代文明や原始社会への関心が、精神分析とどのように結びついているかを明らかにしている。

＊38 「文化の発展は、個人の発達とこれほどまでに類似したプロセスをたどるものであり、個人の発達の場合と同じ手段を利用することを考えると、多くの文化、あるいは文化的な時代、あるいは場合によっては人類全体が、文化的な営みの影響で、「神経症的に」なるという診断を下さざるをえないのではないだろうか。そうであれば、その神経症を精神分析の方法で分析することで、治療のための提案が提示できることになるはずであり、これは実際に大きな関心を集めることのできるものではないだろうか」。フロイト『幻想の未来・文化への不満』二八八-八九頁。ただし、この直後に続く箇所でフロイトは、このような個人と共同体を等価なものとして扱うことには慎重にならなければならないと注意している。

＊39 ジークムント・フロイト『フロイト全集12　トーテムとタブー』須藤訓任・門脇健訳、二〇〇九年、四二-四三頁。

＊40　精神分析家のディディエ・アンジューは『皮膚――自我』において、フロイトが治療において患者への接触をタブーとしたことを指摘している。これは、フロイトが古代社会における接触をめぐるタブーを『トーテムとタブー』で主題化したことと並行する現実である。ディディエ・アンジュー『皮膚――自我』福田素子訳、言叢社、一九九六年、二二七－二三三頁。

＊41　Terry Smith (ed.), *In Visible Touch: Modernism and Masculinity*, Chicago: U of Chicago P, 1998, p.6, p.15, p.210. 彫刻家であるロザリン・ドリスコル（Rosalyn Driscoll）の作品群は、こうした近年の触覚研究に先立つものであった。彼女は彫刻を通じて視覚と触覚の関係を常に模索してきたのであり、作品のほとんどは「触れること」を前提として作られている。ドリスコルの公式ウェブサイトの“Artist's Statement”を参照のこと。

＊42　Constance Classen, *The Book of Touch*, Oxford: Berg, 2005, p.8.

＊43　Constance Classen, *The Deepest Sense: A Cultural History of Touch*, Urbana: U of Illinois P, 2012.

＊44　Laura U. Marks, *The Skin of the Film: Intellectual Cinema, Embodiment, and the Senses*, Durham: Duke UP, 1999. *Touch: Sensuous Theory and Multisensory Media*, Minneapolis: U of Minnesota P, 2002.

＊45　Mark Paterson, *The Senses of Touch: Haptics, Affects and Technologies*, Oxford: Berg, 2007.

＊46　Daniel Heller-Roazen, *The Inner Touch: Archaeology of a Sensation*, New York: Zone, 2007.

＊47　本書を執筆している二〇一〇年代には、さらなる研究の蓄積が見られた。日本語の文献としては『触楽入門』が親しみやすい入門書として二〇一六年に刊行されたことが重要である。この書物は科学的なアプローチを基礎としながら、芸術分野や人文学分野をも含みこむ形で、「触覚」をめぐるさまざまな知覚的、心理的現象を説明している。仲谷正史ほか著『触楽入門』朝日出版社、二〇一六年。

＊48　Crispin T. Lee, *Haptic Experience in the Writings of Georges Bataille, Maurice Blanchot, and Michel Serres*, Bern: Peter Lang, 2014.

＊49　デリダ『触覚、』八六頁。

＊50　デリダ『触覚、』八六頁。

＊51　この部分は以下の英訳からの重訳。“Late Roman or Oriental?,” Trans. Peter Wortsman, *German Essays in Art History*, Ed. Gert Shiff, New York: Continuum, 1988, p.181.

＊52　ジャック・デリダ「真実の配達人」清水正・豊崎光一訳、『現代思想』第一〇巻第三号、一九八二年、二一一頁。

＊53　反本質主義の方法論的な問題は、一九八〇年代後半から指摘されてきた。たとえば、エレン・ルーニーによるガヤトリ・スピヴァクとのインタヴューでは、本質主義と反本質主義の対立の問題の議論が尽くされている。Gayatri Chakravorty Spivak, *Outside in the Teaching Machine*, New York: Routledge, 1993, pp.1-24. フェミニスト理論の文脈における本質論についての議論は、ナオミ・ショーとエリザベス・ウィードの編集による『本質的差異』を参照せよ。Naomi Schor and Elizabeth Weed, *The Essential Difference*, Bloomington: Indiana UP, 1994.

第一章

＊1　『息子と恋人』において、触覚は次のような母に対する主人公の情念と共に作品の末尾に現れる。

「「お母さん！」と彼はささやいた――「お母さん！」

彼女は、これらすべての中にあって、彼を支える唯一のものであり、彼自身であった。そして彼女は死んでしまった。彼と混り合っていた彼女自身が。彼は彼女が自分に触れ、自分を傍においてくれるといいと思った」

D. H. Lawrence, *Sons and Lovers*, Ed. Helen Baron and Carl Baron, Cambridge: Cambridge UP, 1992, p.464.（D・H・ロレンス『息子と恋人（下）』吉田健一訳、新潮文庫、一九五二年、二九三頁）。

＊2　Kathryn A. Walterscheid, *The Resurrection of the Body: Touch in D. H. Lawrence*, New York: Peter Lang, 1993, p.125.

＊3　James Cowan, *D. H. Lawrence and the Trembling Balance*, University Park: Penn State UP, 1990.

＊4　鉄村春生「D・H・ロレンスの中期の短編をめぐって――'touch'をキー・ワードにして――(I)」『長崎大学教育学部人文科学研究報告』46（一九九三）、五–一五頁。「D・H・ロレンスの中期の短編をめぐって――'touch'をキー・ワードにして――(II) "The Horse-Dealer's Daughter"における二種類の接触について」『長崎大学教育学部人文科学研究報告』48（一九九四）、二一七–二三三頁。「D・H・ロレンスの中期の短編をめぐって――'touch'をキー・ワードにして――(III) "The Horse-Dealer's Daughter"における二種類の接触について」『長崎大学教育学部人文科学研究報告』50（一九九五）、五九–七〇頁。

＊5　この点での重要な例外はデル・イヴァン・ジャニクの著作で、その第五章「触覚の神秘」は、「真の接触と生に対するそ

の重要性はロレンスの最後の数年の主要作品テーマ的中心に位置している」と述べて、触覚というテーマが後期ロレンスにとってとりわけ重要であったことを明らかにし、その象徴的意義について考察している。Del Ivan Janik, *The Curve of Return: D. H. Lawrence's Travel Books*, English Literary Studies Monograph Series No. 22, Victoria, B. C. : U of Victoria P, 1981, p.88.

＊6　ロレンスの言説に対するこのような時代区分には、彼の著作のテーマ的な発展を単純化している面があることは否めない。しばしばロレンスの最高傑作と評される『恋する女たち』は一九一〇年代半ばに書かれ一九二〇年に出版されているが、すでにはっきりと知性、現代技術、および機械文明と対立するものとして触覚を提示している。労働者階級の登場人物であるハリディは、「思索的な」登場人物とされるジェラルドとの会話の中で、南アメリカの「着るものを何一つ身につけない」暮らしを夢想して、視覚中心的な世界を批判している。「ああ――そうなれば、人間は単に物を見るだけでなく、感ずるようになるからです。空気が自分のほうに動いてくるのを感じるのです、ただ眺めるばかりでなく、ね。ぼくは、あまり視覚的になりすぎたために人生に不都合が起こってきた、そう信じているんです。われわれは、聞くこともできなければ、感ずることも理解することもできない、ただ見るだけなんです。それはまったくの間違いだと、ぼくは信じているんです」*Women in Love*, Ed. David Farmer, Cambridge: Cambridge UP, 1987, p.78.（『チャタレイ夫人の恋人・恋する女たち』小川和夫訳、集英社世界文学全集34巻、一九七四年、三四七頁）。

＊7　ここで検討する著作は、彼が死に至るまでの最後の五年ほどの間に著したものであり、ロレンスはこの間、結核という最終的には彼を死に追いやることになる病と戦っていたことも注記しておかなければならない。生や死、身体や魂をめぐるロレンスの言葉がこのような彼自身の身体状態を強く反映していることもまた事実である。「触覚」はロレンス自身の衰弱し続ける生命を支える概念であった。

＊8　ドミニク・ブリケル『エトルリア人――ローマの先住民族　起源・文明・言語』平田隆一監修、斎藤かぐみ訳、白水社、二〇〇九年、一一〇頁。

＊9　George Dennis, *Cities and Cemeteries of Etruria*, 1848, Cambridge: Cambridge UP, 2010.『エトルリアの故地』は数カ所においてデニスに言及しているが、ビリー・T・トレイシーは、ロレンスが明記している以上に多くの記述をデニスに負っていることをテクストの比較によって明らかにしている。Billy T. Tracy, "'Reading up the Ancient Etruscans': Lawrence's Debt to Ancient Etruscans," *Twentieth Century Literature* 23.4 (1977), pp.437-50.

＊10 Fritz Weege, *Etruskische Malerei*, Halle, Saale: Niemeyer, 1921. R. A. L. Fell, *Etruria and Rome*, 1924, Cambridge: Cambridge UP, 2013. Pericles Ducati, *Etruria Antica*, Torino: Paravia, 1925.

＊11 James George Fraser, *The Golden Bough*, 1906-15, Oxford: Oxford UP, 2009. 編集者であるマーティン・ゼッカーに宛てられた一九二六年四月四日付の手紙の中でロレンスは初めてエトルリア文明についての書物の構想を明かし、それまでデニスの本しか読んだことがないのでエトルリアについてのいい本があれば送ってくれるように、と頼んでいる。*The Letters of D. H. Lawrence*, Ed. James T. Boulton and Lindeth Vasey, Vol.5, Cambridge: Cambridge UP, 1989, p.413.（以下ロレンスの書簡集は*Letters*と略し、巻号とページ数を併記する。）さらに、一九二七年四月二九日付の手紙ではゼッカーにヴィーゲとデニスの本を送るように頼んでいる。ロレンスは一度デニスの本を読んだがそれはアメリカに置いてきて手元にはない、と説明している。*Letters* 6, p.45.

＊12 シモネッタ・デ・フィリッピスは、ロレンスが読んだ記録のあるバルザックの『あら皮』やフレイザーの『金枝篇』にエトルリアへの言及があることを理由にそれらを通じてロレンスがエトルリア文明を知ったと主張しているが、どちらも長い作品のなかで一例として触れられているのみであり、私見ではそのように断定することは難しい。Simonetta de Filippis, Introduction, in D. H. Lawrence, *Sketches of Etruscan Places and Other Essays*, Cambridge: Cambridge UP, 2002, p.xxiii.

＊13 Bethan Jones, "Ships, Souls and Cypresses: D. H. Lawrence's Appropriation of Etruscan Mythology in His Poetry of 1920-30," *D. H. Lawrence and Literary Genre*, Ed. Simonetta de Filippis and Nick Ceramella, Naples: Loffredo, 2004, pp.154-67. D. H. Lawrence, *The Poems*, Vol.1, Ed. Christopher Pollnitz, Cambridge: Cambridge UP, 2013, pp.249-51.（『D・H・ロレンス全詩集・完全版』青木春夫訳、彩流社、二〇一一年、二七八－八一頁）。

＊14 糸杉の古代的なイメージは、一九二二年に出版された『アーロンの杖』*Aaron's Rod*. Cambridge: Cambridge UP, 1988, p.265. や一九二六年出版の『羽鱗の蛇』にも再出する。*The Plumed Serpent*, Cambridge: Cambridge UP, 1987, p.32.

＊15 *Studies in Classic American Literature*, Ed. Ezra Greenspan, et al., Cambridge: Cambridge UP, 2003, p.17.（『アメリカ古典文学研究』大西直樹訳、講談社文芸文庫、一九九九年、一一頁）。

＊16　シモネッタ・ド・フィリッピスはロレンスのエトルリアのイメージがかなり早い段階から定まっていたことを指摘している。「一九二〇年から二一年のあいだに、ロレンスはすでにエトルリア人を生の真の意味と流れを感じ取ることが出来る民族として、真の知識を有し、人間存在の深い意義を理解する民族として解釈している」。Simonetta de Filippis, "D. H. Lawrence and Tuscany: Art, Nature, Ideology," *Il corpo, la fiamma, il desiderio: D. H. Lawrence, Firenze e la sfida di Lady Chatterley*, Ed. Serena Cenni and Nick Ceramella, Florence: Consiglio Regionale della Toscana, 2010, p.103.

＊17　岡田温司が明らかにしているように、古代文明、特にギリシア・ローマ文明はフロイトの精神分析理論に深い影響を与えている。モダニズムの時代において古代への想像力と無意識についての理論はきわめて緊密な連関のうちにあったと言えるだろう。岡田温司『フロイトのイタリア――旅・芸術・精神分析』平凡社、二〇〇八年。

＊18　Tracy, "'Reading up the Ancient Etruscans'," p.442.

＊19　シモネッタ・ド・フィリッピスの指摘するように、キリスト教的な「北」と異教的な「南」の違いは、イタリアのタオルミナで書かれた一九二〇年の手紙においてすでに言及されている。de Filippis, Introduction, p.liv.「南は北とは全く異なっている。私はモラリティというのは純粋に風土的なものだと思う。ここでは、過去は現在よりもずっと強いので、人は神々のように物事を遠くから眺める。あの世からこの世界を振り返って見ているのだ。大きな無関心が私をとらえている。私は現在をリアルなものと感じないのだ。」*Letters* 3, p.538. このようにロレンスにとっての「南」とは自らの生まれた地域を含む「北」を批判するための弁証法的な装置であった。一冊の本をまるまるロレンスにおける「北」と「南」の対立について書いたマイケル＝トンクスの研究を参照せよ。Jennifer Michaels-Tonks, *D. H. Lawrence: The Polarity of North and South—Germany and Italy in His Prose Works*, Bonn: Bouvier, 1976.

＊20　本論が参照する一九九二年のケンブリッジ版は、それまで出版されていなかった「フィレンツェの博物館」という第七章の断片と、ロレンスが本の中に収録することを望んでいた墓や絵画の写真などの四五の写真を含んでおり、一九三二年版よりもよりよく著者の意図を汲んだ版となっている。

＊21　*Sketches of Etruscan Places and Other Italian Essays*, Ed. Simonetta de Filippis, Cambridge: Cambridge UP, 1992, p.48.（『エトルリアの故地』奥井潔訳、南雲堂、一九八七年、九四頁）。

＊22 *Sketches of Etruscan Places*, p.28.（『エトルリアの故地』五八頁）。

＊23 「有機的共同体」はヘーゲルやマルクスによってその基礎を作られた、個人と国家の関係についての概念であり、一九世紀後半から二〇世紀前半の社会的言説によく現れる。フェルディナンド・テンニース、マックス・ウェーバー、ジェルジ・ルカーチなどは、現代社会は社会的条件の急激な変化によってその有機的な意義を失ったという考えを共有していた。F・R・リーヴィスやレイモンド・ウィリアムズなどによる影響力のある論文が発表されて以来、ロレンス研究において「有機的共同体」という概念は欠かせないものとなっている。また、ディウラ・ソーデン・ヴァン・ヴェルゼンは、一九世紀後半から二〇世紀前半にかけてロレンスに限らず多くの著作家がエトルリア文明に「理想社会」を見出したことを民族学的見地から指摘している。Diura Thoden van Velzen, "The Continuing Reinvention of the Etruscan Myth," *Archaeology and Folklore*, Ed. Amy Gazin-Schwarz and Cornelius J. Holtorf, London: Routledge, 1999, p.185.

＊24 *Sketches of Etruscan Places*, p.47.（『エトルリアの故地』九二頁）。

＊25 *Sketches of Etruscan Places*, p.59.（『エトルリアの故地』一二一頁）。エトルリア初期は王政が敷かれていたことは確かだが、王の称号が「ルクモ」であったということについては、「エトルリア研究者は以前ほど確実とは考えていない」。ブリケル『エトルリア人』五三頁。

＊26 *Sketches of Etruscan Places*, p.55.（『エトルリアの故地』一一〇頁）。

＊27 Cornelia Nixon, *Lawrence's Leadership Politics and the Turn against Women*, Berkley: U of California P, 1986, p.5.

＊28 Bertrand Russell, *Autobiography*, London: Routledge, 1998, p.232.

＊29 ロレンスとラッセルの関係については、一九五九年という古い時期の資料ではあるがジェイムズ・L・ジャレットが集中的に論じている。James L. Jarrett, "D. H. Lawrence and Bertrand Russell," *A D. H. Lawrence Miscellany*, Ed. Harry T. Moore, Carbondale: Southern Illinois UP, 1959, pp.168-87. ロレンスとファシズムを結びつけた最初の批評家の一人はウィリアム・ヨーク・ティンドルである。彼は、一九三九年という早い段階において出版したロレンス研究書の一章を「ファシストのなかのロレンス」と題し、作家の政治思想について論じている。William York Tindall, *D. H. Lawrence and Susan, His Cow*, New York: Columbia UP, 1939. ローラ・フロストは、ファシズム文化の中にロレンスを位置づけようと試みている。Laura Frost,

Sex Drives: Fantasies of Fascism in Literary Modernism, Ithaca: Cornell UP, 2002.

＊30　*Psychoanalysis and the Unconscious and Fantasia of the Unconscious*, Ed. Bruce Steele, Cambridge: Cambridge UP, 2014, p.62.（『精神分析と無意識・無意識の幻想』小川和夫訳、南雲堂、一九八七年、八三頁）。

＊31　Richard Hoggart, *The Uses of Literacy*, 1957, New Brunswick, NJ: Transaction, 1998, p.263. ロレンスは一九一七年のある手紙の中で、「私はまったく公共性、人間性、それに大衆のことを信頼していないのです」と述べている。*Letters* 3, p.143. また、『アメリカ古典文学研究』の第一章においても、アメリカの民主主義をその下に隠された身体を隠してしまっている「理念的な衣装」と揶揄している。*Studies in Classic American Literature*, p.19.（『アメリカ古典文学研究』二五頁）。おそらく彼のニーチェによって影響されたアンチ・ヒューマニズム的言説は、彼の反民主主義と英雄的リーダーの切望をもたらしたのである。彼は完全に中心のないように見える民主主義を疑い、「自然による貴族制」という、言ってみればきわめて本質主義的な統治制度を信奉していた。ロレンスの民主主義についての考え方については、ウォレスを見よ。Jeff Wallace, "51/49: Democracy, Abstraction and the Machine in Lawrence, Deleuze and their Readings of Whitman," *New D. H. Lawrence*, Ed. Howard J. Booth, Manchester: Manchester UP, 2009, pp.98-116.

＊32　*Sketches of Etruscan Places*, pp.53-54.（『エトルリアの故地』一〇七-一〇八頁）。

＊33　「タルクィニアの墓の壁画」に触れて、ブリケルは次のように述べている。「そこに描かれているのは宴席で妻の横に寝そべっている男たちである。これはギリシア人の道徳観念に反していた。ギリシアでは、まっとうな女性は宴席に連なるものではない。宴会は男の領分であって、もしそこに女がいれば売春婦か、あるいは踊り子や楽師であり、結局は同じことだった」。ブリケル『エトルリア人』八八頁。ギリシアやローマのはっきりと男性中心主義的な社会に比べると、エトルリア社会は女性の自由が相対的に尊重されていたことがさまざまな歴史家によって指摘されている。

＊34　ロレンスがしばしば身体の本質が開示される空間として「暗闇」を描いていたことについては、プリチャード、飯田、井上らの著作によって繰り返し指摘されている。Ronald Edward Pritchard, *D. H. Lawrence: Body of Darkness*, Pitsburgh: U of Pittsburgh P, 1972. 飯田武郎『D・H・ロレンスの詩――「闇」と光をめぐって』九州大学出版会、一九八六年。井上義夫『ロレンス――存在の闇』小沢書店、一九九四年。

＊35　*The Poems*, p.406.（『D・H・ロレンス全詩集』四一五頁）。

＊36　『恋する女たち』の登場人物であるバーキンは、アフリカの女性の彫像を何世紀にもわたる文明的発展の結実したものだと賛美し、西洋的な芸術観にとらわれた「文明人」であるジェラルドのアフリカに対する侮蔑的態度に抗する。ブレット・ニールソンはこの一節を引用しながら、ロレンスは「プリミティブを始まりとしてではなく文化的な発展の『直線的な線』の最後尾に位置づけている」と指摘している。Brett Neilson, "D. H. Lawrence's 'Dark Age': Narrative Primitivism in *Women in Love* and *The Plumed Serpent*," *Twentieth Century Literature* 43.3 (1997), p.313. 未熟さではなく完成されたものとして古代の遺物を見ようとするロレンスは文化相対論的であるだけでなく、プリミティブなものを未来と結びつけるアナクロニズムを用いる文化批判者でもあるのだ。デル・イヴァン・ジャニクは、『エトルリアの故地』は、大いに栄えた古代文明についての分析であるよりは可能なる将来の文明の投影である」と指摘している。Janik, *The Curve of Return*, p.80.

＊37　*Sketches of Etruscan Places*, pp.123-24.（『エトルリアの故地』一五六－五七頁）。

＊38　*Sketches of Etruscan Places*, p.19.（『エトルリアの故地』三九頁）。

＊39　*Sketches of Etruscan Places*, p.16.（『エトルリアの故地』三三頁）。

＊40　*Sketches of Etruscan Places*, pp.32-33.（『エトルリアの故地』六八頁）。

＊41　*Sketches of Etruscan Places*, p.33.（『エトルリアの故地』六九－七〇頁）。

＊42　『アメリカ古典文学研究』（一九二三）の第一章は「地の霊」と題されている。「どの大陸もそれぞれ独特の、その地を司る霊が宿っている。故郷あるいは母国といったある特殊な場所によって人びとは分極化されている。地球上の異なった場所には異なった放出、異なった震動、異なった化学的発散、異なった星による異なった磁極がある。それを何と呼ぶのも結構である。しかし、地の霊は大いなる現実である。」*Studies in Classic American Literature*, p.17.（『アメリカ古典文学研究』二〇－二一頁）。彼のイタリアについての二冊目の旅行記である『海とサルデーニャ』では、ロレンスは「地の霊」をはっきりと「現代文明の機械化」と対比している。「土地の霊とは不思議なものだ。現代の機械文明はそれを踏みつぶそうとする。だが、うまくゆかない。最後には、土地によりじつにさまざまな、ふしぎな、排他的な、悪意を秘めた地霊というものが、現代の機械

的単一性をこなごなに打ちくだく。これこそ本当だと思いこんでいたものすべてがパーンと破裂して、僕らは目を丸くして立ちつくすことだろう」。この一節は、ロレンスの「地の霊」の概念が、機械的な文化や社会に対する批判となっていることを示している。*Sea and Sardinia*, Ed. Mara Kalnins, Cambridge: Cambridge UP, 2002, p.57.（『海とサルデーニャ――紀行・イタリアの島』武藤浩史訳、晶文社、一九九三年、九六‐九七頁）。

＊43 マーク・キンキード＝ウィークスによるケンブリッジ版の伝記は、この手紙の一節を引用しながら、ロレンスにおける「静けさ」という語彙はさらに『息子と恋人たち』のポールとクララの関係の描写に遡れると指摘している。Mark Kinkead-Weekes, *D. H. Lawrence: Triumph to Exile 1912–1922*, Volume II of the Cambridge Biography, Cambridge: Cambridge UP, 1996, p.108.

＊44 *Letters* 2, pp.137-38.（『ロレンス書簡集V　1914』吉村宏一ほか編訳、松柏社、二〇〇八年、三一〇頁）。

＊45 レッシング『ラオコオン』斎藤栄治訳、岩波文庫、一九七〇年、一五頁。

＊46 *Letters* 2, p.137.（『ロレンス書簡集V　1914』三一〇頁）。

＊47 レオ・ベルサーニの「物質は動く、霊魂はとどまる」という示唆に富んだ一節より始まるロレンスについての章は、「動き」と「静けさ」の弁証法的関係を性愛の問題と結びつけながら論じている。Leo Bersani, *A Future for Astyanax: Character and Desire in Literature*, New York: Columbia UP, 1984, pp.156-85.

＊48 *Letters* 2, p.183.（『ロレンス書簡集V　1914』九八頁）。

＊49 *Lady Chatterley's Lover*, Ed. Michael Squires, Cambridge: Cambridge UP, 1993, p.16.（『チャタレイ夫人の恋人』伊藤整訳、伊藤礼補訳、新潮文庫、一九九六年、二五頁）。

＊50 *Lady Chatterley's Lover*, p.18, p.20.（『チャタレイ夫人の恋人』三〇頁、三三頁）。

＊51 *Lady Chatterley's Lover*, p.25.（『チャタレイ夫人の恋人』四三頁）。

＊52 *Lady Chatterley's Lover*, p.25.（『チャタレイ夫人の恋人』四三頁）。

＊53 *Lady Chatterley's Lover*, p.21, p.22.（『チャタレイ夫人の恋人』三六頁、三七頁）。

＊54 しかしながら、今泉晴子の指摘しているように、クリフォードは彼の身の回りの世話をしているボルトン夫人とのあい

だに接触的関係を築いていると考えることはできる。今泉晴子「階級の狭間で――ボルトン夫人という存在」『ロレンス研究――チャタレイ夫人の恋人』朝日出版社、一九九八年、一九〇-九一頁。クリフォードはボルトン夫人の巧みなひげそりの技術をすっかり気に入り、彼女の彼の顔への接触に「限りない柔らかさ、愛といっていいほどのもの」を感じるようになる。Lady Chatterley's Lover, p.98.（『チャタレイ夫人の恋人』一七七頁）。今泉はこのような両者の身体的関係を、労働者階級出身のボルトン夫人が象徴的な母性的支配によってクリフォード卿を支配しようとする階級闘争として読んでいる。

＊55　ケイト・ミレットの『性の政治学』は、ボーヴォワールの『第二の性』の議論を引き継ぎながら、『チャタレイ夫人の恋人』の滑稽なまでのペニス中心主義を軽快に示し、後続の批評に大きな影響を与えた。ケイト・ミレット『性の政治学』藤枝澪子ほか訳、自由国民社、一九七〇年、四〇三-九頁。特に、四〇三-九頁。

＊56　*Lady Chatterley's Lover*, p.89.（『チャタレイ夫人の恋人』一五九頁）。

＊57　*Lady Chatterley's Lover*, p.89.（『チャタレイ夫人の恋人』一五九頁）。

＊58　*Lady Chatterley's Lover*, p.89.（『チャタレイ夫人の恋人』一五九頁）。

＊59　*Lady Chatterley's Lover*, p.116.（『チャタレイ夫人の恋人』二〇九頁）。

＊60　*Lady Chatterley's Lover*, p.43-44.（『チャタレイ夫人の恋人』七六頁）。

＊61　*Lady Chatterley's Lover*, p.111.（『チャタレイ夫人の恋人』二〇〇頁）。

＊62　*Lady Chatterley's Lover*, p.111.（『チャタレイ夫人の恋人』二〇〇-一頁）。

＊63　*Lady Chatterley's Lover*, p.110.（『チャタレイ夫人の恋人』一九七-九八頁）。

＊64　*Lady Chatterley's Lover*, p.110.（『チャタレイ夫人の恋人』一九八頁）。デイヴィッド・トロッターは、「テクノ・プリミティヴィズム」という概念を用いてこのようなメディアに接続されることで退行したクリフォードのことを表現している。David Trotter, *Literature in the First Media Age: Britain between the Wars*, Cambridge, MA: Harvard UP, 2013, p.118.

＊65　M・エリザベス・サージェントとギャリー・ワトソンは二人による共著論文において、ロレンスにおける主体と他者の弁証法的関係や、「翻訳不可能な他者」の表象についてマルティン・ブーバー、エマニュエル・レヴィナス、ミハイル・バフチンなどを援用しながら説得的に論じ、ケイト・ミレットらフェミニストが徹底的に批判した男性中心主義的なロレンスの

イメージに抗している。M. Elizabeth Sargent and Garry Watson, "D. H. Lawrence and the Dialogical Principle: 'The Strange Reality of Otherness'," *College English* 63.4 (2001), pp.409-36.

＊66 ここでは詳しく触れることは出来ないが、この作品における子宮の中心性をゆるがす重要な要素はコニーとメラーズのあいだに営まれる肛門性交である。作品の後半の第一六章に置かれている、しばしば「官能の一夜」と称される場面において、コニーは「官能の悦びに何度も突きぬかれ」、その暴力＝快楽は彼女を死の淵にまで追いやる。「彼女は本当に死ぬのだと思った。しかしその死は刺激に満ちた素晴らしい死であった」。『チャタレイ夫人の恋人』四五七頁。このようなコニーの欲望はフロイトが「死への欲望」と呼ぶものに呼応するような根源的マゾキズムを示唆している。レオ・ベルサーニは『フロイト的身体』のなかで、肛門を「根源的に非‐デカルト的な世界」と呼び、それが「あらゆる論理的言説の心理への権利請求を神秘から解放することをも可能にする」と述べて、思考に対峙するものとしての「肉感的アイロニー」を示唆しているが、ロレンスにとってもまた「肉の感覚」の現前性こそが身体を理念的に構成された「生殖のための」役割から解放するのである。『フロイト的身体――精神分析と美学』長原豊訳、青土社、一九九九年、二〇‐二一頁。

＊67 ジル・ドゥルーズ「裁きと訣別するために」『批評と臨床』守中高明・谷昌親訳、河出文庫、二〇一〇年、二六九頁。

＊68 ドゥルーズ「裁きと訣別するために」二六九頁。

＊69 ドゥルーズ「裁きと訣別するために」二七五頁。

＊70 ドゥルーズ「ニーチェと聖パウロ、ロレンスとパトモスのヨハネ」『批評と臨床』二六九頁。

＊71 ドゥルーズ「裁きと訣別するために」二七三頁。

＊72 ドゥルーズ「ニーチェと聖パウロ、ロレンスとパトモスのヨハネ」一〇九頁。

＊73 *Sketches of Etruscan Places*, p.31.（『エトルリアの故地』六四頁）。

＊74 *Letters* 5, p.433. ケンブリッジ版の書簡集では"*Giovanezza*"となっているが、この手紙をもとにしたと思われるデヴィッド・エリスの伝記の記述には"Giovinezza"と正しく記されており、これは書簡集の編者の誤りであるように思われる。David Ellis, Mark Kinkead-Weekes and John Worthen, *D. H. Lawrence: Dying Game 1922-30*, Volume III of the Cambridge Biography, Cambridge: Cambridge UP, 1998, p.298. イタリア・ファシズムが最初期から「若さ」に重要な価値を置いていたことにつ

いては、ベン＝ギアットの第四章に詳説されている。Ruth Ben-Ghiat, *Fascist Modernities: Italy, 1922-1945*, Berkley: U of California P, 2001, pp.93-122.

＊75 Denis Mack Smith, *Mussolini's Roman Empire*, New York: Viking, 1976, p.84, p.71.

＊76 *Sketches of Etruscan Places*, p.31.（『エトルリアの故地』六四頁）。

＊77 Romke Visser, "Fascist Doctrine and the Cult of the Romanità," *Journal of Contemporary History* 27 (1992), p.6.

＊78 ムッソリーニによる古代ローマの政治的理想化についての研究は数多い。たとえば、デニス・マック・スミスおよびジャン・ネリスの仕事を参照のこと。Denis Mack Smith, *Mussolini's Roman Empire*, New York: Viking, 1976. Jan Nelis, "Constructing Fascist Identity: Benito Mussolini and the Myth of Romanità," *Classical World* 100.4 (2007), pp.391-415.

＊79 *Sketches of Etruscan Places*, p.158.（『エトルリアの故地』二二五頁）。

＊80 *Sketches of Etruscan Places*, p.158.（『エトルリアの故地』二二五頁）。

＊81 *Letters* 5, p.465.

＊82 *Sketches of Etruscan Places*, p.34.（『エトルリア故地』七一頁）。

＊83 *Sketches of Etruscan Places*, p.158.（『エトルリア故地』二二五頁）。

＊84 ミシェル・フーコー『監獄の誕生――監視と処罰』田村俶訳、新潮社、一九七七年、一四一頁。

＊85 Simonetta Falasca-Zamponi, *Fascist Spectacle: the Aesthetics of Power in Mussolini's Italy*, Berkley: U of California P, 1997, p.110.

＊86 Falasca-Zamponi, *Fascist Spectacle*, p.113.

＊87 Falasca-Zamponi, *Fascist Spectacle*, p.110.

＊88 この点についてはウィンクラーの第二章と第四章を参照せよ。Martin M. Winkler, *The Roman Salute: Cinema, History, Ideology*, Columbus: Ohio State UP, 2009, pp.42-56, pp.77-93.

＊89 Rey Chow, *Ethics after Idealism: Theory-Culture-Ethnicity-Reading*, Bloomington: Indiana UP, 1998, p.26. もっとも、このような「ローマ式敬礼」は、一九二三年から二五年に書かれた『羽鱗の蛇』における「敬礼」を思い起こさせるものかもしれない。この作品で、はじめは考古学者であるが次第に宗教的指導者となっていくドン・ラモン・カラスコは、アステカ文明の儀

式を通じて古代の呪術的世界を現代によみがえらせようとする。その儀式のなかで、アステカ文明の神であるケツァルコルタルへの忠誠を示すシンボリックな行為である「敬礼」が数度にわたって描かれる。『エトルリアの故地』における「敬礼」の批判的な描写は、ロレンスが一九二〇年代後半にいわゆる「指導者小説」と呼ばれるような小説を書くのをやめたことと関係があるだろう。

＊90　ムッソリーニは視覚芸術には関心がなかったが、しばしば政治を芸術と同一視した。たとえば、一九二六年のノヴェツェント展覧会で次のように述べている。「政治は芸術である。疑いなく。明らかにそれは科学ではなく、ただの経験主義ではない。したがって、それは芸術なのだ。そしてまた政治には多くの直観がある。「政治的なもの」とは、芸術的創造と同じく、ゆっくり仕上げることと突然の本能的直観より成っている」。qtd. in Falasca-Zamponi, *Fascist Spectacle*, p.15. 同書の第一章は、ムッソリーニ政権下における政治と美学の関係について詳しく描き出している。また、鯖江秀樹の著作は「ファシズム芸術」を推進した知識人たちを詳細に描き出している。鯖江秀樹『イタリア・ファシズムの芸術政治』水声社、二〇一一年。

＊91　"Study of Thomas Hardy," *Study of Thomas Hardy and Other Essays*, Ed. Bruce Steele, Cambridge: Cambridge UP, 1985, p.82.（『トマス・ハーディ研究・王冠』倉持三郎訳、南雲堂、一九八七年、一五六頁）。

＊92　"Art and Morality," *Study of Thomas Hardy and Other Essays*, p.165.（「芸術とモラル」『不死鳥（下）』吉村宏一ほか訳、山口書店、一九八六年、一八二頁）。

＊93　Amit Chaudhuri, Introduction, in D. H. Lawrence, *Women in Love*, New York: Penguin, 2007, p.xxv.

＊94　*Twilight in Italy and Other Essays*, Ed. Paul Eggert, Cambridge: Cambridge UP, 2002, p.104.（『イタリアの薄明』小川和夫訳、南雲堂、一九八七年、三五頁）。

＊95　*Sketches of Etruscan Places*, p.44.（『エトルリアの故地』八五頁）。

＊96　*Sketches of Etruscan Places*, p.49.（『エトルリアの故地』九七頁）。

＊97　"Nottingham and the Mining Countryside," *Late Essays and Articles*, Ed. James T. Boulton, Cambridge: Cambridge UP, 2004, p.289.（「ノッティンガムと炭鉱地帯」『不死鳥（上）』吉村宏一ほか訳、山口書店、一九八四年、一九四頁）。

＊98　*Sketches of Etruscan Places*, p.19.（『エトルリアの故地』三九頁）。

＊99 *Sketches of Etruscan Places*, p.20.（『エトルリアの故地』四二頁）。

＊100 霜鳥慶邦は『チャタレー夫人の恋人』における修辞的特徴を分析し、小説における「〈性〉のテーマ自体に、〈旅行〉の言説が複雑に絡んでいる」ことを鋭く指摘している。この主張は、旅行記に性の言説が用いられているという本書の指摘と相互に補完的なものであるだろう。霜鳥慶邦「チャタレー夫人の〈旅〉」D・H・ロレンス研究会編『ロレンスへの旅』松柏社、二〇一二年、一〇頁。

＊101 *Sketches of Etruscan Places*, p.144.（『エトルリアの故地』一九八頁）。

＊102 *Sketches of Etruscan Places*, pp.144-45.（『エトルリアの故地』一九九頁）。

＊103 *Sketches of Etruscan Places*, p.170.（『エトルリアの故地』二五四－五五頁）。

＊104 *Sketches of Etruscan Places*, pp.170-71.（『エトルリアの故地』二五六頁）。

＊105 *Sketches of Etruscan Places*, p.175. なお、この未完の七章の既訳は存在しない。

＊106 モダニストのなかでミュージアムの客観主義を批判したのはロレンスだけではない。ロレンスに強い影響のあったマリネッティは一九〇九年の未来派宣言の一一項目のうち一〇番目の項目のなかで、「われわれはあらゆる種類の美術館、図書館、研究所を破壊するだろう」と述べている。未来派とロレンスの関係についてはハリソンを参照。Andrew Harrison, *D. H. Lawrence and Italian Futurism: A Study of Influence*, Amsterdam: Rodopi, 2003. また、ポール・ヴァレリーは一九二三年の「博物館の問題」において「分類とか保存とか公益とかいう正当で明晰な諸々の観念は、歓喜法悦とはあまり縁がないのである」と述べ、ミュージアムという「不統一さの宿る館」を批判している。ポール・ヴァレリー「博物館の問題」『ヴァレリー全集10 芸術論集』渡辺一夫・佐々木明訳、増補新版、筑摩書房、一九七八年、一九二頁、一九四頁。アドルノは「ヴァレリー、プルースト、ミュージアム」というすぐれた論文の中で、ヴァレリーの美術とミュージアムについての考えを次のように描き出している。「ヴァレリーにとって芸術は、直接的な生のなかの場所を、すなわち、かつてそれがそのなかにあった機能連関を失ったときには滅びているのだ。つまり、使用する可能性と関係を失ったときには滅びているのである。つねにその環境への眼差しをたたえたあの輪郭の精密な事物や詩を作り出す彼のうちなる手仕事職人は、芸術作品の場所、その文字通りの場と精神的な場にたいし、はてしなくその明察の度を加えていく。」（テオドール・アドルノ『プリズメン』渡辺祐邦・三原弟平訳、

筑摩書房、一九九六年、二七五頁）。さまざまな点でヴァレリーはロレンスとは全く異なる作家だが、この説明はロレンスの美術館や博物館などの施設についての考えと多くの点で似通っている。ヴァレリーとロレンスの両者にとって、芸術は周囲の環境との連続性のうちにおいて捉えられるべきものであって、美術館は「過去の芸術を死刑に処している」のだ（同書、二七〇頁）。したがってアドルノは、「ヴァレリーにとって美術館は野蛮な場所である」と断定している（同書、二八〇頁）。もちろん、この「バーバリズム」はヴァレリーの概念であるよりはアドルノの概念であり、彼にとって、ファシズムも大衆文化も啓蒙という野蛮な（バーバリックな）考えに本質的に内在することの不可避的な結果であるのだ。ロレンスは、エトルリア人を「生を受け入れる」人びととして、イタリアのファシズムを人間の生命の完全な機械化の悪しき帰結として描き出し、野蛮なものと文明的なものの階級的な関係を転覆している。

*107 "Introduction to These Paintings," *Late Essays and Articles*, p.198.（「絵画集序論」『不死鳥（下）』二四六頁）。

*108 "Introduction to These Paintings," p.211.（「絵画集序論」二六四頁、二六五頁）。

*109 ロレンスはブルームズベリー・グループに属していた批評家であるロジャー・フライのセザンヌ論を美学的に過ぎる解釈であるとして、「これらの絵画への序文」の中で痛烈に批判している。しかし、アン・ファーニホウが冷静に分析している通り、ロレンスはフライのセザンヌ論を自身のセザンヌ論執筆の直前に読んでおり、多くのアイディアをそこから引き出している。Anne Fernihough, *D. H. Lawrence: Aesthetics and Ideology*, Oxford: Oxford UP, 1993, p.117.

*110 "Art and the Individual," *Study of Thomas Hardy and Other Essays*, p.140.

*111 "Introduction to These Paintings," pp.201-02.（「絵画集序論」二五一頁）。

*112 リンダ・ルース・ウィリアムズは著作の序章において、ロレンスの映画批判を詳細にたどっている。Linda Ruth Williams, *Sex in the Head: Visions of Femininity and Film in D. H. Lawrence*, Hertfordshire: Harvester Wheatsheaf, 1993, pp.1-18.

*113 写真が芸術に悪い影響を与えるという考え方は、ボードレールが「一八五九年のサロン」で展開しているのをはじめとして、その発明以来、芸術家たちの一般的な反応であったから特に目新しいものではない。しかし、モダニズムの小説家や批評家はそれを単に美的な問題としてではなく、身体的な問題として考えていた点が重要である。

*114 "Art and Morality," p.164.（「芸術とモラル」一八〇頁）。

*115 *Twilight in Italy*, p.226.（『イタリアの薄明』二九六頁）。

*116 "Art and Morality," p.165.（「芸術とモラル」一八二頁）。

*117 "Introduction to These Paintings," p.211.（「絵画集序論」二六四頁）。

*118 "Art and Morality," p.165.（「芸術とモラル」一八三頁）。

*119 ハイデガーとロレンスを結びつけて論じている批評家は少なくないが、ファーニホウは実存主義的な議論に終始せず、その著書の二つの章を両者の技術をめぐる比較的考察に割き、「技術は、ハイデガーにとってと同様ロレンスにとっても、究極のところ観念論の一形態であり、最終的には技術を使う人間自体を支配するようになる」と述べている点が重要である。Fernihough, *D. H. Lawrence: Aesthetics and Ideology*, p.148.

*120 マルティン・ハイデッガー『ハイデッガー全集第5巻 杣径』茅野良男訳、創文社、一九八八年、九七－一三四頁。

*121 "Art and Morality: First Version," *Study of Thomas Hardy and Other Essays*, p.234.

*122 "Art and Morality," p.163.（「芸術とモラル」一八〇頁）。

*123 "Art and Morality," p.165.（「芸術とモラル」一八三頁）。

*124 たとえば、一九一三年の『センチュリー・マガジン』に掲載されたコーティゾーズの批判を参照せよ。Royal Cortissoz, "The Post-Impressionist Illusion," *The Century Magazine* 85 (1913), p.808.

*125 エリスは、一九二〇年代の批評家が作ろうとしていたロレンスについての誤ったイメージを要約するために、このフレーズを用いている。ロレンスはこの種の信奉者を、彼の小説の精神分析的解釈者と同様、嫌っていた。Ellis, p.249.

*126 "Sex Appeal," *Late Essays and Articles*, p.145.

*127 "Sex Appeal," p.145.

*128 *Lady Chatterley's Lover*, p.277.（『チャタレイ夫人の恋人』五一三頁）。

*129 "Introduction to These Paintings," p.192.（「絵画集序論」二三八頁）。

*130 *Letters* 6, p.37.

*131 *The Virgin and the Gipsy and Other Stories*, Ed. Michael Herbert et al., Cambridge: Cambridge UP, 2005, p.160.（『死んだ男・

てんとう虫』福田恆存訳、新潮文庫、一九五七年、八三頁)。

＊132 エトルリアと同様、エジプトもまたロレンスの作品の中で、しばしば「生」を象徴するものとして現れる。シンシア・ルーウィキ＝ウィルソンは著作の第四章において、ロレンス作品におけるエジプト神話の活用について検討している。Cynthia Lewiecki-Wilson, *Writing against the Family: Gender in Lawrence and Joyce*, Carbondale: Southern Illinois UP, 1994. ロレンスと同じように、ヴィルヘルム・ヴォリンゲルは一九〇七年の『抽象と感情移入』において、「北」と「南」の差異を強調することで、芸術的スタイルと地理的要因を結びつけている。ロレンスはロジャー・フライの著作を通じて間接的にヴォリンゲルの議論を知った可能性がある。Wilhelm Worringer, *Abstraktion und Einfuhlung*, Munich: Piper, 1921.

＊133 "Introduction to These Paintings," p.202.(「絵画集序論」二四九頁)。

＊134 Jack Stewart, *The Vital Art of D. H. Lawrence: Vision and Expression*, Carbondale: Southern Illinois UP, 1999, p.167.

＊135 "Introduction to These Paintings," p.212.(「絵画集序論」二六五－六六頁)。

＊136 "Introduction to These Paintings," p.209-10.(「絵画集序論」二六二頁)。

＊137 "Introduction to These Paintings," p.210.(「絵画集序論」二六三頁)。

＊138 *Sketches of Etruscan Places*, p.59.(『エトルリアの故地』一二一頁)。

＊140 Fritz Novotny, "Passages from Cézanne and the End of Scientific Perspective (1938)," *The Vienna School Reader: Politics and Art Historical Method in the 1930s*, Ed. Christopher Wood, New York: Zone, 2000, p.175.

＊141 *Sketches of Etruscan Places*, p.19.(『エトルリアの故地』三九頁)。

＊142 "Introduction to These Paintings," p.217.(「絵画集序論」二七二頁)。

＊143 ロレンスの触覚的社会への希望は死後に集められ出版された『続・三色すみれ』に収録されている、「未来」という語を伴った四つの詩(「未来の関係」、「未来の宗教」、「未来の状態」、「未来の戦争」)に現れている。これら四作品は詩というよりは、触覚と共同体についての彼の思想の断片である。ロレンスは「触覚の民主主義」、「触覚の神秘」、反産業主義的な接触、さらには「触覚の文明」についても語っている。*The Poems*, Vol.1, pp.526-27.(『D・H・ロレンス全詩集』五二六－二七頁)。

第二章

＊1　*Letters* 3, pp.142-43.

＊2　*Letters* 3, pp.159-61.

＊3　Richard Whelan, *Alfred Stieglitz: A Biography*, Boston: Little, 1995, p.502.

＊4　*Letters* 4, p.543.

＊5　*Letters* 6, p.381.

＊6　Herbert J. Seligmann, *Alfred Stieglitz Talking*, New Haven: Yale UP, p.135.

＊7　Herbert J. Seligmann, *D. H. Lawrence: An American Interpretation*, New York: Thomas Seltzer, 1924, pp.1-2. セリグマンは後にスティーグリッツについて同じような言葉を使って言っている。「彼は機械産業に対抗する創造的精神のために不利な戦いを続けていたのである。」Seligmann, *Alfred Stieglitz Talking*, p.viii.

＊8　cf. Heather Hole, *Marsden Hartley and the West: The Search for an American Modernism*, New Haven: Yale UP, 2007, pp.27-58.

＊9　ロレンスと同様、オキーフはメイベル・ドッジ・ルーハンの招きにしたがって初めてタオスを訪問したのだった。一九二九年から一九四九年まで、彼女はほとんど毎年タオスを訪れ、スティーグリッツが死んだあとはそこに永住した。彼女の芸術と土地とは深く結び付いており、彼女は「ニューメキシコおよびその砂漠の環境と一体となった」のだった。Celeste Conner, *Democratic Visions: Art and Theory of the Stieglitz Circle, 1924-34*, Berkley: U of California P, 2001, p.188.

＊10　qtd. in Barbara Buhler Lynes, *O'Keeffe, Stieglitz and the Critics, 1916-1929*, Chicago: Chicago UP, 1989, p.46.

＊11　ホイットマンとセザンヌのロレンスおよびスティーグリッツ・サークルへの影響については、以下を参照。Lee M. Jenkins, *The American Lawrence*, Gainsville: UP of Florida, pp.73-77.

＊12　D. H. Lawrence, *Studies in Classic American Literature*, pp.362-63. この箇所の翻訳は存在しない。

＊13　Malcolm Cowley, Introduction, in Walt Whitman, *Leaves of Grass: The First Edition*, New York: Penguin, 1986, p.xv.

＊14　Conner, *Democratic Visions*, p.4. スティーグリッツ・サークルにおけるホイットマンの重要性については以下も参照。

Marcia Brennan, *Painting Gender, Constructing Theory: The Alfred Stieglitz Circle and American Formalist Aesthetics*, Cambridge, MA: MIT P, 2001, pp.29-34.

＊15 Ezra Pound, "What I Feel about Walt Whitman," 1909, *Walt Whitman: The Measure of His Song*, Revised ed., Ed. Jim Perlman et al., Duluth, MN: Holy Cow! P, 1998, p.122. ただしパウンドのホイットマンに対する感情はアンビヴァレントであった。Mark Morrison "Nationalism and the Modern American Canon," Ed. Walter Kalaidjian, *Cambridge Companion to American Modernism*, Cambridge: Cambridge UP, 2005, p.16. モダニズムの作家や詩人たちに対するホイットマンの影響については Kenneth M. Price, *Walt Whitman, America*, Chapel Hill: U of North Carolina P, 2004. を参照。

＊16 Lewis Mumford, "The Metropolitan Milieu," *America and Alfred Stieglitz: A Collective Portrait*, Ed. Dorothy Norman, et al., New York: Doubleday, 1934, p.43. なお、以下の書物はモダニズム美術に対するホイットマンの影響を考察している。Ruth L. Bohan, *Looking into Walt Whitman*, University Park: Penn State UP, 2006.

＊17 マックス・ウェーバーのパリ時代についてはホーマーに詳しい。William Innes Homer, *Alfred Stieglitz and the American Avant-Garde*, Boston: New York Graphic Society, 1977, pp.124-30.

＊18 サラ・グリーンノウの指摘するとおり、スティーグリッツはウェーバーからだけではなく、ガートルード・スタインとレオ・スタインからもセザンヌについての示唆を受けている。Sarah Greenough, Introduction, *Alfred Stieglitz: The Key Set*. Vol.1., Washington D.C.: National Gallery of Art, 2002, p.lix.

＊19 Letter to the Editor, December 14, 1911. イェール大学バイネキー図書館所蔵。

＊20 Paul Rosenfeld, *Port of New York*, 1924, Urbana: U of Illinois P, 1966, p.266.

＊21 Marsden Hartley, *Adventures in the Arts: Informal Chapters on Painters, Vaudeville and Poets*, New York: Boni and Liverlight, 1921, p.28.

＊22 Townsand Ludington, *Marsden Hartley: The Biography of an American Artist*, Ithaca: Cornell UP, 1992, p.234.

＊23 ハートリーの自伝、特に以下の箇所を見よ。*Somehow a Past: The Autobiography of Marsden Hartley*, Cambridge, MA: MIT P, 1998, pp.136-41.

＊24 Homer, *Alfred Stieglitz and the American Avant-Garde*, p.130.

＊25 二〇年ほどのあいだを置いて、一九三〇年にウェーバーは再びスティーグリッツとの交友を復活させたが、これもまた短期間に終わっている。Whelan, *Alfred Stieglitz: A Biography*, p.470.

＊26 マックス・ウェーバーはカンディンスキーの作品を「知らなかった」と評伝の著者アルフレッド・ウェルナーは断言しているが、一九一二年の『カメラワーク』に掲載された抜粋を通じて、少なくとも間接的に知っていた可能性はある。Alfred Werner, *Max Weber*, New York: Harry N Abrams, 1975, p.36. いずれにせよ、カンディンスキーのセザンヌ観はウェーバーのそれときわめて近いものであったことは事実である。「精神的革命」と題された章において、カンディンスキーは次のようにセザンヌの芸術を描き出している。「彼は一つの茶碗より、生命をもった一つの存在を創ることができた。もっと適切に言い表すなら、一つの茶碗のうちに一つの存在を認識することができた。彼は「静物」を、外形上「生命のない」物が内面的に生命をうる、そうした高さにまで引き上げる。彼はこれらの物を、人間を描くのと同じ態度で描いた。あらゆるもののうちに、内的な生命を視る才能を具えていたからである」。『抽象芸術論』西田秀穂訳、美術出版社、一九五八年、五五頁。

＊27 Max Weber, *Essays on Art*, New York: William Edwin Rudge, 1916, p.7.

＊28 Weber, *Essays on Art*, p.13.

＊29 Weber, *Essays on Art*, p.13.

＊30 Weber, *Essays on Art*, p.14.

＊31 Weber, *Essays on Art*, p.13.

＊32 Weber, *Essays on Art*, p.59.

＊33 ウェーバーが持っていた有機的なものと機械的なものを対立的に見るマルクス主義的な二分法を、スティーグリッツ・サークルを含む同時代の芸術家や知識人たちは共有していた。セレスタ・コナーの言うように、一九一〇年代のアメリカの芸術家や批評家は、アメリカ芸術の定義を作り上げるためにウィリアム・モリスのマルクス主義的な思想であるクラフツマンシップを参考にした。ヴァン・ワイク・ブルックスは文学における「手作り感」の重要性を強調し、ウォルドー・フランクはアメリカ芸術の職人的な感覚を強調した。Connor, *Democratic Visions*, p.15. 彼らと同じようにウェーバーは、人間の無生物と

の「親密な」関係が機械的な現代社会に対するアンチテーゼとなると論じた。彼にとって、芸術作品はその制作過程において手を用いるがゆえに倫理的かつ霊的であったのだ。

*34 彼はまた一九二一年から一九二五年のあいだに《原始人》という題の板目木版の作品を制作しており、一九二六年には『プリミティブ』という題の詩集を出版している。

*35 Clive Bell, *Since Cézanne*, New York: Harcourt, 1922, p.12.

*36 Weber, *Essays on Art*, p.20.

*37 qtd. in Homer, *Alfred Stieglitz and the American Avant-Garde*, p.127.

*38 原始的なものとセザンヌの絵画の結びつきはマーズデン・ハートリーも認めている。ハートリーは『芸術の冒険』において「私は自分の見つけた方法において原始的であり続ける」というセザンヌの言葉を引用している。Hartley, *Adventures in the Arts*, p.31.

*39 Roger Fry, "The Post-Impressionists," *Roger Fry Reader*, Chicago: U of Chicago P, 1997, p.82. もちろん、ポストコロニアリズムの立場からすれば、ウェーバーの原始的なものへの興味は彼の純粋なるフェティシズムに他ならない。特に、彼が原始性をセザンヌに結び付ける時、原始性という概念そのものが完全に西洋の芸術言説に内面化されており、土着の人びととの直接のつながりを欠いている。ハル・フォスターはラカンの理論を用いて、原始主義は「喪失、欠損、他者たちによって脅かされていた」西洋の主体にとって盲目的崇拝を示す言説であったと主張している。Hal Foster, "'Primitive' Unconscious of Modern Art," *October* 34 (1985), p.46. ウェーバーにとって、アフリカの小像はこのような回復不能な欠落を代理する対象だったのである。

*40 Weber, *Essays on Art*, pp.15-16.

*41 Weber, *Essays on Art*, p.16.

*42 モダニズム期におけるプリミティヴィズムの重要な研究者であるマリアナ・トーゴーヴニックは、ロジャー・フライについての議論の中で、「フライはプリミティブ絵画や彫刻は現代美術の未来を表していると考えていた」と主張している。「芸術世界における他の人びとと同様に、彼はプリミティヴィズム芸術と現代芸術は対を成す現象であると考えていた」。Marianna

Torgovnick, *Gone Primitive: Savage Intellects, Modern Lives*, Chicago: U of Chicago P, 1990, p.86.

＊43 Weber, *Essays on Art*, p.19.

＊44 Weber, *Essays on Art*, p.20.

＊45 Weber, *Essays on Art*, p.58.

＊46 Weber, *Essays on Art*, p.22.

＊47 Weber, *Essays on Art*, p.34. このような事物に対する情熱的なまでの執着は、ピカソやブラックのようなキュビストたちだけではなく、エズラ・パウンド、ガートルード・スタイン、ウィリアム・カーロス・ウィリアムズのような同時代の前衛詩人たちによっても共有されていた。イマジズムの第一の定義は、一九一三年の『ポエトリー』誌に掲載されたように、「「モノ」を直接的に扱うこと」となっていたことを思い起こしておきたい。Ezra Pound, "A Retrospect," *Literary Essays of Ezra Pound*, Ed. T. S. Eliot, New York: New Directions, 1968, p.3.

＊48 Werner, *Max Weber*, p.22.

＊49 Alvin Langdon Coburn, "The Relation of Time to Art," *Camera Work* 36 (1911), p.72.

＊50 Coburn, "The Relation of Time to Art," p.72.

＊51 Max Weber, "The Filling of Space," *Platinum Print* 1 (1913), p.6.

＊52 シャルル・ボードレール「一八五九年のサロン」『ボードレール全集Ⅲ　美術批評（上）』阿部良雄訳、筑摩書房、一九八五年、三〇八頁。

＊53 Cf. Mary Price, *The Photograph: A Strange, Confined Space*, Stanford: Stanford UP, 1997, p.29.

＊54 多木浩二は「視線のアルケオロジー」という論考においてこのコダックのキャッチフレーズに触れ、写真の機械性のもたらす「道具としての身体の消滅」について論じている。多木浩二「視線のアルケオロジー」『写真論集成』岩波書店、二〇〇三年、九四頁。

＊55 "From the Writings and Conversations of Alfred Stieglitz," Ed. Dorothy Norman, *Twice a Year* 1 (1938), p.93.

＊56 Alfred Stieglitz, "The Hand Camera—Its Present Importance," *Stieglitz on Photography: His Selected Essays and Notes*, Ed.

Richard Whelan, New York: Aperture, 2000, p.68.

＊57 Jay Bochner, *An American Lens: Scenes from Alfred Stieglitz's New York Secession*, Cambridge, MA: MIT P, 2005, p.10.

＊58 Bochner, *An American Lens*, p.11.

＊59 George Bernard Shaw, "The Unmechanicalness of Photography," *Camera Work* 14 (1906), p.20, p.18.

＊60 Shaw, "The Unmechanicalness of Photography," pp.18-19.

＊61 Shaw, "The Unmechanicalness of Photography," p.21.

＊62 Waldo David Frank, *Our America*, New York: Boni and Liveright, 1919. Paul Rosenfeld, *Port of New York*, 1924, Urbana: U of Illinois P, 1966. William Carlos Williams, *In the American Grain*, New York: New Directions, 1959.（ウィリアム・カーロス・ウィリアムズ『代表的アメリカ人』富山英俊訳、みすず書房、二〇一六年）。

＊63 *The Seven Arts*, Editorial. 1.1 (1916), p.52.

＊64 スティーグリッツ・サークルの芸術家たちは、第一次世界大戦はアメリカの芸術がヨーロッパの影響から抜け出すきっかけを与えたと感じていた。たとえば、マーズデン・ハートリーは一九一八年にニューメキシコに滞在している時に「パリへのフェティシズムは……戦争によって破壊された」と書き、芸術の都としてのパリを相対化している。Marsden Hartley, "America as Landscape," *El Palacio* 9 December 1918, p.341.『芸術の冒険』においても、彼は同様に第一次世界大戦の芸術への巨大なインパクトを指摘し、新たな始まりを呼びかけている。「芸術は、人生のように、もう一度はじめからやり直さなければならない。というのもついに世界の終わりというものが目に見えるものとなったからだ。芸術家は全く新しい地平を先入観なく眺められるかもしれない。それこそが今日の芸術家が望むことのできる唯一の励ましである」。Hartley, *Adventures in the Arts*, pp.57-58.

＊65 Van Wyck Brooks, *America's Coming-of-Age*, New York: Huebsch, 1915, p.121.（ヴァン・ワイク・ブルックス「アメリカ青年期に達す」『アメリカ古典文庫20　社会的批評』國重純二訳、研究社、一九七五年、一六七頁）。

＊66 Brooks, *America's Coming-of-Age*, p.112.（ブルックス「アメリカ青年期に達す」一六〇頁）。

＊67 フランクはアンリ・ベルクソンやニーチェをはじめとするヨーロッパの生の哲学者、ならびにレオ・トルストイやフォー

ドル・ドストエフスキーのような革命的なロシアの小説家に影響を受けていた。Michael A Ogorzaly, *Waldo Frank, Prophet of Hispanic Regeneration*, Cranbury, NJ: Associated UP, 1994.

＊68 Frank, *Our America*, p.27.

＊69 Frank, *Our America*, p.45.

＊70 Frank, *Our America*, p.95.

＊71 Frank, *Our America*, p.44.

＊72 Frank, *Our America*, p.44.

＊73 Frank, *Our America*, p.181.

＊74 Frank, *Our America*, p.181.

＊75 Frank, *Our America*, p.184.

＊76 フランクは単に比喩的に「291」を宗教的事実と言っているわけではない。彼は同時期に東洋の神秘主義やスピリチュアリズムを熱心に研究していた。一九二三年、ハート・クレイン、ジーン・トゥーマー、ゴーラム・マンソンらと共に、彼は一九一〇年代、一九二〇年代にスピリチュアリズムの著名な指導者であったジョージ・グルジエフに接触している。フランクのスピリチュアリズムについては以下を参照。Ogorzaly, *Waldo Frank*, pp.28-33.

＊77 一九二〇年代初頭に頻繁にスティーグリッツのもとを訪れていたシャーウッド・アンダーソンは、スティーグリッツを機械の時代に抗して「物質の核心に立つ」職人であったと表現している。Sherwood Anderson, "Alfred Stieglitz," *The New Republic* 25 Oct. 1922, p.216.

＊78 Frank, *Our America*, p.185.

＊79 Sherman Paul, Introduction, in Paul Rosenfeld, *Port of New York*, 1924, Urbana: U of Illinois P, 1966, p.xxi.

＊80 Paul Rosenfeld, *Men Seen*, New York: Dial, 1925, p.51.

＊81 Rosenfeld, *Men Seen*, p.62.

＊82 Paul Rosenfeld, "291 Fifth Avenue," *The Seven Arts* 1.1 (1916), p.64.

＊83 qtd. in Paul, Introduction, p.xxxi

＊84 Brennan, *Painting Gender, Constructing Theory*, p.89.

＊85 Rosenfeld, *Port of New York*, pp.245-46.

＊86 Rosenfeld, *Port of New York*, p.245, p.27.

＊87 Rosenfeld, *Port of New York*, p.28.

＊88 Rosenfeld, *Port of New York*, p.269.

＊89 Rosenfeld, *Port of New York*, p.238.

＊90 Rosenfeld, *Port of New York*, p.238.

＊91 ここにはパウンドの一九一九年の有名な短い詩「地下鉄の駅で」への言及も含まれている。ローゼンフェルドは、同エッセイの中で「生の中枢（quick of life）」というフレーズも一度使っており、ロレンスからの影響は疑いえないように思われる。

＊92 Rosenfeld, *Port of New York*, p.242.

＊93 Rosenfeld, "Stieglitz," *The Dial* 70 (1921), p.398.

＊94 Rosenfeld, *Port of New York*, p.245.

＊95 Rosenfeld, *Port of New York*, p.239.

＊96 Rosenfeld, *Port of New York*, p.248.

＊97 Rosenfeld, *Port of New York*, p.244.

＊98 Rosenfeld, *Port of New York*, p.248.

＊99 William Carlos Williams, *Selected Essays*, New York: Random House, 1954, p.xiv.

＊100 ウィリアムズは後に自分の人生を振り返り、「自分は画家になりたいという強い気持ちを生涯持ち続けていたということは記憶して欲しい」と述べている。*I Wanted to Write a Poem: The Autobiography of the Works of a Poet*. New York: New Directions, 1978, p.29.

＊101 Bram Dijkstra, *Hieroglyphics of a New Speech: Cubism, Stieglitz and the Early Poetry of William Carlos Williams*. Princeton: Princeton

UP, 1970, p.129.

＊102 ピーター・ホルターは「スティーグリッツとウィリアムズが共有した一つの重要な考えは触覚の重要性である」と述べ、ウィリアムズの作品における触覚的含意を「同時期における視覚芸術の革命の重要な一側面」、すなわち遠近法的描画の終焉と結びつけている。Peter Halter, *The Revolution in the Visual Arts and the Poetry of William Carlos Williams*, Cambridge: Cambridge UP, 1994, p.149. 非遠近法絵画の触覚言説への影響は第四章で扱う。

＊103 John C. Thirlwall ed., *Selected Letters of William Carlos Williams*, New York: New Directions, 1984, p.187.

＊104 William Carlos Williams, *Selected Letters of William Carlos Williams*, p.187.

＊105 Williams, *In the American Grain*, pp.115-16.（『代表的アメリカ人』一四三頁）。

＊106 Williams, *In the American Grain*, p.176.（『代表的アメリカ人』二一三頁）。

＊107 Williams, *In the American Grain*, p.175.（『代表的アメリカ人』二一二頁）。

＊108 Williams, *In the American Grain*, p.119.（『代表的アメリカ人』一四七頁）。

＊109 Williams, *In the American Grain*, p.129.（『代表的アメリカ人』一五九頁）。

＊110 Williams, *In the American Grain*, p.121.（『代表的アメリカ人』一四九頁）。

＊111 Williams, *In the American Grain*, p.128.（『代表的アメリカ人』一五八頁）。

＊112 Williams, *In the American Grain*, p.39.（『代表的アメリカ人』四九頁）。

＊113 Frederick J. Hoffman, "Philistine and Puritan in the 1920s," *American Quarterly* 1.3 (1949), p.249.

＊114 Williams, *In the American Grain*, p.184.（『代表的アメリカ人』二二二頁）。

＊115 Williams, *In the American Grain*, p.121.（『代表的アメリカ人』一四九頁）。

＊116 機械とウィリアムズの詩学の関係についての詳細な研究については、以下の書物の第五章を見よ。Cecelia Tichi, *Shifting Gears*, Chapel Hill: U of North Carolina P, 1987, pp.230-88.

＊117 Williams, *In the American Grain*, p.177.（『代表的アメリカ人』二一四頁）。

＊118 Williams, *In the American Grain*, p.179.（『代表的アメリカ人』二一七頁）。

＊119 Williams, *In the American Grain*, p.180.（『代表的アメリカ人』二一八頁）。

＊120 Williams, *The Collected Poems of William Carlos Williams*, Ed. A. Walton Litz and Christopher MacGowan, Vol.1, New York: New Directions, 1986, p.177.

＊121 Donald Davie, "The Legacy of Fenimore Cooper," *Essays in Criticism* 9 (1959), p.227.

＊122 Davie, "The Legacy of Fenimore Cooper," p.233.

＊123 Thomas R Whitaker, *William Carlos Williams*, Revised ed., Boston: Twayne, 1989, p.78. ウィトカーは『アメリカの土壌に根ざして』に示されたアメリカ観は、ロレンスに対する一種の応答であるとみなしている。Bruce Clarke, "The Fall of Montezuma: Poetry and History in William Carlos Williams and D. H. Lawrence," *William Carlos Williams Review* 12 (1986), pp.1-12.

＊124 D. H. Lawrence, *Introductions and Reviews*, Ed. N. H. Reeve and John Worthen, Cambridge: Cambridge UP, 2005, pp.258-59.（「[書評]『アメリカの土壌に根ざして』」岡野圭壺訳、『不死鳥（上）』吉村宏一ほか訳、山口書店、一九八四年、四五九頁）。

＊125 D. H. Lawrence, "Forward to Studies in Classic American Literature," *Studies in Classic American Literature*, Cambridge: Cambridge UP, 2003, p.384.

＊126 Lawrence, *Introductions and Reviews*, p.259.

＊127 Williams, *Autobiography*, p.236.（『ウィリアム・カーロス・ウィリアムズ自叙伝』二七四頁）。

＊128 Williams, "The American Background," *America & Alfred Stieglitz: A Collective Portrait*, Ed. Waldo Frank, et al., New York: Doubleday 1934, pp.9-32.

＊129 リチャード・ウィーランの伝記は、彼らの最初の出会いがこの年よりも早く起きていることを明らかにしている。オキーフは一九〇八年に「291」を数回訪ねており、一九一四年一二月か一九一五年一月に展示を見るために一度訪れている。しかし、彼らがお互いをきちんと認識したのは一九一六年である。Whelan, *Alfred Stieglitz: A Biography*, p.372.

＊130 芸術において「手」や触覚を特権視したのは、もちろんスティーグリッツだけではない。フランスのシュルレアリスムにおける触覚について、アダム・ジョレスはマン・レイ、アルベルト・ジャコメッティ、トリスタン・ツァラのような芸

術家たちの作品における触覚のポストコロニアル的含意について系譜的に検討している。Adam Jolles, "The Tactile Turn: Envisioning a Postcolonial Aesthetic in France," *Yale French Studies* 109 (2006), pp.17-38. その中で、フランス人の美術史家アンリ・フォションの一九三〇年の著作『形の生命』が引用されているが、この芸術論は「手にささげる賛辞」という一章によって締めくくられている点で、本書の検討しているモダニズムにおける触覚言説の重要な一局面を担っていると言える。著作全体の最後の段落において、フォションは手と精神の相互的な関係を以下のように記述している。「精神と手の間柄は、手下の服従に慣れっこになっている頭目と、なんでも言いなりになる手下のとの関係ほどに単純なものではない。精神が手を作る。そして手が精神を作る。物を創造しない身振り、明日なき身振りは、意識の段階までは引っ張ってゆくが、そこまでの話である。物を創造している身振りは、内的な生命に対して絶え間なくひとつの作用を及ぼす。手は触覚を敏感な受動状態からもぎ離し、実験に向け、行動に向けて触覚を統合する。広がり、重さ、密度、数を所有するすべを、手は人間に学ばせる。」このようにフォションは、手を精神に対する従属的な関係から解放し、創造の源泉として讃えているだけでなく、それを「内的な生命」に結びつけている点で、ロレンスやスティーグリッツらとの企まざる同時代性を示している。アンリ・フォション『形の生命』杉本秀太郎訳、平凡社ライブラリー、二〇〇九年、二一四頁。

＊131 Rosenfeld, "Stieglitz," *The Dial* 70 (1921), p.399.

＊132 qtd. in Benita Eisler, *O'Keeffe and Stieglitz: An American Romance*, New York: Doubleday, 1991, p.185.

＊133 Ann Prentice Wagner, "'Living on Paper': Georgia O'Keeffe and the Culture of Drawing and Watercolor in the Stieglitz Circle," Diss. U of Maryland, 2005, p.362.

＊134 Alfred Stieglitz, *Alfred Stieglitz: Photographs and Writings*, Ed. Sarah Greenough and Juan Hamilton, Washington: National Gallery of Art, 1983, p.210.

＊135 Lewis Mumford, "The Metropolitan Milieu," *America and Alfred Stieglitz: A Collective Portrait*, Ed. Dorothy Norman, et al., New York: Doubleday, 1934, p.56.

＊136 Regina Lee Blaszczyk, "The Colors of Modernism: Georgia O' Keeffe, Cheney Brothers, and the Relationship between Art and Industry in the 1920s," *Seeing High and Low: Representing Social Conflict in American Visual Culture*, Ed. Patricia A. Johnson, Berkley: U of California P,

2006, p.233.

＊137 Bochner, *An American Lens*, p.233.

＊138 Bochner, *An American Lens*, p.236.

＊139 Rosenfeld, "Stieglitz," p.397.

＊140 トーゴヴニックもまた、スティーグリッツによるオキーフの写真とマン・レイの《黒と白》を比較している。Torgovnick, *Primitive*, pp.122-23.

＊141 Stieglitz, *Alfred Stieglitz: Photographs and Writings*, p.212.

＊142 このギャラリーによる全ての展示の告知には次のような文が記されていた。「インティメイト・ギャラリーは特に七人のアメリカ人たちの作品を綿密に検討するという目的のために使われることが多いだろう。その七人とは、ジョン・マリン、ジョージア・オキーフ、アーサー・G・ダヴ、マーズデン・ハートリー、ポール・ストランド、アルフレッド・スティーグリッツ、そして第七の人間である」「第七の人間」という空白を残してはいるものの、ギャラリーを六人のアメリカ人の固有名と結びつけていることは、このギャラリーのナショナリスティックな性質を明らかに示している。展示の完全なリストはDorothy Norman, *Alfred Stieglitz: An American Seer*, New York: Random House, 1973, pp.232-38.

＊143 Connor, *Democratic Visions*, p.188.

＊144 Whelan, *Alfred Stieglitz*, p.373.

＊145 Stieglitz, *Alfred Stieglitz: Photographs and Writings*, p.212.

＊146 スティーグリッツのカメラはしばしば男性器にたとえられていた。マーシア・ブレナンの指摘するように、ウォルドー・フランク、ポール・ローゼンフェルド、シャーウッド・アンダーソンは、「有機的で男根的ですらあるスティーグリッツとカメラの関係は機械化されたセクシュアリティに対する解毒剤となる」と考えていたのである。スティーグリッツにとって、写真を撮ることは「生殖活動」であったのだ。ここに、スティーグリッツの主張する写真の触覚性の含意が表れている。Brennan, *Painting Gender, Constructing Theory*, p.67.

＊147 Rosenfeld, "Stieglitz," p.399.

＊148 Marilyn Hall Mitchell, "Sexist Art Criticism: Georgia O'Keeffe–A Case Study," *Signs* 3.3 (1978), pp.681-87.

＊149 Dorothy Seiberling, "Horizons of a Pioneer," *Life* 1 March 1968, p.52.

＊150 オキーフの伝記を書いているロクサーナ・ロビンソンは「フェミニズムはオキーフが生涯を通じて堅固に支持していたものである」と述べ、マルヴィーナ・ホフマンという彫刻家に宛てたオキーフの手紙を引いている。そこにおいてオキーフは、フェミニズムは「私が仕事以外のことで唯一強い関心を持っている大義である」と書いている。Roxana Robinson, *Georgia O'Keeffe: A Life*, New York: Harper, 1989, p.508.

＊151 Paul Rosenfeld, *By Way of Art*, New York: Coward-McCann, 1928, p.222.

＊152 Alfred Stieglitz, "How I Came to Photograph Clouds," *Stieglitz on Photography: His Selected Essays and Notes*, Ed. Richard Whelan, New York: Aperture, 2000, p.235.

＊153 Stieglitz, "How I Came to Photograph Clouds," p.237.

＊154 Richard Whelan, Annotation, *Stieglitz on Photography: His Selected Essays and Notes*, New York: Aperture, 2000, p.238.

＊155 qtd. in Bochner, *An American Lens*, p.275.

＊156 Dorothy Norman, *Alfred Stieglitz: Introduction to an American Seer*, New York: Duell, Sloan and Pearce, 1960, p.23.

＊157 Sarah Greenough and Juan Hamilton, Annotation, *Alfred Stieglitz: Photographs and Writings*, Washington: National Gallery of Art, 1983, p.214.

＊158 一九三〇年代から一九五〇年代にかけてのスティーグリッツ・サークルに対する否定的な意見についての詳細は以下を参照。Brennan, *Painting Gender, Constructing Theory*, pp.202-71.

＊159 Sue Davidson Lowe, *Alfred Stieglitz: A Memoir/Biography*, New York: Farrar, 1983, p.335.

＊160 Alfred Stieglitz, "From the Writings and Conversations of Alfred Stieglitz," Ed. Dorothy Norman, *Twice a Year* 1 (1938), pp.109-10.

＊161 Mumford, "The Metropolitan Milieu," p.57.

第三章

＊1　「複製技術時代の芸術作品」には三つのヴァージョンがあるが、ここで議論に用いているのは、ちくま学芸文庫版の翻訳で採用されている二つ目のヴァージョン（タイプされた最初の原稿）である。

＊2　ヴァルター・ベンヤミン「複製技術時代の芸術作品」『ベンヤミン・コレクション1　近代の意味』浅井健二郎ほか訳、ちくま学芸文庫、一九九五年、六二三頁。ベンヤミンの著作からの引用は邦訳がある場合は二〇一六年現在において第七巻まで刊行されている『ベンヤミン・コレクション』から行う。邦訳がない場合は英訳を参考に自ら原文から訳出し、*Gessamelte Schriften* の略号として *GS* と記した後で巻数とページ数をアラビア数字で示した。*Gessamelte Schriften*, unter Mitwirkung von Theodor W. Adorno und Gershom Sholem herausgeben von Rolf Tiedermann und Hermann Schweppenhäuser, 7 Bände Frankfurt am Main, 1972-1989. 同様に、英訳版 *Selected Writings* からの引用は略号として *SW* と記した後で巻数とページ数をアラビア数字で示した。*Selected Writings*, 4 vols. Cambridge, MA: Harvard UP, 1996-2003.

＊3　「複製技術時代の芸術作品」六二四頁。

＊4　「複製技術時代の芸術作品」六四〇頁。

＊5　「ボードレールにおけるいくつかのモチーフについて」『ベンヤミン・コレクション1　近代の意味』四五〇頁。

＊6　「複製技術時代の芸術作品」五九九頁。ベンヤミンは、技術の現代人に及ぼす影響について、「ボードレールにおけるいくつかのモチーフについて」の第八節で検討している。「技術は、人間の感覚器官に複雑な訓練を課した」。「ボードレールにおけるいくつかのモチーフについて」四五〇頁。

＊7　サミュエル・ウェーバーは「複製技術時代の芸術作品」の議論の中で、「気散じ」を意味するドイツ語の単語 *Zerstreuung* は「「注意散漫の（“distraction”）」や「放心状態の（“absent-minded”）」といった本質的にプライヴェートな用語が含意するよりもより豊か」な含意を含んでいると主張している。「このドイツ語単語の語根となっている動詞の streuen は英語における“strew, strewn”と同語源のものであり、そこには強い空間的な含蓄がある」。Bruce Weber, *Mass Mediauras: Form, Technics, Media*, Ed. Alan Cholodenko, Stanford: Stanford UP, 1996, p.92. なお、中村秀之がベンヤミンと映画についての著作のうちで論じているように、「気散じ」という概念はハイデガーやクラカウアーも共に一九二〇年代の著作において扱ってい

た、同時代的な存在論的術語であると考えてよい。中村秀之『瓦礫の天使たち——ベンヤミンから〈映画〉の見果てぬ夢へ』せりか書房、二〇一〇年、三九－五〇頁。

＊8　ジル・ドゥルーズは同様に映画を触覚的なメディアと捉え、次のようにその役割を記述する。「思考に衝撃を与えること、大脳皮質に振動を伝えること、神経的かつ頭脳的体系にじかに触れること」。ジル・ドゥルーズ『シネマ2——時間イメージ』宇野邦一訳、法政大学出版、二〇〇六年、二一八－一九頁。ドゥルーズの記述は映画の人間に対する「直接的」なインパクトを強調している。ベンヤミンもドゥルーズも、映画的触覚性が現代社会における知覚の支配的なモードとなったと主張している。ドゥルーズはまた、フランシス・ベーコンの「触覚的（haptic）」絵画における議論でベンヤミンと同様にアロイス・リーグルを参照している点にも注意しなければならない。ドゥルーズにおける視覚と触覚の弁証法については、イオネスクを参照。Vlad Ionescu, "Deleuze's Tensive Notion of Painting in the Light of Riegl, Wölfflin and Worringer," *Deleuze Studies* 5.1 (2011), pp.52-62.

＊9　Richard Shiff, "Handling Shocks: On the Representation of Experience in Walter Benjamin's Analogies," *The Oxford Art Journal* 15.2 (1992), p.93.

＊10　Esther Leslie, "Walter Benjamin: Traces of Craft," *Journal of Design History* 11.1 (1998), p.6.

＊11　「物語作者」『ベンヤミン・コレクション2　エッセイの思想』浅井健二郎ほか訳、ちくま学芸文庫、一九九六年、三〇〇－〇一頁。

＊12　「複製技術時代の芸術作品」五七〇頁。この引用最初の部分の原文は次のようなものである。"Was ist eigentlich Aura? *Ein sonderbares Gespinst von Raum und Zeit: einmalige Erscheinung einer Ferne, so nah sie sein mag.*" ("Das Kunstwerk im Zeitalter seiner technischen Reproduzierbarkeit," *GS* 2: 378) このアウラの定義について英訳版の註は重要な指摘をしている。「ベンヤミンの定式において重要なのは単に時間と空間の絡み合い（einmalige Erscheinung）、これは文字通りには「一度きりの現出」という意味であるだけでなく、遠さと近さの絡み合いであり、それは"*eine Ferne*"という、空間あるいは時間における「距離」とそれがどれほど近くても「何か遠くにあるもの」（現出する距離、あるいは遠くにあるものの現出）という両者の意味を含意するドイツ語が持つ絡み合いであるのだ。」("The Work of Art in the Age of Its Reproducibility," *SW* 3:123)。この指

摘は、アウラの空間的性質を語源学的に示している。

＊13 「複製技術時代の芸術作品」五七〇頁。

＊14 このような物理的接触とアウラの相反的性格はベンヤミンの学術的な論文に現れるだけでなく、彼がエルンスト・ブロッホと共にハシッシの吸引を試した時の覚書にも現れるのは興味深い。「エルンスト・ブロッホは、そっと僕の膝に触ろうとした。その感触は、まだ指先が触れない前から、僕には感じ取れた。僕はそれを自分のアウラ領域への不快極まる侵害と見なしていた」。ヴァルター・ベンヤミン「二度目のハシッシ吸引後の主症状」『陶酔論』飯吉光夫訳、晶文社、一九九二年、一〇〇頁。

＊15 このLeibとKörperの区別はフッサールやそれを引き継いだメルロ＝ポンティの用法とほぼ正反対であることに注意しなければならない。彼らにおいては、Körperは物質としての身体を指し、Leibは、Seele（魂）としばしば結び付けられて用いられることが示すように、生物的・有機的な身体を指す。本論においては、ベンヤミンの語義に従ってドイツ語表記を用いる。

＊16 “Schemata zum Psychophysischen Problem,” *GS* 6:79

＊17 “Schemata zum Psychophysischen Problem,” *GS* 6:79

＊18 Miriam Hansen, “Benjamin's Aura,” *Critical Inquiry* 34.2 (2008), p.338.

＊19 “Schemata zum Psychophysischen Problem,” *GS* 6:83

＊20 “Schemata zum Psychophysischen Problem,” *GS* 6:86.「近さの魔法」という言葉は、ベンヤミンの抜きがたいロマンティックで神秘主義的な側面を特徴づける。ここで引用されている詩句はゲーテの『西東詩集』に収められたものであり、ダンテについて語っているなかでこのロマン派の詩が引用されること自体が、ベンヤミンによるダンテ読解のロマン派的傾向を示している。このゲーテの詩句はベンヤミン後期のエッセイである「ボードレールにおけるいくつかのモチーフについて」においても引用されるが、アドルノは一九三八年のベンヤミンへの手紙の中で、ベンヤミンの内にある「根底的にロマン派的な要素」を看取し、「この論文は、魔術と実証主義との交差点に、位置を占めています。この地点は魔法にかけられています。その呪縛を破ることができるのは、理論だけでしょう」と批判的に述べている。H・ローニッツ編『ベンヤミン／アドルノ往復書簡1828-40（下）』野村修訳、みすず書房、二〇一三年。しかしおそらく、この「呪縛」こそがベンヤミンに複製技術時代におけ

る「感覚の危機」の歴史的意義について思考することを可能にしたということも出来るだろう。

＊21 ダンテのテクストは愛の遠心的な性格を申し分なく表現している。詩集『新生』の描き出しているように、ダンテはベアトリーチェと生前に二度会ったのみであるが、彼のベアトリーチェへの愛は彼の生涯に決定的な影響を与えたのであった。幼少期にベアトリーチェを初めて見た時、ダンテは「見ヨ、ココニ我ヨリ強キ神来タリ給ヒテ、我ヲ従ヘントス」と言った。ダンテ・アリギエリ『新生』平川祐弘訳、河出文庫、二〇一五年、一〇頁。このテクストを通じて、ダンテはいかに「愛」という観念が彼の人生のあらゆる場面を通じて精神を支配してきたかを描き出している。ベンヤミンにとっては、「プラトニック・ラブ」の原型を成すのが、このダンテとベアトリーチェの関係であり、ダンテの芸術作品は、この成就しない愛の永遠の代償的行為にほかならない。一九二九年の「プラトニック・ラブ」と題された断片において、『神曲』は、ベアトリーチェという名前を包むアウラ以外の何ものでもない」とベンヤミンは述べている。「プラトニック・ラブ」『ベンヤミン・コレクション6 断片の力』浅井健二郎ほか訳、ちくま学芸文庫、二〇一二年、一六五頁。

＊22 Shiff, "Handling," p.93.

＊23 ルートヴィヒ・クラーゲス『宇宙生成的エロース』田島正行訳、うぶすな書院、二〇〇〇年、八二頁。

＊24 クラーゲス『宇宙生成的エロース』八三頁。

＊25 クラーゲス『宇宙生成的エロース』一一六頁。「遠いエロス」の時間性はその「太古のもの」との結びつきにも見てとることが出来る。「遠いエロスが真のものであることが明らかになるのは、遠いエロスが太古世界の観取の中で閃く点にある」。同書、一二三頁。

＊26 クラーゲス『宇宙生成的エロース』一三〇頁。

＊27 森田團はベンヤミンについての浩瀚な書物の一章を割き、クラーゲスの「遠さ」がベンヤミンにおける「イメージとしての媒質」概念に与えた影響について考察している。森田團『ベンヤミン――媒質の哲学』水声社、二〇一一年、一四五-七九頁。

＊28 「カール・クラウス」『ベンヤミン・コレクション2 エッセイの思想』五四一頁。

＊29 マーク・パターソンは、「ベンヤミンのアウラ概念は、おそらく新しい芸術の形式や新しい技術について思考しなが

ら、触覚的なものと視覚的なもの、近いものと遠いもの、外包的なものと内包的なものの境界を崩壊させる」と述べている。Mark Paterson, *The Senses of Touch: Haptics, Affects and Technologies*, Oxford: Berg, 2007, p.102.

＊30 「複製技術時代の芸術作品」六一五－一六頁。

＊31 「複製技術時代の芸術作品」六一六頁

＊32 「複製技術時代の芸術作品」五九一頁

＊33 Howard Caygill, "Walter Benjamin's Concept of Cultural History," *Cambridge Companion to Walter Benjamin*, Cambridge: Cambridge UP, 2004, pp.73-96. Joel Morris, "Graves, Pits, and Murderous Plots: Walter Benjamin, Alois Riegl, and the German Mourning Play's Dreary Tone of Intrigue," *Walter Benjamin and the Architecture of Modernity*, pp.93-110. とくに、pp.96-101.

＊34 「履歴書（4）」『ベンヤミン・コレクション7 〈私〉記から超〈私〉記へ』浅井健二郎ほか訳、ちくま学芸文庫、二〇一四年、五七頁。「履歴書（7）」同書、九〇頁。ベンヤミンの著作におけるリーグルへの最も長い言及は、オットー・ペヒト（Otto Pächt）が編集した『美学研究』の第一巻に対する書評である「厳密なる芸術研究」（『ベンヤミン・コレクション』第五巻の邦訳タイトルは誤りである）に見ることが出来る。この書評において、ベンヤミンは当該書物が用いている歴史的方法の先駆者としてリーグルの名をあげ、「リーグルの冷徹にしてしかも大胆不敵な研究は、それがなされる現在への生き生きとした関心とは決して無縁ではないということを、模範的なやり方で示している」と述べている。「厳密なる学問」『ベンヤミン・コレクション5 思考のスペクトル』浅井健二郎ほか訳、ちくま学芸文庫、二〇一〇年、二二六頁。

＊35 「複製技術時代の芸術作品」五九一頁。

＊36 マイケル・W・ジェニングスの言うように、リーグルによる芸術史の見方には「否定しがたいヘーゲル的傾向がある」。Michael W. Jennings, "Walter Benjamin and the Theory of Art History," *Walter Benjamin 1892-1940: Zum 100. Geburstag*, Ed. Uwe Steiner, Bern: Peter Lang, 1992, p.86. 彼の重要な概念の一つである「芸術への意志（Kunstwollen）」は、ヘーゲルの概念である「民族精神（Volksgeist）」や「時代精神（Zeitgeist）」のような、個人の作品に先行する集合的な「精神」の存在を前提としている。リーグルは個々人の芸術家の達成を検証するよりも、芸術の集合的特性を定義づけようとした。

＊37 アロイス・リーグル『末期ローマの美術工芸』井面信行訳、中央公論美術出版、二〇〇七年、四〇頁。

＊38　リーグルの形式と関連させた「空間」や「深さ」の複雑な扱いについては、以下の議論を見よ。Magaret Iversen, *Aloïs Riegl: Art History and Theory*, Cambridge, MA: MIT P, 1993, pp.69-90.

＊39　Iversen, *Aloïs Riegl: Art History and Theory*, p.16.

＊40　「経験と貧困」『ベンヤミン・コレクション2　エッセイの思想』三七五頁。

＊41　「経験と貧困」三七三頁。

＊42　『啓蒙の弁証法』の序文において、ホルクハイマーとアドルノは次のように述べている。「実のところ、われわれが胸に抱いていたのは、ほかでもない。何故に人類は、真に人間的な状態に入っていく代りに、一種の新しい野蛮状態へ落ち込んでいくのか、という認識であった」。マックス・ホルクハイマー、テオドール・アドルノ『啓蒙の弁証法』徳永洵訳、岩波文庫、二〇〇七年、ix頁。この本は「野蛮状態」を啓蒙主義からの退行としてではなくその必然的な帰結として捉えているが、そのような理解はベンヤミンに負っているところが大きい。ケヴィン・ミクロクリンは、ホルクハイマーの手紙を引用しながら、彼がベンヤミンの「バーバリズムと文化の同一性」についての考え方に賛同していることを指摘している。Kevin McLaughlin, "Benjamin's Barbarism," *The Germanic Review* 81.1 (2006), pp.4-5.

＊43　「歴史の概念について」六五二頁。

＊44　ジョルジュ・アガンベン『例外状態』上村忠男・中村勝己訳、未来社、二〇〇七年、九－一〇頁。

＊45　「歴史の概念について」『ベンヤミン・コレクション1　近代の意味』六五二頁。

＊46　「歴史の概念について」六六〇頁。

＊47　「歴史の概念について」六六一頁。

＊48　「歴史の概念について」六六二頁。

＊49　「歴史の概念について」六四九頁。

＊50　「歴史の概念について」六五三頁。

＊51　「歴史の概念について」六五三頁。

＊52　「経験と貧困」三七七頁。クレーは実際に「野蛮なもの」というテーマをさまざまな作品で追究しており、《野蛮なコンポ

ジション》（一九一八）、《野蛮なヴィーナス》（一九二一）、《野蛮な少年》（一九三三）、《野蛮人の月》（一九三九）といった作品を残した。こうした一連の作品はベンヤミンによる《新しい天使》の解釈に影響を与えたはずであり、彼の歴史的唯物論の形成にも寄与があったと考えられる。クレーは一九一四年にチュニジアを旅した時に光と色彩、それに西洋美術の伝統から排除されてきたアフリカ芸術を見出したと言っており、それが彼の「野蛮さ」をテーマとした一連の作品に影響を与えた。クレーと「野蛮なもの」の関係については、ヘルフェンスタインを参照。Josef Helfenstein, "The Issues of Childhood in Klee's Late Work," *Discovering Child Art: Essays on Childhood, Primitivism, and Modernism*, Ed. Jonathan Fineberg, Princeton: Princeton UP, 1998, pp.122-56.

＊53　『パサージュ論　第三巻』今村仁司・三島憲一ほか訳、岩波書店、二〇〇三年、二〇五頁。

＊54　「経験と貧困」三七六頁。

＊55　McLaughlin, "Benjamin's Barbarism," p.8.

＊56　ヘーゲルはアフリカを「世界史に属する地域ではなく、運動も発展も見られない」として歴史的な考察から除外している。G・W・F・ヘーゲル『歴史哲学講義（上）』長谷川宏訳、岩波文庫、一九九四年、一六九頁。

＊57　「エードゥアルト・フックス――蒐集家と歴史家」『ベンヤミン・コレクション2　エッセイの思想』五六二－六三頁。

＊58　「歴史の概念について」六四六頁。

＊59　小林康夫『起源と根源――カフカ・ベンヤミン・ハイデガー』未来社、一九九一年、二七九頁。

＊60　「歴史の概念について」六五九頁。

＊61　Georges Didi-Huberman, "The Supposition of the Aura: The Now, the Then, and Modernity," Trans. Jane Marie Todd, *Walter Benjamin and History*, Ed. Andrew Benjamin, London: Continuum, 2005, p.4.

＊62　"Ursprung des deutschen Trauerspiels," *GS* 1:226.『ドイツ悲劇の根源（上）』浅井健二郎訳、ちくま学芸文庫、一九九九年、六〇－六一頁。

＊63　「歴史の概念について」六五九頁。

＊64　「歴史の概念について」六六〇頁。

＊65 qtd. in「複製技術時代の芸術作品」六〇三頁。

＊66 qtd. in「複製技術時代の芸術作品」五九一頁。

＊67 テオドール・アドルノは、この論文の草稿を読んだときに、すぐにここで主張されているような複製技術と文化の関係を理解した。一九三六年五月二八日付のベンヤミンにあてた手紙の中で、アドルノは「複製技術時代の芸術作品」でも言及されているマックス・ラインハルトの『真夏の世の夢』（一九三五）をその前日に見に行ったと書き、その映画がベンヤミンの理論の正しさを証だてるものとなっており、「「アウラ的なもの」をめざすこの映画の野心自体が、不可避的にアウラを滅ぼしている」と述べている。H・ローニッツ編『ベンヤミン／アドルノ往復書簡（上）』野村修訳、みすず書房、二〇一三年、二一五頁。

＊68 「歴史の概念について」六四八頁。

＊69 「模倣の能力について」『ベンヤミン・コレクション2 エッセイの思想』七六頁。

＊70 アリストテレス『詩学』・ホラティウス『詩論』松本仁助・岡道男訳、岩波文庫、一九九七年、二七－二八頁。

＊71 「模倣の能力について」七六頁。

＊72 「模倣の能力について」七六頁。ベンヤミンは子どもの本や玩具の収集家であった。特に、彼はロシアの玩具に強い関心を持っていた。ドイツの玩具よりも大量生産的なところがなく、より原始的であったからである。この点については、彼の「ロシアの玩具」や、一九二八年のエッセイである「古い玩具」を参照せよ。*GS*, IV, pp.511-15; *GS*, IV, pp.623-25. ベンヤミンにおける子どもというテーマの重要性については、Jeffrey Mehlman, *Walter Benjamin for Children: An Essay on His Radio Years*, Chicago: U of Chicago P, 1993. に詳しい。

＊73 「一九〇〇年頃のベルリンの幼年時代」『ベンヤミン・コレクション3 記憶への旅』浅井健二郎ほか訳、ちくま学芸文庫、一九九七年、五六六頁。

＊74 「複製技術時代の芸術作品」五八九頁。

＊75 「複製技術時代の芸術作品」五八六頁。

＊76 「複製技術時代の芸術作品」五八八頁。

*77 「物語作者」三〇〇‐〇一頁。この個所のドイツ語原文は以下の通り。"Die Erzählung, wie sie im Kreis des Handwerks——des bäuerlichen, des maritimen und dann des städtischen——lange gedeiht, ist selbst eine gleichsam handwerkliche Form der Mitteilung." "Der Erzähler: Betrachtungen zum Werk Nikolai Lesskows," *GS* 2:447. ベンヤミンは「伝達」や「媒介」という意味のドイツ語であるMitteilungという言葉をよく使うが、サミュエル・ウェーバーはその語源に注目し、この語が「語幹であるteilen（「引き離す」とか「分ける」の意）と副詞的接頭辞であるmit（「〜と」の意）から成っている」ことを指摘している。つまり、この語は「分け隔てる」という意味と「共有する」という二つの異なる運動のニュアンスを含意するわけである。続けて彼は英訳とドイツ語原文を対比しながら言う。「しかし共有するためには、まず分けなければならない」。Samuel Weber, *Benjamin's -abilities*, Cambridge, MA: Harvard UP, 2008, p.40.

*78 「物語作者」三〇一頁。

*79 David S. Ferris, "The Shortness of History, or Photography *In Nuce*: Benjamin's Attenuation of the Negative," *Walter Benjamin and History*, Ed. Andrew Benjamin, London: Continuum, 2005, p.22. "Vehicle"も"handle"も「手段」という意味においては同義語であるが、第一義的な意味はそれぞれ「運搬手段」と「取っ手」である。つまり、前者は何かを運ぶための手段であり後者は何かを開けるための手段であるわけである。「手」の動作を必要とする"handle"という語こそが原文に忠実な英訳であるというのがフェリスの主張である。日本語においても「手段」という語に「手」の文字が入っているのは偶然ではないだろう。

*80 "Das Kunstwerk im Zeitalter seiner technischen Reproduzierbarkeit <Dritte Fassung>," *GS* 1:484.

*81 「複製技術時代の芸術作品」五八七頁。

*82 『ニコマコス倫理学』には「あらゆる技術は事物の生成にかかわる」という重要なテーゼが現れる。『ニコマコス倫理学』林一巧訳、京都大学学術出版会、二〇〇二年、二六二頁。ここで「技術」と訳されているものは「芸術」の意味も持っている「テクネー」というギリシア語であり、（プラトンとは異なり）アリストテレスはこれを「生成＝ポイエーシス」と結び付けている。

*83 「翻訳者の使命」『ベンヤミン・コレクション2 エッセイの思想』三八八頁。

*84 「翻訳者の使命」三八九頁。

＊85 「翻訳者の使命」三九一頁。

＊86 「翻訳者の使命」三九一頁。

＊87 「翻訳者の使命」三九一頁。

＊88 「翻訳者の使命」三九一－九二頁。

＊89 「翻訳者の使命」三九二頁。

＊90 「言語一般および人間の言語について」『ベンヤミン・コレクション1　近代の意味』九頁。

＊91 「言語一般および人間の言語について」九頁。

＊92 「言語一般および人間の言語について」一〇頁。

＊93 「言語一般および人間の言語について」一三頁。

＊94 「翻訳者の使命」三九六頁。

＊95 「翻訳者の使命」三九七頁。

＊96 「翻訳者の使命」三九八頁。森田團は、次のように、言語の意味内容ではなく伝達という現象の重要性を強調しながら、ベンヤミンの言語哲学とディルタイらの生の哲学の連続性について述べている。「表現は言語であるというテーゼによって、ベンヤミンが生の哲学における表現概念を言語論的に解釈したとするならば、そこでは秘かに表現が持つ出来事性を重視する生の哲学の姿勢が受け継がれている」。森田團『ベンヤミン――媒質の哲学』一一二頁。

＊97 「翻訳者の使命」四〇七頁。

＊98 ドゥルーズ「裁きと訣別するために」二七五頁。

＊99 「翻訳者の使命」四〇一頁。

＊100 「翻訳者の使命」四〇七頁。

＊101 「翻訳者の使命」四〇八頁。

＊102 「翻訳者の使命」四〇九頁。

＊103 Samuel Weber, "A Touch of Translation: On Walter Benjamin's 'Task of the Translator'," *Nation, Language, and the Ethics of Translation*, Ed. Sandra Bermann and Michael Wood, Princeton: Princeton UP, 2005, p.72.

＊104 「翻訳者の使命」四〇八頁。

＊105 「翻訳者の使命」四〇九頁。

＊106 「翻訳者の使命」四〇九－一〇頁。

＊107 手塚富雄『ヘルダーリン（下）』中央公論社、一九八五年、四〇四－〇八頁。

＊108 ノルベルト・フォン・ヘリングラート「ヘルダーリンの翻訳原理」（抄訳）『思想としての翻訳』三ッ木道夫編訳、白水社、二〇〇八年、一四八頁、一五三頁、一五四頁。

＊109 ヘリングラート「ヘルダーリンの翻訳原理」一五四頁。

＊110 Weber, "A Touch of Translation," p.75.

第四章

＊1 Sue L. Cataldi, *Emotion, Depth, and Flesh: A Study of Sensitive Space: Reflections on Merleau-Ponty's Philosophy of Embodiment*, Albany: State U of New York P, 1993, p.119.

＊2 『知覚の現象学』中島盛夫訳、法政大学出版局、一九八二年、一六八頁。

＊3 『知覚の現象学』一六八頁。

＊4 『知覚の現象学』一六八頁。サルトルは、フッサールならびにメルロ＝ポンティによる「二重感覚」という概念のもつ理論的倒錯を批判している。「「さわること」と「さわられること」……そこには二種類の現象があるのであって、その両者を《二重感覚》の名目で結合しようとしても、むだである。事実、両者は根本的に区別される。両者は、交通不可能な二つの次元に属する」。ジャン＝ポール・サルトル『存在と無Ⅱ　現象学的存在論の試み』松浪信三郎訳、筑摩書房、二〇〇七年、二二二頁。もちろんメルロ＝ポンティにとっては、「二種類の現象がある」と主客の立場を明確に分離することこそが否定されるべきものであった。以下の論考を参照。Dermot Moran, "Embodiment, Touch and the 'Double Sensation'," Ed. Katherine J. Morris, *Sartre on the Body*, New York: Palgrave, 2010, pp.41-66.

＊5　フッサール『イデーンⅡ-1　純粋現象学と現象学的哲学のための諸構想』立松弘孝・別所良美訳、みすず書房、二〇〇一年、一七二頁。

＊6　『イデーンⅡ-1　純粋現象学と現象学的哲学のための諸構想』一七三頁。

＊7　Daniel Heller-Roazen, *The Inner Touch: Archaeology of a Sensation*, Brooklyn, NY: Zone, 2009.

＊8　研究ノートにおいてたびたび明かされているように、『見えるものと見えざるもの』の仮題は「存在と世界」であった。たとえば次の箇所を参照。『見えるものと見えざるもの』クロード・ルフォール編、中島盛夫監訳、法政大学出版局、一九九四年、三二二－二三頁。

＊9　Françoise Dastur, "World, Flesh, Vision," *Chiasms: Merleau-Ponty's Notion of Flesh*, Ed. Fred Evans and Leonard Lawlor, Albany: State U of New York P, 2000, p.39.

＊10　Dastur, "World, Flesh, Vision," p.41.

＊11　Dastur, "World, Flesh, Vision," p.39.

＊12　『見えるものと見えざるもの』二六八頁。晩年のメルロ＝ポンティの「存在論的転回」については多くの批評家が指摘しているが、コレージュ・ド・フランスにおける自然についての連続講義が出版されてからは、この講義が「彼が存在論へと向かう転換期」を示すとみなされている。Renaud Barbaras, "Merleau-Ponty and Nature," Trans. Paul Milan, *Research in Phenomenology* 31.1 (2001), p.25.

＊13　『見えるものと見えざるもの』二一四頁

＊14　『見えるものと見えざるもの』二一七頁。

＊15　『見えるものと見えざるもの』二一六頁。

＊16　「眼と精神」『眼と精神』滝浦静雄・木田元訳、みすず書房、一九六六年、二六三頁。

＊17　『知覚の現象学』三七〇頁。

＊18　『知覚の現象学』三七〇－七一頁。

＊19　『知覚の現象学』五二三頁。

＊20 「対象からの眼差し」という主題に注目し、メルロ＝ポンティとベンヤミンを結びつけて論じたものとしては、以下の第七章を参照。池田全之『ベンヤミンの人間形成論——危機の思想と希望への眼差し』晃洋書房、二〇一五年、一七三–九一頁。

＊21 『知覚の現象学』においてすでに「世界内存在」は具体的な「環境」——志向性を制限する要因——へと「投げ出された」存在として記述されていたことに注意すべきである。それはフッサールからの距離とハイデガーへの親和性を示している。

＊22 "New Working Notes from the Period of *The Visible and the Invisible*." *The Merleau-Ponty Reader*, Ed. Ted Toadvine and Leonard Lawlor, 2007, p.438.

＊23 『見えるものと見えざるもの』二二一頁。

＊24 『見えるものと見えざるもの』三五五頁。

＊25 『見えるものと見えざるもの』四五二頁。

＊26 『見えるものと見えざるもの』二一一–二二二頁。

＊27 『見えるものと見えざるもの』二三八頁。

＊28 『見えるものと見えざるもの』二二頁。

＊29 セーレン・キェルケゴール『死に至る病』斎藤信治訳、岩波文庫、一九五七年、二〇頁。

＊30 Douglas Low, *Merleau-Ponty's Last Vision: A Proposal for the Completion of* The Visible and the Invisible, Evanston, IL: Northwestern UP, 2000, p.25.

＊31 *Notes des cours au collège de France 1958-1959 et 1960-1961*, Paris: Gallimard, 1996, p.331.

＊32 『見えるものと見えざるもの』二二一頁。

＊33 『見えるものと見えざるもの』二三九–四〇頁。

＊34 Cathryn Vasseleu, *The Textures of Light: Vision and Touch in Irigaray, Levinas, and Merleau-Ponty*, London: Routledge, 1998, p.27.

＊35 『見えるものと見えざるもの』二二二頁。以下の断片も参照。「私の身体が世界と同じ肉から成り立っていること（つまりそれは知覚されるものであること）、そしてそのうえ、私の身体たるこの肉は、世界によって分け持たれ、世界はこれを反映

し、世界はこの肉へ、肉はこの世界へと足を踏み入れ（感覚されるものは主観性の頂点であると同時に、物質性の頂点でもある）、それらが互いに犯し合い、あるいは跨ぎ越し合う関係にあることを意味する」。『見えるものと見えざるもの』四一〇頁。

＊36 メルロ＝ポンティは研究ノートで、「真実の瞬間」としての非隠蔽性というハイデガーの概念に言及している。『見えるものと見えざるもの』二四〇頁。

＊37 『見えるものと見えざるもの』三五九頁。

＊38 『見えるものと見えざるもの』三五五頁。

＊39 『見えるものと見えざるもの』一一四－一一五頁、一〇九頁。サルトル『存在と無』の第一部、第一章「否定の起原」を参照。『存在と無Ⅰ　現象学的存在論の試み』松浪信三郎、ちくま学芸文庫、七一－一六九頁。サルトルにとって無とは、対自存在（être-pour-soi）に先だち、それを条件づけるものである——「「無」を世界のうちに到来せしめる「存在」は自己の存在において「無」を無化するのでなければならない」（同書、一一七頁）。このように、サルトルにおいてはたとえ無が存在にとって本質的なものであるとしても、それらは対立的な関係にある。しかし、ここでは詳述できないが、批評家たちはメルロ＝ポンティがサルトルをいくつかの点において単純化しているということを指摘してきたことにも注意しなければならない。この二人の哲学者の否定性に関する見解の相違については、以下を参照。Jon Stewart, ed, *The Debate between Sartre and Merleau-Ponty*, Evanston, IL: Northwestern UP, 1998. Margaret Whitford, *Merleau-Ponty's Critique of Sartre's Philosophy*, Lexington, KY: French Forum, 1982.

＊40 『見えるものと見えざるもの』一一二頁。

＊41 メルロ＝ポンティが「純粋性」を批判するのは、おそらくアンリ・ベルクソンの影響を示している。彼は『物質と記憶』において、純粋な知覚は「事実のうえではなく権利上存在する」と主張している。アンリ・ベルクソン『物質と記憶』熊野純彦訳、岩波文庫、二〇一五年、六七頁。

＊42 『見えるものと見えざるもの』四三七頁。

＊43 サルトル『存在と無Ⅰ』一〇〇頁。

＊44 『見えるものと見えざるもの』一一三頁。

*45 『見えるものと見えざるもの』一〇九頁。

*46 『シーニュ』竹内芳朗訳、みすず書房、一九六九年、一二六－五八頁。

*47 『見えるものと見えざるもの』三五四－五五頁。

*48 『見えるものと見えざるもの』四四五頁。

*49 『見えるものと見えざるもの』四四五頁。

*50 『見えるものと見えざるもの』四一九頁。

*51 『見えるものと見えざるもの』四二一頁。

*52 『見えるものと見えざるもの』四二〇頁。フッサールとメルロ＝ポンティにおける「生」という概念の重要性に関しては、バルバラスを参照。彼は、「生は現象学的還元に回収されない……なぜならそれは超越的レベルにおいて再び現れるからである」と適切に述べている。Renaud Barbaras, *The Being of the Phenomenon: Merleau-Ponty's Ontology*, Trans. Ted Toadvine and Leonard Lawlor, Bloomington: Indiana UP, 2005, p.207.

*53 『見えるものと見えざるもの』二二五頁。

*54 Judith Butler, "Merleau-Ponty and the Touch of Malebranche," *Senses of the Subject*, New York: Fordham UP, 2005, p.45.

*55 『見えるものと見えざるもの』三八九頁。

*56 『知覚の現象学』四一九頁。

*57 『知覚の現象学』三六七頁。

*58 エドワード・S・ケイシーは、メルロ＝ポンティ哲学において「奥行は次元というよりは媒介である」と強調している。Edward S. Casey, "The Element of Voluminousness," *Merleau-Ponty Vivant*, Ed. M. C. Dillon, Albany: State U of New York P, 1991, p.10. ケイシーはさらに、「奥行」の領域はプラトンのコーラという概念と強く共鳴していると適切に指摘している。プラトンの『ティマイオス』に登場するこの概念は、多方向的な運動に満たされた原初的な受容体、すなわち発生と差異の領域を指している。クリステヴァとメルロ＝ポンティを比較したヒュー・J・シルヴァーマンの仕事は、クリステヴァによって理論化されたコーラの概念とメルロ＝ポンティの発話に関する後期の考えとの間に相同性を見ている。Hugh J. Silverman, "The

Text of the Speaking Subject: From Merleau-Ponty to Kristeva," *Merleau-Ponty Vivant*, pp.183-94.

＊59 『知覚の現象学』四二〇頁。

＊60 『知覚の現象学』四二六－二七頁。

＊61 『知覚の現象学』四二九－三〇頁。

＊62 Cataldi, *Emotion, Depth, and Flesh*, p.118.

＊63 『眼と精神』二五七頁。

＊64 Jacques Taminiaux, "The Thinker and the Painter," *Merleau-Ponty Vivant*, p.199.

＊65 パノフスキー『〈象徴《シンボル》形式〉としての遠近法』木田元監訳、川戸れい子・植村清雄訳、ちくま学芸文庫、二〇〇九年、四五頁。

＊66 *L'institution, la passivité: Notes de cours au Collège de France (1954-1955)*, Ed. Dominique Darmaillacq et al., Paris : Belin, 2003, p.104, p.105.

＊67 Barbaras, "Merleau-Ponty and Nature," p.27.

＊68 クロード・ルフォールは自らが編集した『制度と受動性』の詳細な註において、セザンヌ独自の表象に関するメルロ＝ポンティの考えは、リリアン・ゲリ（Liliane Guerry）の小著『セザンヌと空間の表現』*Cézanne et l'expression de l'espace*（1950）に負っていると指摘している。*L'institution, la passivité*, p.114.

＊69 『知覚の現象学』五二七頁。

＊70 ジョワシャン・ガスケ『セザンヌ』與謝野文子訳、岩波文庫、二〇〇九年、二四二頁。

＊71 ガスケ『セザンヌ』二四二頁。

＊72 「眼と精神」『眼と精神』二八五頁。

＊73 Fritz Novotny, "Passages from *Cézanne and the End of Scientific Perspective*," *The Vienna School Reader: Politics and Art Historical Method in the 1930s*, Ed. Christopher Wood, New York: Zone, 2000, p.384.

＊74 Novotony, "Passages from *Cézanne and the End of Scientific Perspective*," p.424.

＊75 『知覚の哲学――ラジオ講演一九四八年』菅野盾樹訳、ちくま学芸文庫、二〇一一年、七一頁。ふたたび、ジョワシャン・ガスケによるセザンヌの言葉を引いておく。「風景をうまく描くには、私はまず地質学的な土台を見つけ出さなければいけない。考えてもごらんなさい、世界の歴史は、二個の原子が出会って、二つの化学的な渦巻、二つの舞踊が組み合さったその日から始まっている。あの大きな虹たち、あの宇宙的な数々のプリズム、空無の上にあるわれわれ自身の暁、私はルクレチウスを読みながらそういうものの立ちのぼってくるのが目に見えて、自分が飽和されてゆく。この霧雨の下で、私は世界の処女性を呼吸する。ニュアンスを受けとめる鋭い感覚が私をさいなむ。無限というものにそなわったすべてのニュアンスに私は彩られる。その瞬間、私は自分の絵と一体になる。われわれは虹色に輝く一つの混沌をなすのだ」ガスケ『セザンヌ』二二二―二二三頁。

＊76 「表現と幼児のデッサン」『世界の散文』滝浦静雄・木田元訳、みすず書房、一九七九年、二〇〇頁。

＊77 「間接的言語と沈黙の声」『メルロ＝ポンティ・コレクション4　間接的言語と沈黙の声』粟津則雄訳、みすず書房、二〇〇二年、六二頁。

＊78 「セザンヌの疑惑」一九頁。同じようにして、ロジャー・フライが「ポスト印象主義」の性格を以下のように説明したのは有名である――「彼らは形式を模倣しようとするのではなく、それを創り出そうとするのだ。生を模倣するのではなく、生と同等のものを見出そうとするのだ」。Roger Fry, “The Post-Impressionists,” *Roger Fry Reader*, Chicago: U of Chicago P, 1997, p.177.

＊79 Richard Shiff, “Cézanne’s Physicality: The Politics of Touch,” Ed. Salim Kemal and Ivan Gaskell, *The Language of Art History*, Cambridge: Cambridge UP, 1991, p.135.

＊80 「眼と精神」二六六頁。

＊81 Shiff, “Cézanne’s Physicality: The Politics of Touch,” p.168.

＊82 「セザンヌの疑惑」一四頁。

＊83 Yve-Alain Bois, “Cézanne: Words and Deeds,” Trans. Rosalind Krauss, *October* 84 (1998), p.37.

＊84 「セザンヌの疑惑」二二三頁。

＊85 「セザンヌの疑惑」一四頁。

＊86 バーナード・ベレンソンは『ルネッサンスのイタリア画家』（一八九六）において、「絵画芸術で本質的なのは……触覚的価値に対するわれわれの意識を刺激することにあり、したがって絵画は、われわれの触覚的想像力に働きかける力の点で、描かれた対象と少なくとも同等の力を持たなければならない」と論じている。Bernard Berenson, *The Florentine Painters of the Renaissance: With an Index to Their Works*, New York: Putnam, 1896, p.5.『ルネッサンスのイタリア画家』矢代幸雄監修、山田智三郎ほか訳、新潮社、一九六一年、八三頁。メルロ＝ポンティは「眼と精神」でこの触覚の概念規定に反論して、「絵画は何ものをも喚起したりしない。触覚的なものは、もちろんである」と書いている。「眼と精神」二六三頁。ベレンソンは視覚的な表象から触覚的効果が生じると主張しているのだが、メルロ＝ポンティの現象学的前提では、触覚的経験は光学的認識に先立つのである。

＊87 フランス語の動詞 *traduire* は、「翻訳する」だけでなく「表現する」、「解釈する」、さらに「指し示す」を意味することに注意。

＊88 「セザンヌの疑惑」一一－一二頁。

＊89 「眼と精神」二五七頁。加國尚志が指摘しているように、ヴァレリーのオリジナルではこの箇所の主語は画家（peintre）ではなく芸術家（artiste）である。加國尚志「沈黙の詩法――メルロ＝ポンティにおける「沈黙」のモチーフ」『思想』一〇一五号、二〇〇八年、三七頁。

＊90 「眼と精神」二八六頁。

＊91 一九五六年から一九六〇年にかけてのコレージュ・ド・フランスでの講義ノートは、晩年のメルロ＝ポンティが「自然」という概念に熱中していたことを示している。『シチュアシオンⅣ』で、サルトルはメルロ＝ポンティとのやりとりを紹介しており、そこでメルロ＝ポンティは自分の自然への興味はアルフレッド・ノース・ホワイトヘッドの影響を受けているということを言っている。この話題に関しては、トードヴァインを参照。Ted Toadvine, *Merleau-Ponty's Philosophy of Nature*, Evanston, IL: Northwestern UP, 2009.

＊92 Barbaras, *The Being of the Phenomenon*, p.213.

＊93 『知覚の現象学』四三九頁。

＊94 『見えるものと見えざるもの』四二九頁、三四四頁。

＊95 「哲学者とその影」『メルロ＝ポンティ・コレクション2　哲学者とその影』木田元訳、みすず書房、二〇〇一年、一七九頁。

＊96 『見えるものと見えざるもの』三四四頁。

＊97 *Notes de cours 1959-61*, Paris: Gallimard, 1996, p.109.

＊98 Galen Johnson ed, *The Merleau-Ponty Aesthetic Reader: Philosophy and Painting*, Evanston: Northwestern UP, 1993, p.8n.

＊99 qtd. in Julian Young, *Heidegger's Philosophy of Art*, Cambridge: Cambridge UP, 2001, p.151.

＊100 この詩は、ドイツのマルティン・ハイデガー協会が発行している一九九一年の年報に収録された。本論は以下の英訳を参考にしている。Martin Heidegger, "Cézanne," *The Heidegger Reader*, Ed. Günter Figal, Bloomington: Indiana UP, 2009, pp.310-11.

＊101 ハイデガー『存在と時間（下）』細谷貞雄訳、筑摩書房、一九九四年、六九頁。

＊102 *La nature. Notes de cours du Collège de France*, Ed. Dominique Séglard, Paris: Seuil, 1995, p.89.

＊103 『見えるものと見えざるもの』二四八頁。

＊104 『見えるものと見えざるもの』二〇八頁。

＊105 『知覚の現象学』七七五頁。

＊106 メルロ＝ポンティのベルクソン哲学に対するアンビヴァレンスはグロスの論文を参照。Elizabeth Grosz, "Merleau-Ponty, Bergson, and the Question of Ontology," *Intertwinings: Interdisciplinary Encounters with Merleau-Ponty*, Ed. Gail Weiss, Albany: State U of New York P, 2008, pp.13-30.

＊107 『知覚の現象学』六七八頁。

＊108 カタルディは「奥行は……現在時という媒介と関係している」と指摘している。Cataldi, *Emotion, Depth, and Flesh*, p.81.

＊109 『知覚の現象学』六七九頁。

＊110 「記憶の問題も、われわれが保存としての記憶と構成としての記憶とのあいだでためらっているかぎり一歩も進まない。ひとがいつも教えてくれることと言えば、意識がその「表象」のうちに見いだすのは、それがそこに入れこんだものだけだということや、したがって記憶とは構成だということであり、――また他方、やはりこうした記憶の背後にその算出の価値を測ってくれる別の記憶、つまりわれわれの有意的記憶に反比例して無動機に与えられる過去がなければならない、といったことである」。「受動性の問題――眠り、無意識、記憶」『言語と自然――コレージュ・ドゥ・フランス講義要録』滝浦静雄・木田元訳、みすず書房、一九六八年、五二頁。

＊111 『知覚の現象学』三九二頁。

＊112 『知覚の現象学』六八七頁。

＊113 『知覚の現象学』七〇〇頁。

＊114 『知覚の現象学』六八六頁。

＊115 『知覚の現象学』六九二頁。射映（Abschattungen）はフッサールの現象学的概念で同一の対象が持つさまざまな外見ということを意味する。

＊116 『知覚の現象学』三〇一頁。

＊117 「歴史の概念について」六四六頁。

＊118 「間接的言語と沈黙の声」七八頁。

＊119 「歴史の概念について」六四八頁。

＊120 マルセル・プルースト『失われた時を求めて1　スワン家のほうへI』吉川一義訳、岩波文庫、二〇一〇年、三〇‐三一頁。

＊121 プルースト『失われた時を求めて1　スワン家のほうへI』一一〇頁。

＊122 「ボードレールにおけるいくつかのモチーフについて」四二五頁。

＊123 『見えるものと見えざるもの』四四四頁。

＊124 『知覚の現象学』一頁。

＊125 『見えるものと見えざるもの』四四四頁。

＊126 『見えるものと見えざるもの』三五三頁。

＊127 「心の間歇」は以下の箇所である。プルースト『失われた時を求めて8　ソドムとゴモラI』吉川一義訳、岩波文庫、二〇一〇年、三四一-四〇六頁。なお、このエピソードへの言及は以下の書物に負っている。松浦寿輝『平面論——一八八〇年代西欧』岩波書店、二〇一二年、三四-四八頁。

＊128 「受動性の問題——眠り、無意識、記憶」五二頁。

＊129 *L'institution, la passivité*, p.361.

＊130 *L'institution, la passivité*, p.86.

＊131 *L'institution, la passivité*, p.87.

＊132 *L'institution, la passivité*, p.97.

＊133 *L'institution, la passivité*, p.98.

＊134 *L'institution, la passivité*, p.93.

＊135 *L'institution, la passivité*, p.87.

＊136 『知覚の現象学』三九七頁。

＊137 *L'institution, la passivité*, pp.344-45.

＊138 *L'institution, la passivité*, p.346.

＊139 『見えるものと見えざるもの』四〇〇頁。無意識の「破壊不可能」な性質に関しては、『夢判断』の第七章を参照。

＊140 『見えるものと見えざるもの』四〇一頁。

＊141 「幼児の対人関係」『眼と精神』一三二頁。

＊142 「幼児の対人関係」『眼と精神』一三七頁。

＊143 『見えるものと見えざるもの』四四五頁。

結論

＊1 「愛撫」のイメージは『時間と他者』（一九四八）と『全体性と無限』（一九六一）に現れる。一九八四年の論文でイリガライはレヴィナスの言う接触の昇華を、彼のレトリックとメタファーに潜む女性観とともに批判している。Luce Irigaray, “The Fecundity of the Caress: A Reading of Levinas’ *Totality and Infinity*, ‘Phenomenology of Eros’,” *Feminist Interpretations of Emmanuel Levinas*, Ed. Tina Chanter, University Park: Penn State UP, pp.119-44.

＊2 レヴィナス、ブランショ、バタイユという三人のフランスの理論家による近接性のイメージについての Libertson による研究を参照。Joseph Libertson, *Proximity: Levinas, Blanchot, Bataille and Communication*, The Hague: Martinus Nijhoff, 1982. また序文においても触れたが、クリスピン・T・リーの著作はバタイユにおける接触＝触覚について一章を割いて検討している。Crisipin T. Lee, *Hapic Experience in the Writings of Georges Bataille, Maurice Blanchot and Michel Serres*, Bern: Peter Lang, 2014.

＊3 Filippo Tommaso Marinetti, “Il Tattilismo,” *Teoria e Invenzione Futurista*, Milano: Arnoldo Mondadori, 1968, pp.135-42. マリネッティの「触覚的」芸術という精神にのっとり、エリック・コンラッド（Erik Conrad）は「触覚主義劇場」を主宰している。彼によるこれまでの展示についての詳細な記述は http://peripheralfocus.net/index.html を参照。

＊4 Marinetti, “Il Tattilismo,” p.137.

＊5 島田雅彦と三浦雅士は、それぞれ谷崎文学における触覚の重要性を示唆している。島田雅彦「性転換する語り手」『いかにして谷崎潤一郎を読むか』河野多恵子編、中央公論社、一九九九年、八四-八八頁。三浦雅士「谷崎潤一郎と身体」同書、一四九-六二頁。日本のモダニズム詩人であり彫刻家である高村光太郎（一八八三—一九五六）もこの仮想プロジェクトにおける有力な候補となるだろう。彼は一九一八年に「手」という彫刻作品を創作し、また一九二八年には「触覚の世界」を書いている。高村の同時代人である萩原朔太郎（一八八六—一九四二）もまた同様の観点から考察されうるだろう。彼の詩やエッセイは、触覚のイメージや手のイメージのオブセッションに満ちている。興味深いことに、彼もまたセザンヌ絵画に「触覚性」を見出したモダニストの一人であり、セザンヌは「物質の本有する形態感、重量感、触覚感等のものを、絵画によって三次元的の空間に描こうとした」と述べている。萩原朔太郎「詩の原理」『萩原朔太郎全集 第三巻』室生犀星・三好達治・伊藤信吉編、新潮社、一九五九年、二一二頁。

＊6　「陰翳礼讃」『現代日本文学大系　第31巻　谷崎潤一郎集2』筑摩書房、一九七〇年、四二四頁。

＊7　佐々木健一は日本の古典文学の研究において、触覚を日本の感性における重要な要素としている。彼の研究は、「視覚中心主義」的な構造が西洋だけでなく日本の伝統においても支配的であるということを示すもうひとつの事例である。佐々木健一『日本的感性——触覚とずらしの構造』中公新書、二〇一〇年。

＊8　マーシャル・マクルーハン『メディア論——人間の拡張の諸相』栗原裕・河本仲聖訳、みすず書房、一九八七年、三五〇頁。マクルーハンにおける触覚の問題については、以下の書に収められた論考「触覚、この余計なもの——共感覚と麻酔」を参照。門林岳史『ホワッチャドゥーイン、マーシャル・マクルーハン？——感性論的メディア論』NTT出版、二〇〇九年、五九-八二頁。

＊9　マーシャル・マクルーハンの身体に関する理論はつねにテクノロジーに媒介されているが、彼の「接触」の概念はモダニストの接触のイメージと矛盾するものではない。一九六二年の『グーテンベルクの銀河系』では、彼はセザンヌを「網膜上の印象に触覚的価値を与えている」画家としている。『グーテンベルクの銀河系——活字人間の形成』森常治訳、みすず書房、一九八六年、一三〇頁。この記述は本書で検証したさまざまな著作家のセザンヌ観を引き継ぐものであり、マクルーハン理論における潜在的なモダニズム性を示唆している。

＊10　たとえば、アメリカでは接触によるセラピー効果の研究所として、タッチ・セラピー・インスティチュートがあり、触覚的なアプローチの医学的、看護的意義が研究されている。

＊11　Jean-Luc Nancy, *The Birth to Presence*, Trans. Claudette Sartiliot, Stanford: Stanford UP, 1993, p.206. これは現時点で英語でのみ出版されている箇所からの引用である。

ら

ま

た

な

は

索　引

著者紹介

高村　峰生（たかむら・みねお）
1978年東京生まれ。東京大学文学部英文学科卒業。同、人文社会系研究科修士課程を修了。イリノイ大学アーバナ・シャンペーン校で博士号を取得（Ph.D in Comparative Literature、2011年）。神戸女学院大学文学部英文学科准教授を経て、現在、関西学院大学国際学部准教授。専門は20世紀の英米文学・文化、および比較文学／表象文化論。
共著に『文学理論をひらく』（木谷厳編・北樹出版、2014年）。『英文学研究』、『表象』、『ユリイカ』などに論文やエッセイを発表している。
2018年、本書により第9回表象文化論学会賞を受賞した。

触れることのモダニティ
ロレンス、スティーグリッツ、ベンヤミン、メルロ＝ポンティ

2017年2月27日　初版第1刷発行
2018年6月20日　初版第2刷発行

著　者　高村峰生
発行者　勝股光政
発行所　以文社

〒101-0051 東京都千代田区神田神保町2-12
TEL 03-6272-6536　FAX 03-6272-6538
http://www.ibunsha.co.jp/
印刷・製本：中央精版印刷

ISBN978-4-7531-0339-3

——既刊書から

観察者の系譜——視覚空間の変容とモダニティ

ジョナサン・クレーリー 著　遠藤知巳 訳

視覚文化の根本に迫る記念碑的名著

〈視覚の近代〉の成立に決定的な役割を果たした〈観察者〉の誕生。身体は、どのように社会的、リビドー的、テクノロジー的な装置の一要素に組み込まれようとしているのか？　四六判・上製カバー装　312 頁　3200 円（本体価格）

目　次

情念・感情・顔——「コミュニケーション」のメタヒストリー

遠藤知巳 著

思考の外部に触れる

近代社会の全体を外から俯瞰する視線がリアリティを喪失しつつある現在、主体の内部作用という薄明の言説領域に足を踏み入れながら、異世界性に触れようとする思考の冒険！　A 5 判・上製カバー装　892 頁・7800 円（本体価格）